KB197485

다른 방식으로 먹기

익숙한 음식의 낯선 세계를 탐험하는 시간

다른 방식으로 먹기

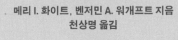

WAYS OF EATING

메리 I. 화이트, 벤저민 A. 워개프트 지음
천상명 옮김

ㅎ 현암사

거스에게

차례

머리말

밥이 말보다 먼저였다. 아기는 말하기 전에 영양 섭취부터 한다. 사람은 먹고 마시는 행위를 통해 주변 환경과 관계를 맺는다. 우리는 언어로 세상을 설명하면서도 세상이 제공하는 식량에 의존할 수밖에 없는 나약한 존재다. 세상이 풍요로울 때는 마음껏 먹을 수 있다. 우유 한 컵, 커피 한 잔, 밥 한 공기를 뚝딱 비우고는 만족감을 느끼는 데 익숙해진다. 하지만 음식을 향한 배움에는 끝이 없다. 배움에 끝이라는 단어는 어울리지 않는다. 돌아서면 배가 고프듯 호기심도 끊임없이 샘솟는다. 달걀은 왜 몽글몽글 익을까? 발효된 곡물이 어떻게 맥주가 되는 걸까? 쿠키가 부스러지는 이유는 뭘까?

우리 삶에서 음식을 가장 우선시하는 것은 당연하다. 음식 문화 저술가 메리 프랜시스 케네디 피셔Mary Francis Kennedy Fisher는 "모든 일은 식사 후에 일어난다"라는 말을 남겼다. 너무나 맞는 말이기에 지금까지도 자주 인용된다. 식사는 언어뿐 아니라 개개인의 삶 속에서 일어나는 그 어떤 활동보다 우선한다. 하지만 단순해 보이는 피셔의 문장에는 우리가 하는 식사와 '모든 일' 사이의 복잡한 관계가 녹아 있다. 여기서 모든 일이란 옥수수를 갈아 마사를 만드는 일, 돼지를 기르는 일, 일본 쌀 농가에 농업 보조금을 지

다른 방식으로 먹기

급하는 일, 에티오피아의 가축 방목지를 지키는 일 등 정말 말 그대로 모든 일을 의미한다. 한 끼 식사를 준비하는 데 농사부터 다양한 식품 관련 작업까지 많은 과정이 수반되며, 그 과정들이 모두 밭이나 주방에서만 일어나는 것도 아니다. 심지어 달걀에서 세상이 탄생했다는 그리스신화나, 고급스러운 굴과 썩어가는 과일을 그린 네덜란드의 정물화처럼 문화가 음식에 미치는 영향도 피셔가 말한 모든 일에 포함된다. 무엇을 먹는지 묘사하고 그림으로 그리는 일을 포함해 정말 많은 인간의 활동이 밥상을 차리는 데 일조한다.

단순히 음식에 관한 그림을 그리고 이야기를 들려준다고 해서 음식을 표현한다고 말하기는 어렵다. 음식이 무엇을 상징하는지까지도 나타낼 수 있어야 한다. 고대 그리스의 영웅 오디세우스와 그의 부하들이 소를 제물로 바치기 위해 해변에 쌓아 올린 재단을 상상해 보자. 호메로스의 『일리아스』와 『오디세이』에 등장하는 영웅들은 상당히 많은 동물을 제물로 바치고 구워 먹는데, 이런 육식 문화가 고대 그리스에서 흔했던 것은 아니었다. 바위가 많은 산지에서 그렇게 많은 동물을 기르는 일은 불가능하다. 실제보다 과하게 묘사된 육식 위주의 식단은 그리스인이 고기를 얼마나 귀중하고 특별하게 여겼는지 보여준다.[1] 육식은 사치와 높은 사회적 지위를 상징하거나, 훌륭한 업적을 최상의 요리에 연관 지어 이야기할 때 등장한다. 『오디세이』에는 귀족들이 먹을 돼지, 염소, 소를 키우는 여러 노예와 하인이 등장하는데, 복잡한 사회 계급에 따라 누가 어떤 고기를 먹을 수 있는지가 정해져 있었다. 시인들의 서사시와 청중들의 일상 이야기에서 고기가 등장할 때마다 육식의 특별한 지위가 더욱 공고해지기도 했다. 이쯤 되면 피셔의 말을 다시 써야 할 듯하다. 농사짓기, 이야기하기 등 모든 일을 다 마친 후에야 우리는 마침내 식사를 할 수 있다.

이 책에 음식에 대한 호기심과 새로운 관점을 한 상 차려보았다. 음식의 역사와 인류학은 익숙한 맛의 낯선 근원과, 흔한 풍습에 숨겨진 기묘한 이야기를 들려준다. 우리에게 필요한 것은 새로운 이야기를 파헤쳐 볼 의지다. 입안에서 상큼하게 터지는 잘 익은 딸기가 땡볕 아래에서 허리 굽혀 그 딸기를 수확한 이의 고생을 알려주지는 않는다. 지금은 사라진 종자에서 여러 세대에 걸쳐 품종개량을 거듭해 탄생한 현재 딸기의 역사도 알 수 없다. 음식 한 접시에는 생물 진화에 관한 자연사와, 인간이 어떻게 그 진화를 유도하고 개량된 동식물을 키워 음식으로 만들었는지에 관한 인류 역사가 어우러져 있다. 하지만 배고픈 사람이 음식이 담긴 접시를 앞에 두고 이런 질문을 던질 여유가 있을까?

그래도 맛과 향은 음식 이야기를 하기에 적합한 시작점이며 우리가 어떤 음식을 입에 넣어 섭취하는지 알려준다. 안전한 음식인가? 영양가가 있는가? 몸에 좋은가? 우리 몸은 많은 것을 요구하지도 않으며 쉽게 만족감을 느끼지만, 식음료의 맛과 향은 늘

다른 방식으로 먹기

우리의 호기심을 자극한다. 마트에서 용과와 같이 낯선 과일을 마주하면 우리는 발길을 멈춘다. 아귀처럼 신기하게 생긴 생선을 보면 무슨 물고기인지 물어본다. 이런 음식은 누가 먹는지, 어떻게 요리하는지 궁금해한다. 그래놀라처럼 익숙한 음식을 보면서 어떻게 만들어진 음식인지 전혀 모르고 있다는 사실을 깨닫기도 한다. 이 책은 우리가 식음료를 통해 궁금해할 수 있는 질문들을 다루고 있다. 지금 우리가 느끼는 맛을 지니게 된 음식의 역사 이야기다. 또한 파이를 만들 생각에 딸기를 수확하는 우리 문화에 관한 이야기이기도 하다. 밭에서 재배한 딸기는 자연에서 자란 야생 딸기와 다르다. 재배한 딸기는 우리가 '문화'라고 부르는 관습과 신념의 영역에 속해 있는 존재다. 인간의 간섭이 없었다면 옥수수는 그저 야생에서 자라는 들풀에 불과했을 것이다.

이 책의 제목과 서두는 미술평론가 존 버거John Berger가 미술사를 주제로 1972년에 쓴 『다른 방식으로 보기Ways of Seeing』에 대한 오마주다. 『다른 방식으로 보기』는 버거가 미술을 바라보는 새로운 관점을 주제로 강의한 내용을 각색해서 쓴 책으로[2] 마르크스주의의 문화 비평에 영향을 받았던 그가 순수 미술이 단순히 아름다움을 남기기 위한 유산이 아니라는 점을 강조하고 있다. 그림을 그리는 행위부터 작품을 미술관에 전시하는 것까지 모든 과정이 계급, 권력, 사회 갈등을 반영하고 있다. 미술은 인간의 경험을 상기시키고 보여주는 형식적인 작업이지만, 주어진 맥락이나 환경에서 벗어나서는 존재할 수 없다. 버거는 회화 중에서도 근대 유럽의 초상화처럼 권위 있는 미술 작품에 내포된 사회적 구조를 분석하고자 했다.

버거가 연구했던 미술처럼 음식도 인간의 욕망과 음식을 향한 욕구가 어떻게 우리 삶을 형성하는지 보여준다. 음식을 통해 볼 수 있는 삶의 방식은 때로는 금박으로 장식된 치킨 비리아니처럼 아주 극적으로 나타나기도 하고, 가끔은 고기 생산량을 높일 목적으로 더 빨리 번식시키는 새처럼 눈에 덜 띄는 방식으로 나타나기도 한다. 과거의 사회 갈등과 억압 역시 형태는 조금 다를지라도 현재의 요리에 고스란히 남아 있다. 과거 인류의 대이동, 정착, 교역, 전쟁, 왕래 등의 생활양식도 마찬가지로 우리가 먹는 음식에서 그 흔적을 찾아볼 수 있다.

음식을 향한 욕망은 끝이 없다. 이 사실을 인정하고 우리 몸이 느끼는 식욕이 짐승들이나 가지는 '하찮은' 욕구가 아니라는 것을 기억해야 한다. 인간의 식욕은 음식과 인간이 맺고 있는 관계의 핵심이다. 우리는 우리가 느끼는 식욕을 곱씹고 마음껏 채워보면서 음식과의 관계에 대해 많은 것을 배울 수 있다. 음식을 연구하는 데 개인의 경험은 아주 중요한 도구다. 다른 욕구와 마찬가지로 배고픔과 목마름은 우리를 혼란스럽게 할 수도 있다. 맛만 보고서는 알아낼 수 없는 음식에 담긴 이야기들이 있다. 설탕은 인간을 행복하게 해주지만, 그 쾌감이 한때 식민지 플랜테이

　　　　　　　　　　　　　　　　다른 방식으로 먹기

션에서 사탕수수를 심고 수확했던 노예들의 삶을 알려 주지는 않는다. 인간의 욕구는 이 책에서 다루고 있는 큰 주제다. 식자재 창고가 텅텅 비었을 때 먹던 묽은 죽이 보여주는 생존 욕구, 할머니가 끓여주신 국수를 통해 표출되는 애정 욕구, 저 넓은 바다를 목숨 걸고 건너서 구한 향신료가 보여주는 새로운 경험을 향한 욕구를 이 책에서 살펴볼 것이다. 그 외에도 이 책은 유럽인이 식민지 원주민을 지배하며 행사한 권력을 큰 주제로 다룬다. 음식과 조리법은 인간 문화의 기원과 사회적 뿌리 역시 대변하고 있다고 볼 수 있으므로 정체성 역시 빼놓을 수 없는 주제다.

하지만 정체성은 시간이 흐르면서 변한다. 그 어디에도 영원하거나 변하지 않는 요리는 없다. 우리 가족이 몇 대에 걸쳐 간직해 온 파이 조리법이 영원할 리 없고, 파이를 구웠던 모든 이는 각자 저마다의 방식으로 재료를 가감해 왔을 것이다. 우리는 문화의 경계를 넘나들며 '우리 가족'의 음식과 다른 이들의 음식을 모두 먹는다. 그리고 우리는 '전통'과 '원조'라 불리는 음식에 집착하고 애착을 느끼기도 하지만, 인간이 경험해 온 음식의 가장 큰 특징은 언제나 변화였다. 공동체가 이동하거나 다른 이의 땅을 침략할 때마다 새로운 식재료 역시 새로 난 길을 따라 이동했다. 그렇기에 이동 역시 이 책의 주제로 다룰 것이다. 식생활의 관습과 연결되는 청결함과 불결함을 구분하는 것은 물론, 먹을 수 있는 음식과 먹을 수 없는 음식의 차이도 다룬다. 이를 위해 어떤 동식물을 식용으로 여기는지부터 설거지 방법까지 폭넓게 알아볼 것이다. 도구와 기술뿐 아니라 식문화 관련 산업 종사자들의 신체도 문화의 한 부분이다. 여러 세대에 걸쳐 여성들이 메타테라고 부르는 평평한 맷돌로 옥수수를 빻아 토르티야를 만들었는데, 그들의 무릎과 어깨에 무리를 준 이런 일상 활동이 오늘날 식문화의 일부가 됐다.

이 책은 농업의 기원에서부터 21세기 초반에 이르기까지 음식의 역사를 연대순으로 다루는 아홉 개의 장으로 이뤄졌다. 그 시작 전에 다양한 음식 문화를 관찰하고 민족지학적으로 연구한 에피소드를 더해 구성했다. 각 장과 에피소드는 식음료와 관련된 핵심 질문을 던지게 하는 구체적인 사례들을 포함한다. 식문화 속의 관습과 인간의 신념에 관한 설명을 문화인류학과 역사의 주요 개념을 통해 살펴보기도 하지만, 학문적으로만 접근하지는 않았다. 우리의 목적은 이 짧은 글 속에 인류 식문화의 모든 역사를 담으려는 게 아니며 그런 일은 가능하지도 않다. 이 책은 우리의 과거 연구와 관심 분야, 입맛까지 반영해 쓰였다.

우리를 간단히 소개해 보자면, 먼저 메리 I. 화이트는 일본과 일본 식문화를 연구하는 문화인류학자이며 식당 종업원, 음식 저널리스트, 요리책 작가로도 활동했다. 그리고 벤저민 A. 워개프트는 메리의 아들이자 작가이며 역사학자다. 음식 저널리스트로도 활동했고, 유럽 사상사로 박사 학위를 받았으며 과학과 기술 분야의 문화인류학을 공부하기도 했다. 우리 모두 음식에서 얻는 행복과 식문화를 통해 마주하게 되는 역동적인 도전 과제들이 음식을 연구하며 얻을 수 있는 지적 보상이라 믿는다. 이 책에서 다루는 모든 주제는 서로 밀접하게 연결되어 있다. 모든 장과 에피소드는 우리가 다양한 관심사와 수십 년 동안 여행하고 맛보고 경험하며 이뤄낸 성과들을 반영한다. 우리가 경험하고 연구해 온 모든 과정은 행운의 연속이었다. 미네소타에서 코셔딜을 먹으며 성장했고, 토스카나에서 지역 허브 블렌드로 요리했으며, 도쿄에서는 크루아상 샘플링도 해봤다. 에피소드 중에는 여럿이 함께한 경험도 있고 홀로 한 경험도 있다.

각 에피소드는 문화인류학적 관점에서 식문화가 지니는 의미를 소개한다. 문화인류학의 본질은 관찰이다. 현장 조사를 할 때 인류학자에게 필요한 덕목은 모든 가능성에 귀 기울일 수 있는 숙달된 순진함이자 열린 마음이다. 무엇을 관찰할 때 대부분의 사람은 선입견에 가로막혀 필요 없어 보이는 정보는 미리 거른다. 하지만 그런 선입견을 극복하기 위해서는 먼저 선입견이 있음을 인정하고 인식의 범위를 넓고 깊게 확장해야 한다. 틈새로 삐져나온 당근 때문에 찢어지려고 하는 장바구니를 들고 지하철에 탄 남자, 노천카페에서 커피를 마시고 있는 남편들은 뒤로한 채 예배 시간이 다 됐음을 알리는 종소리를 따라 교회 안으로 들어가는 검은 옷을 입은 여성들, 푹 익은 냄새인지 쓰레기 썩은 악

취인지 모를 냄새가 코를 찌르는 휴지통. 이 중에서 어느 정보, 어느 감각이 중요한지, 각 정보에는 어떤 의미가 있는지는 관찰하는 동안에는 절대 알 수 없다. 대부분 사료에서부터 시작되는 역사 연구는 현장 연구와는 거리가 멀지만 문화인류학과는 공통점이 있다. 모든 역사학자가 사상적, 방법론적 편향을 지닌 채 연구에 뛰어들지만 인류학자와 마찬가지로 증거에 기반해 연구하며, 증거에 따라 언제든지 관점이 바뀔 수 있다는 가능성을 열어둔 채 열린 마음으로 연구를 이어나간다.

역사와 인류학에서는 서로 다른 질문을 중심으로 음식을 연구하며, 각 질문에 답을 찾기 위해 사용하는 연구 방법과 활용하는 증거 종류도 다르다. 또한 실증적인 문제를 다루고자 할 때도 있고 이론적인 설명을 하고자 할 때도 있는데, 연구를 진행할수록 어떤 문제에 어느 접근 방식을 택하는 게 더 적절한지 명확해진다. 연구자들은 연구 과정 중에 늘 질문을 다듬고 어떤 연구 방법과 어떤 증거로 답을 찾아야 하는지 배워간다.

인류학 연구를 할 때 시작점은 거의 언제나 현재지만 연구가 진행될수록 현 공동체의 과거 모습에 빠져들게 된다. 도쿄의 포장마차 의자에 앉아 라멘을 먹는 것으로 시작된 한 음식 인류학자의 연구가 라멘 육수의 기원과 바다의 미래, 해양 생물의 이동, 해초 양식과 관련한 문제로까지 이어질 수 있다. 반면에 역사학은 시간이 지나며 일어난 변화를 연구하는 학문이다. 음식 역사

다른 방식으로 먹기

가는 과거에 쓴 편지, 일기, 선조들이 요리해 먹다 남긴 물리적 증거를 토대로 연구를 시작한다. 요리책과 메뉴는 음식을 연구하는 역사학자에게 유용한 사료이며, 토기 파편은 과거 조리 문화를 연구하는 고고학자에게 필요한 유물이다. 하지만 과거 사람들이 음식을 어떻게 요리해 먹었는지, 그리고 그 행위에 어떤 의미를 부여했는지에 대한 질문을 던질 때, 우리는 문화인류학자들의 연구 방법을 많이 활용해 왔다. 문화적 관습이 밭을 일구는 일부터 식탁을 차리는 일까지 모든 과정에 스며들어 영향을 미친다는 사실을 알고 있었기 때문이다.

이 책을 시작하기 전에 다음 질문들을 생각해 보길 바란다. 음식에 관해 무엇이 알고 싶은가? 그것을 알아내기 위해 어떤 과정을 거쳐야 할까? 우리가 속한 공동체 구조에 관해 우리가 먹는 음식은 어떤 이야기를 들려주는가? 농부는 누구인가? 요리사는 누구인가? 저녁 식사를 담는 냄비를 만드는 사람은 누구인가? 와인을 만드는 사람은 누구인가? 설거지는 누가 하는가?[3]

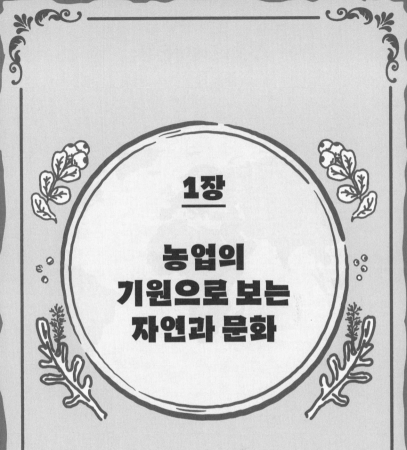

1장

농업의
기원으로 보는
자연과 문화

두초의 에덴동산

숲을 따라 끝없이 이어진 흙길을 지나오며 한참을 "두초Duccio! 판타니Fantani 씨!"를 외친 뒤에야 덤불처럼 보이는 곳에서 "네, 네Si, si!"라는 대답을 들을 수 있었다. 두초를 찾아 헤맨 지 한 시간이 훌쩍 넘었을 때였다. 우리는 피렌체에서 멀지 않은 시에나 근처에 머물다 인근 카스텔리나 마을 농산물 시장에서 허브를 파는 두초 판타니를 알게 됐다. 몇 주 동안이나 돼지고기, 수프, 구운 감자, 채소에 두초의 허브를 뿌려 먹다가 그 허브들이 어디서 자라는지 직접 보기 위해 찾아온 것이다.

두초를 찾아 헤매는 시간이 너무 길어지자 일행 중 몇 명은 포기하고 캄파리나 한잔하러 갈 생각이었다. 그런데 이제는 두초가 당나귀 똥이 가득한 언덕 아래로 내려오라고 손짓하고 있었다. 당나귀 떼가 지나다니며 만든 길은 덤불이 이리저리 엉켜 있기까지 했다. 제대로 된 신발이 아닌 샌들을 신고 온 일행 몇몇은 발톱 밑에 똥이 잔뜩 끼게 됐지만 두초는 계속 손을 흔들고 있었다.

두초가 파는 허브는 직접 기른 것일까? 고수, 로즈메리, 회향이 자라고 있는 산비탈을 두초의 안내를 따라 지나가며 '그렇기도 하고, 아니기도 하다'는 것을 알게 됐다. 인간의 개입 없이 야생에서 자란 허브를 캐는 사람을 채집가라고 한다면, 두초를 채집가로 볼 수는 없었다. 그렇다고 수확 후 남은 이삭을 줍는 일을 하는 것도 아니었다. 대부분 자생하는 허브를 수확하기는 하지만, 가끔씩 지난해에 남은 씨앗으로 허브를 번식시키거나 성장을 돕는 역할도 하고 있었다. 두초와 함께 일하는 사람들이 1년 내내 머물기는 하지만 그곳을 농장이라고 보기는 어려웠고, 두초 역시 허브 농사를 짓는 사람이 아니었다. 가장 잘 가꿔진 허브 밭을 당나귀들이 망치지 못하도록 울타리를 칠 때도 있지만, 이곳 기준에서는 그 울타리조차도 너무 인위적인 듯 느꼈다. 호리호리한 체구, 날카로운 눈, 뒤로 묶은 회색 머리 때문에 두초는 땅속에 사는 숲속 요정 같았다. 나무 그루터기 옆에 뿌리 내린 새싹들과 잡초처럼 무성하게 자란 허브들을 가리키며 두초가 이탈리아어로 외쳤다.

"고수Coriandolo, 로즈메리rosmarino, 호로파fienogreco, 국화elicrico!"

이 허브들은 두초가 '키안티 요리의 향aromi da cucina del Chianti'이라는 라벨을 붙여 파는 혼합 향신료 병에 적힌 재료와 동일했다.

다소 어설프긴 하지만 자연이 모든 자원을 스스로 만들어내던 에덴동산이 바로 이런 곳이었을까? 이번에도 역시 대답은 '그렇기도 하고, 아니기도 하다'로 끝난다. 두초는 본인을 향나무, 개박하,

야생 회향, 국화의 자생을 지켜보는 행복한 구경꾼이라 여겼다. 그렇다고 아예 아무런 계획이나 농사 기술 없이 구경만 한 것은 아니었다. 두초는 물을 잘 모아두었다 건조한 계절이 오면 필요할 때마다 조금씩 내보내며 물을 관리했다. 당나귀들이 지나다니며 땅을 밟을 때마다 토양이 비옥해지기도 했다. 라벤더와 로즈메리가 자라고 있는 지대를 조심스레 지나가면서 정착 농업의 기원이 바로 이런 모습이 아니었을까 상상해 볼 수 있었다. 두초가 울타리를 조금 더 세우고 씨앗을 조금 더 심으면서 작업장을 확장했다면 농장이라고 불릴 만한 곳이 됐을 것이다. 기준을 충족했음에도 두초는 이탈리아에서 유기농 식품에 붙여주는 공식 상표인 '바이오' 브랜드를 욕심내지 않았다. 유기농 식품 승인을 받기 위해 거쳐야 하는 절차에 너무 큰 비용이 든다고 했다. 그가 파는 허브 병에 붙은 '자연의 비법'이라는 라벨은 더 큰 수익을 보장하는 정부 승인 마크에 저항한다는 점을 내세우면서도 반문화적 감수성에 위배되는 듯 보이기도 한다. 그렇게 두초의 작업 공간은 자본주의에 대한 양면적인 감정을 내비치고 있었다.

풀들이 무성한 들판을 걷다가 낡은 목조 건물에 다다랐다. 늦은 오후의 햇살이 갈라진 나무판자 틈새로 새어 들어갈 정도로 낡은 건물이었다. 많은 양의 허브가 건조실 선반에 널려 있었다. 라벤더

향이 우리 발길을 멈춰 세웠다. 두초의 조수가 허브로 오일, 음료, 진
액을 만들고 있는 옆방은 연금술사의 작은 실험실 같았다. 모든 부
분에서 농경 사회 이전, 산업화 사회 이전의 분위기가 났지만, 허브
에서 추출할 수 있는 모든 산물을 뽑아내는 데 필요한 장인의 기술
을 두초는 알고 있었다. 농경이 시작되기 이전에도 자연에서 식량
을 얻기 위해서는 기술과 전략이 필요했다는 점을 다시 한번 돌아
볼 수 있었다. 오일, 음료, 진액에서 얻는 수입은 허브를 팔아 얻는
수입보다 당연히 더 컸고, 모순되는 것처럼 보이지만 최소한의 개
입과 반기업식 농업을 추구하는 두초의 농장 운영에 필요한 재정을
충당하고 있기도 했다.

지금의 음식은 인간이 어떻게 먹게 됐을까? 찰스 다윈Charles Darwin은 1871년에 쓴 『인간의 유래The Descent of Man』에서 '밭'이라는 의미의 그리스어 agri와 '기르다'라는 의미의 라틴어 culture의 합성 어인 농업agriculture이 문명과 야만을 구분한다고 말했다.[1] 실제로 농업은 사유재산, 정착 생활, 가족 단위보다 복잡한 사회조직 등 문명의 여러 익숙한 특징과 연관되어 있다. 농업이 이런 문명의 특징들을 탄생시킨 것일 수도 있다. 다윈은 열매의 씨앗이 마침 '쓰레기 더미'에 떨어지는 단순한 '우연'에서 농사가 시작됐으리라 짐작했다. 하지만 농경과 목축의 시작은 분명 그것보다는 훨씬 복잡했을 것이고, 자연에서 일어나는 신비한 우연들의 발생뿐 아니라 인간의 조직화된 활동들도 농경의 시작에 영향을 끼쳤을 것이다.

1장에서는 생물학자, 고생물학자, 고고학자, 인류학자 사이에서 여전히 의견이 분분한 수렵 채집 사회에서 농경 사회로의 전환에 대해 다룰 것이다. 종 분화의 기준에 따라 20만 년에서 40만 년 전 사이의 인류가 현재 우리의 모습으로 존재했다고 가정하면, 인간이 농사를 지은 기간은 기원전 1만 1,000년 전부터로 역사상 아주 짧은 시기에 해당한다. (원시 인류가 음식을 익히기 위해 불을 사용한 것은 현재 인류가 나타나기 이전이었던 것으로 보이며, 이는 농경이 불의 사용보다 더 늦게 시작됐음을 뜻한다.)[2] 농경의 출현은 마지막 빙하기였던 플라이스토세Pleistocene가 끝나가던 무렵이자 우리가 지금 살고 있는 홀로세Holocene가 시작하던 시점과 시기가 겹친다. 21세기 초 기후 변화를 지켜본 많은 이들은 인간과 기술이 환경에 끼친 영향을 강조하기 위해 홀로세 대신 '인류세'라고 부르기도 한다. 하지만 인간이 자연에 영향을 주기 시작한 시점은 분명 농경이 시작됐을 때부터였다. 농경의 시작은 인류 역사상 가장 결정적인 발달이었기에 '신석기 혁명'이라 부르기도 한다. 이 시기에 인류는 다양한 도구를 만들어 광범위한 분야에서 사용하기 시작했다. 아이러니하게도 농경의 시작을 이끌었던 비옥한 지역 중 상당 부분이 현재는 황폐화되었다. 이라크와 이란의 지역 대부분은 이제 농사에 적합하지 않은 땅이 됐으며, 사하라사막 남부 사헬 지대는 가뭄과 기근에 시달리고 있다.

농업은 주어진 토지에서 번성하는 동식물의 종에 변화를 주어 그곳에서 생산되는 식용 생물자원의 비중을 높이는 행위를 뜻한다. 이는 21세기 초 산업화된 대규모 농업과 주어진 토지 내에서 인류학자들이 '집약화'라 부르는 특정 종의 우세를 유도하는 단순 농업을 모두 포괄하는 정의다. 정착 생활 없이 이뤄지는 유목도 이 정의에 포함된다. 농업은 규모와 상관없이 인간의 식생활에 가장 적합한 동식물을 선택하는 것으로 시작된다. 식용으로 쓰일 수 있는 식물의 종은 상대적으로 적은 편이다. 기원전 1만 1,000년에 존재했던 20여만 종의 야생식물 중 인간이 재배하게 된 식물은 고작 몇백 종뿐이다. 영양적 측면과 외형적 특성으로 초기 농업 전문가들의 관심을 끌었던 소수의 야생식물만이 명맥을 유지해 현재의 주요 농작물로 남을 수 있었다. 식용 고기, 유제품, 달걀을 생산하는 동물 역시 사교성, 온순함, 무리생활 가능성 등의 특성을 지녀 사육에 적합해 보였던 야생종들이 살아남은 결과물이다. 지구상에 존재하는 148종의 대형 육상 포유류 중 몇 안 되는 종만이 식량, 노동, 운송 등의 목적으로 사육되고 있다. 인류가 자신의 이익을 위해 자연을 통제한 첫 시도가 농업이라는 점은 사실이지만, 이를 뒤집어 생각한 학자들도 있다. 이들은 주어진 토지에서 자라는 동식물 중 식용으로 키우는 종의 비중을 늘리는 방식으로 인간이 이익을 얻었다면, 그곳에서 자라는 동식물의 관점에서도 인간이 꿀벌처럼 번식을 도와주고 더 넓은 지역으로 이동하게 도와줬기에 똑같이 이익을 얻었다고 볼 수 있다고 주장한다.[3] 진화론적인 관점에서 보면 결국 농경과 목축은 동식물들에게도 생존을 보장해 주는 성공적인 적응 방식이었다.

21세기 초를 기준으로 연간 생산되는 농산물 중 80퍼센트는 밀, 옥수수, 쌀, 보리, 수수, 대두, 감자, 마니옥, 고구마, 사탕수수,

바나나 등 10여 종의 식물이 독차지하고 있다. 전 세계적으로 인간이 섭취하는 열량 중 73퍼센트는 인류의 주식에 해당하는 쌀, 밀, 옥수수, 마니옥에서 온 것이다. 이 작물들은 인류 역사만큼이나 오랫동안 인간과 함께했다. 15세기부터 현재에 이르기까지 새롭게 재배되거나 사육되기 시작한 주요 곡물이나 가축이 있다는 말은 들어본 적이 없다. 농경의 역사를 바라볼 때 인간의 관점이냐 동식물의 관점이냐보다 우리가 더 주목해야 하는 것은 바로 농업이 동일한 주기를 반복한다는 점이다. 자연을 길들이는 과정에서 인간도 길들여졌다. 북극에 사는 이누이트족이 고래 고기만으로도 생존할 수 있을 정도로 인간은 제한적인 식단을 통해서도 충분한 영양분을 얻는 능력을 지녔지만, 현재는 소수의 특정 작물과 가축에 완전히 의지하는 신세가 됐다. 단일 작물 재배를 하지 않으면 새로운 생존 전략을 찾거나 예전 방식으로 돌아갈 수밖에 없는 상황이다.

물론 농경에는 호모사피엔스와 '자진해서' 인간의 생물학적 기반의 일부가 된 동식물들 사이에 성립한 합의를 뛰어넘는 더 큰 의미가 있다. 농업은 사회조직, 언어, 종교까지 모든 분야에 영향을 미쳤다. 비가 오기를 바라며 호리병에 물을 담아 뿌리는 행위나, 성공적인 농사를 기원하며 가축을 제물로 바치는 의식처럼 전 세계 여러 문화에 존재하는 수백 가지 종교의식은 해마다 반복되는 성장, 죽음, 재생의 주기가 인간에게 얼마나 중요한지를 비롯해 인간 상상력의 중심이 바로 농경임을 증명하고 있다.[4] 역사적으로 더 나중에 등장하는 크리스트교와 같은 유일신교의 추상적인 믿음도 그 기원이 반복되는 농경의 주기로 거슬러 올라간다. 농경은 단순히 인간의 적응, 생존, 번영을 위한 구조가 아니다. 수렵 채집이 그러했듯 농경은 인간의 문화적, 사회적 발달의 중심에 자리 잡고 있다. 생존은 단순히 열량에 관한 것이 아닌 문화에 관한 것으로 확장됐다.

인류학자 클로드 레비스트로스Clude Lévi-Strauss는 대표작 『날것과 익힌 것The Raw and the Cooked』에서 인간이 만들고 지배하는 문명의 세계와 인간이 통제할 수 없는 자연의 세계 사이에서 중재 역할을 하는 것이 바로 요리라고 했다.[5] 레비스트로스는 전근대와 근대의 문명에서 찾은 증거를 바탕으로 문명과 자연이라는 이분법에 기초해 인류학을 바라보는 구조주의 인류학을 구축했다. 구조주의에 따르면 의미는 대립과 차이가 축적되어 만들어진다. 이는 생감자와 뜨겁게 달군 돌 밑에서 익은 감자의 차이로 요리의 의미를 파악할 수 있는 것과 같다.[6] 구조주의가 음식인류학 연구에 시사하는 바는 우선 우리가 먹는 음식의 의미는 고정된 것이 아니라는 것이다. 인간의 능력은 늘 새로운 차이를 만들어낼 것이고 그에 따라 음식의 의미도 변할 수 있다. 음식을 준비할 때 사용되는 도구와 기술 역시 문화에 영향을 미치며, 마찬가지로 문화도 도구와 기술을 변화시킨다. 구조주의가 음식 인류학에 던지는

다른 방식으로 먹기

또 다른 시사점은 인간의 삶을 좌우하는 의미의 구조가 주로 객관적이라는 점이다. 개개인은 특정 음식에 자신만의 취향이 있을 수도 있지만, 서로 대립하는 날것과 익힌 것의 의미는 개인의 취향을 뛰어넘는 문제다. '고양이'와 '밤'이라는 단어에 모두가 동의하는 객관적 의미가 있듯이 날것과 익힌 것 사이에는 아무도 이의를 제기할 수 없는 객관적인 의미가 있다. 조리법은 언어처럼 인간이 살아가는 의미의 체계가 된다. 또한 인간에게 필요한 영양분을 충족시키는 동시에 세상에 의미를 부여하고 구조화하려는 인간의 욕구에도 부응한다.

신석기 혁명으로 인해 정착 생활이 늘어났고, 간석기와 토기가 제작됐으며, 인류가 정착한 이곳저곳에서 농경이 간헐적으로 받아들여지기 시작했다. 어떤 공동체는 농경에 발을 들였다가 그만두기도 했고 나중에 다시 돌아오기도 했다. 기원전 1만 1,000년에 농경이 시작된 이유는 여전히 논쟁의 대상이지만 시기 자체에 대해서는 대부분 동의한다. 소빙하기가 끝나면서 빙하가 녹고 온화한 기온이 유지됐으며 더 많은 토지에 생태학적으로 서식이 가능해졌다. 나중에 인간이 농작물로 재배할 야생 풀들이 땅을 뒤덮은 시기였다.

학자들이 서로 다른 증거에 초점을 두고 연구하다 보니 농경의 기원에 관해서는 여러 학설이 존재한다. 인간의 뼈와 치아는 인류가 무엇을 먹었고, 어떻게 식량을 구했는지 알려주는 반면에

석기, 도구, 토기 등의 유물은 또 다른 이야기를 들려준다. 고대 농경지에서 발견된 씨앗 잔여물과 흙 속에 묻혀 보존된 식물석(식물의 표피세포에 옥살산칼슘이나 탄산칼슘이 굳어서 생성된 결정체) 등의 증거들 역시 고유한 이야기를 간직하고 있다. 방사성 탄소 연대 측정법은 수십 년 동안 최고의 연구 방법으로 사용됐으며, 최근에는 유전자 염기 서열 분석 기술이 활용되면서 동식물을 가축화하고 작물화한 과정을 이해하는 데 깊이를 더했다.

하지만 증거를 다양하게 늘린다고 해서 농경의 기원에 대한 논쟁을 잠재울 수 있는 것은 아니다. 인류가 천천히 수렵 채집의 삶을 버리고 농부나 목동이 된 이유를 하나로 딱 떨어지게 설명할 수는 없다. 중동 지역, 중국의 양쯔강과 황허강 유역, 중앙아메리카, 페루의 고산지대, 북아메리카의 동부 지역 등 독립적으로 농경이 발전했던 발상지들을 넘어 농경이 어떻게 전 세계로 퍼지게 됐는지 역시 하나의 설명으로 답할 수 없다.

도로, 다리, 수로가 인간이 살아가는 데 꼭 필요한 '기반 시설'이듯, 경작지의 생물학적 기반 환경도 필수 요소다. 인류 문명의 성과는 모두 생물학적 기반 환경 덕분에 이룩할 수 있었다. 하지만 농경이 식량을 어떻게 얻을 것인가라는 문제에 대한 필연적인 해답은 아니었다. 수렵 채집을 하는 공동체의 관점에서 단기적으로 생각해 봤을 때 농사는 굉장히 비효율적인 일이었다. 현존하는 수렵 채집 공동체를 연구한 인류학 자료를 보면 수렵 채집을 하는 사람이 농경 사회에 사는 사람보다 주당 노동시간은 더 적은 반면에, 섭취 열량은 더 많았다. 고대 집터와 매장지에서 발굴된 인간 뼈와 치아를 통해서도 선사시대 수렵 채집인이 최초의 농부들보다 영양 상태, 신체 발달, 수명 등 여러 면에서 더 나은 삶을 살았음을 알 수 있다. 농사를 지으면 일정 크기의 대지에서 얻을 수 있는 식용 동식물의 총량이 야생 숲에서 얻는 것보다 많겠지만, 그러한 결과를 얻기 위해서는 땅 고르기, 씨앗 심기, 농작물 관리하기, 추수하기 등 엄청난 노력을 들여야 했다. 과실, 견과류, 뿌리채소, 사냥감 등의 자원이 풍족하다면 수렵 채집으로 식량을 얻는 편이 개인의 입장에서는 훨씬 효율적이었다. 농사를 짓다가 다시 수렵 채집의 생활 방식으로 되돌아간 집단이 있었다는 것은 수렵 채집 생활 방식이 그만큼 매력적이었음을 증명한다. 그런 집단은 생활 영역 내의 자원이 부족해졌을 때 농경 생활을 잠시 받아들였을 것이다.

어느 날 갑자기 수렵 채집에서 농경 사회로 변했다는 학설이 틀렸다는 사실은 이미 잘 알려져 있다. 세계 각지에서 수렵 채집과 농경, 두 가지 생활 방식이 오랫동안 공존하다가 수 세대에 걸쳐 서서히 농경 쪽으로 추세가 기울기 시작한 듯하다. 인류의 먼 선조들이 농경을 선택했다기보다 농경 생활에 점점 빠져들어 헤어 나오지 못했다고 보는 편이 더 맞을 것이다.

결론만 보면 인간은 단순히 생태계에서 정해진 위치에 정착하지 않고 농경을 통해 생태계를 스스로 구축해 나가는 종의 위치에 서게 됐다. 농경의 시작을 설명하는 이론은 다양하다. 하나는 야생에서 식물이 자라는 방식을 관찰한 인간이 통제된 상황에서 같은 과정을 반복해 봤을 것이라는 '발명가' 이론이다. 또 하나는 마지막 빙하기가 막을 내리며 사람들이 정착 생활을 시작하자 농경 생활이 적합해졌다는 '정착' 이론이다. 이 외에도 인간의 욕심, 기술 혁신, 소유 개념의 등장, 사막화로 인한 자원 부족 현상, 종교의 발전 등 여러 이론의 논리적 토대가 되는 다양한 설명 기제를 하나하나 다 나열하자면 끝이 없다.

　적어도 몇몇 지역에서는 인구과잉으로 인한 인구압이 농경의 발전으로 이어졌을 것이라 보는 이론들도 있다. 대부분의 인구압 이론은 다음과 같은 논리를 토대로 발전했다. 개인이 필요로 하는 식량을 얻기에는 수렵 채집이 농경보다 더 효과적일 수 있지만, 정착 생활을 하는 확장된 공동체의 관점에서는 농경이 훨씬 유리했다. 농사를 지으면 한 번에 더 많은 양의 식량을 수확할 수 있었고 수확물을 비축해 더 많은 사람에게 공급할 수 있었다. 18세기 후반 영국의 정치경제학자 토머스 맬서스Thomas Robert Malthus 는 식량 공급이 늘어난 곳에서는 보통 인구도 증가했다는 사실을 밝혀냈다. 맬서스에 따르면 인구 성장은 매번 농업 생산량을 앞질렀고, 농업이 아무리 확장되고 발전해도 인구과잉으로 인한 압력은 늘 존재했다. 결국 공동체가 커질수록 농업에 들이는 시간은 수익성이 아주 좋은 '투자'가 됐다. 인구 증가 이론들은 정착 농업으로 출생률도 증가했다고 본다. 늘 이동하느라 아이를 많이 키울 수 없었던 수렵 채집인과 달리 정착 생활을 하는 무리의 여성들은 더 자주 출산을 했을 것이다. 유목 민족의 여성들은 보통 아이가 혼자 먼 길을 걸을 수 있는 세 살이나 네 살이 될 때까지 기다렸다가 다음 아이를 가진다. 인구 증가로 인한 압력이 농업 증대로 이어졌다는 데는 대부분 학자가 동의하지만, 인구 증가 자체가 농경 시작의 원인이었다는 이론은 현재 남아 있는 증거들로는 확증하기 어렵다. 고고학자들은 고대 어느 인류 정착지에서도 농경 시작 전에 인구과잉 문제가 존재했다는 증거를 발견하지 못했다.

이때까지 발굴된 농경지 중 세계에서 가장 오래된 곳은 기원전 1만 1,500년에 작물을 재배했던 흔적이 남아 있는 현 시리아의 아부 후레이라다. 인간이 아부 후레이라에 정착해 생활하기 시작했던 때는 영거 드라이아스기 이후였다. 영거 드라이아스기는 기원전 1만 2,800년쯤 시작해 수천 년 동안 이어진 한랭기였다. 이때 다시 얼기 시작한 빙하는 인류의 정착 생활을 가능하게 했던 안정된 생태계를 엉망으로 만들었다. 영거 드라이아스기가 전 세계적으로 초기 농경의 첫 정착을 늦췄던 것으로 보인다. 아무런 방해 요소 없이 연속적으로 이어진 초기 정착 농경의 증거가 집중적으로 발견되는 지역은 세 곳으로 압축된다. 한 곳은 기원전

9,000년쯤 농업이 크게 발전했던 중동이다. 또 한 곳은 기원전 7,500년쯤 농사를 짓기 시작한 중국의 황허강 유역이며, 마지막은 기원전 6,500년쯤 농경이 시작된 흔적이 남아 있는 페루의 고산지대와 중앙아메리카다. 물론 개개인의 고고학자와 인류학자가 생각하는 시기에는 어느 정도 차이가 있으며, 앞으로 발견될 증거에 따라 첫 농경의 시작 시점은 언제든 바뀔 수 있다.

농업 정착에 성공한 지역들을 연구할 때는 농사의 성공을 이끈 여러 요소가 어떻게 동시에 작용했는지 살펴봐야 한다. 중동에서 농경의 성공을 가져다준 요소는 온난 다습한 겨울과 고온 건조하면서 긴 여름이 특징인 지중해성 기후였다. 지중해성 기후에서 자라는 식물은 건조한 계절을 버틴 후 비를 맞고 성장할 수 있도록 적응해야 하는데, 매년 반복되는 이런 기후 덕분에 인간이 먹을 수 없는 껍질이 두꺼운 나무는 자랄 수 없었다. 지중해성 기후에 적응한 한해살이 식물들은 번식을 위한 씨앗 생산에 더 많은 에너지를 사용했는데, 이는 인간이 먹기에도 적합했다.

지구에서 지중해성 기후의 특징을 찾아볼 수 있는 곳은 아메리카 서부 해안, 오스트레일리아 남부 해안 등 여러 지역이 있지만, 재배하기 쉬운 식물과 인간이 길러서 활용할 수 있는 거대 포유동물은 중동에 가장 많이 살고 있었다. 비옥한 초승달 지대의 대표 작물로는 가장 오래된 밀의 변종인 외알밀, 엠머밀을 포함해 보리, 렌틸콩, 완두콩, 병아리콩과 섬유작물인 아마, 렌틸콩과 비숫하지만 쓴맛 때문에 물에 잘 씻어 먹어야 했던 쓴살갈퀴 등이 있었다. 이곳 사람들이 농경 생활에 완전히 정착한 시기는 기원전 6,000년쯤이었던 것으로 보인다.

비옥한 초승달 지대에서는 농경과 목축이 서로 보완하는 관계를 유지하며 발전했다는 점이 흥미롭다. 목축의 주목적은 고기를 비롯해 고기만큼이나 많은 에너지를 생산할 수 있었던 달걀과 우유를 얻는 것이었지만, 인간은 가축을 기르며 목축의 또 다른 큰 장점을 발견했다. 바로 농업에 없어서는 안 되는 가축의 노동력이었다. 아프리카의 여러 지역에서는 식물 재배가 시작되기 전부터 목동들이 가축을 기르며 유목 생활을 했었다.[7]

아메리카에서 재배한 주요 작물들은 '세 자매'라 불린 옥수수, 콩, 호박이었다. 특히 중앙아메리카에서는 다른 지역보다 빠른 기원전 1,500년부터 '세 자매'가 재배됐다. 멕시코 남부의 오악사카주에서 고고학 발굴 중 발견된 호박 재배의 흔적은 멕시코와 페루의 농경이 중동과 비슷한 시기에 시작됐다는 것을 보여준다. 농경의 기원을 연구하는 데 선구적인 역할을 한 로버트 맥니시R. S. MacNeish는 기원전 7,000년에서 기원전 5,500년 사이 멕시코 동북부의 타마울리파스주에서 고추, 박, 호박, 콩을 재배했던 고대 농경지를 발견했다. 멕시코 중남부의 테우아칸주에서는 타마울리파스에서와 동일한 작물들은 물론 옥수수, 아마란스, 아보카도 재배의 흔적도 찾을 수 있었는데 시기가 기원전 5,000년에서 기원전 3,500년 사이였던 것으로 추정된다. 이곳에서는 식용으로 개와 칠면조도 사육했다. 처음에는 습한 저지대에서 자라던 옥수수가 차츰 건조한 고지대로까지 퍼져나갔다. 페루의 고산지대에서는 기원전 6,000년쯤부터 콩과 고추를 재배했다. 아메리카와 중동의 고대 농경 사이의 가장 큰 차이점은 아메리카에서는 농사를 짓는 데 가축의 힘을 빌리지 않았다는 사실이다. 멕시코와 페루에서도 작은 동물들을 사육했지만, 중동에서 농사일에 동원됐던 50킬로그램 이상의 대형 종이 아니었다.

중국 양쯔강 유역에서는 현대의 흰 쌀과 유사한 쌀을 생산해 내는 벼가 처음으로 재배됐다. 발굴된 증거를 토대로 벼농사가 기원전 1만 1,000년쯤 시작됐을 것으로 추정할 수 있는데 이는 중동에서처럼 영거 드라이아스기와 중국 농경의 시작 시점이 관계가 있음을 보여준다. 중국에서 재배된 주요 작물은 모두 그지역 고유의 식물들이었다. 쌀 이전에 많은 지역에서 주식이었던 조와 수수를 양쯔강 유역에서도 기원전 5,000년에서 기원전 3000년까지 주요 작물로 재배했고, 그 외에도 대두, 팥, 녹두, 벼를 재배했다. 가축도 원래 중국 지역에서 볼 수 있던 돼지, 닭, 물소가 주를 이뤘고 특히 개를 식용 겸 사냥용으로 사육했다. 말, 양, 염소와 보리, 밀 등 외래종 가축과 작물도 서서히 중국으로 유입됐다.

중동에서는 유럽, 북아프리카, 에티오피아, 이집트로, 중국에서는 동남아시아와 환태평양 서부 지역으로 농경이 전파됐다. 중앙아메리카의 작물들은 북아메리카로 퍼져나갔다. 작물들은 대체로 원래 자라던 지역과 비슷한 환경을 찾을 수 있는 방향으로 전파됐다. 예를 들어 중동의 지중해성 기후에 적응하며 자랐던 작물들은 유럽으로 이동해 쉽게 뿌리를 내렸다. 농경의 전파 방향에 관한 가장 확실한 증거는 언어다. 유라시아와 오스트랄라시아의 주요 어족 분포는 농경 확산의 고고학적 증거와 정확히 일치한다. 농경의 요람이었던 중동과 중국은 현존하는 주요 어족 일곱 개의 발상지이기도 하다. 농경의 전파 방법은 크게 두 가지로 나눠볼 수 있다. 하나는 인간이 이동하면서 농작물과 농사 기술을 함께 가지고 간 '인구'에 의한 전파고, 하나는 공동체 간 사회적 접촉을 통해 일어난 '문화'에 의한 전파다. 유럽의 경우 인간의 유전자에 남겨진 증거를 분석해 봤을 때 두 가지가 동시에 일어난 듯하다.

요리는 인간의 통제하에 있는 문화의 영역과 인간이 세운 성벽 바깥에 존재하는 두려움의 대상이었던 자연의 영역 사이에서 중재 역할을 한다고 한 레비스트로스의 말을 앞서 언급한 바 있다. 인간은 요리로 자연에서 난 생산물을 수확해 유용하고 영양가 있는 것으로 변화시킨다. 그리고 그 결과물을 다른 이들과 함께 모닥불 주변이나 식탁에 둘러앉아 나눠 먹는다. 작물과 가축은 어느 정도 자연의 영역에 걸쳐 있는 존재다. 개중 몇몇은 자연으로 돌아가도 번식에 성공하고, 수 세대에 걸쳐 다시 야생의 모습을 되찾을 것이다. 하지만 그렇지 못한 종들도 있다. 옥수수는 멕시코 북부에서 서식하던 씨앗이 더 작은 테오신트라는 식물에서 유래했다. 현대 옥수수는 수 대에 걸친 인위적 품종 개량의 결과물이라 농사를 통해서만 번식할 수 있다. 인간은 의도적으로 먹을 수 있는 부분이 더 많아지도록 옥수수를 개량했고 그 과정에서 테오신트가 야생에서 살아남는 데 도움을 줬던 특징들을 제거해버렸다. 옥수수는 원시적인 수준의 생명공학을 통해 탄생한 인간의 발명품인데, 영양학적 문제 때문에 특수 가공 과정을 거치지 않고서는 주식으로 섭취할 수 없다. 옥수수에 있는 아미노산과 비타민은 물에 섞으면 알칼리 용액이 되는 수산화칼륨으로 처리하는 특수 과정을 거쳐야 인간이 소화할 수 있게 된다. 고대 농부들은 나무를 태워 만든 재를 수산화칼륨 대용으로 활용했을 것이다. 옥수수를 수산화칼륨으로 처리하는 닉스타말화 공정 덕분에 옥수수가 아메리카에서 주식으로 자리 잡을 수 있었다.[8]

밀과 쌀을 포함한 주요 곡물들은 낟알이 수축이라고 불리는 중앙 줄기에서 자라 동물이 건드리거나 바람이 불 때 흩어져 날아가 버린다. 곡물들은 이런 방법으로 더 넓은 지역으로 퍼져나가 번식할 수 있었다. 수축은 낟알이 익어갈수록 점점 물러지기 때문에 낟알이 다 자라 새로운 생명을 탄생시킬 준비가 되면 쉽게 흩어져 날아갈 수 있다. 밀과 벼는 품종 개량을 거쳐 수축이 더 탄

다른 방식으로 먹기

력 있어졌다. 이제는 낟알이 다 익어도 쉽게 흩어지지 않는다. 야생에서는 단단한 수축이 번식에 굉장히 불리하게 작용하겠지만, 농부는 그 덕분에 먹을 수 있는 낟알을 모두 한 번에 수확할 수 있다. 식물의 형태를 작물 재배의 고고학적 증거로 활용하기에는 무리가 있지만 '부서짐 방지' 수축은 초기 품종 개량의 성공 사례다. 작물 중에는 애초에 어떻게 인간이 재배하게 됐는지 의문이 드는 경우도 있는데 그 대표적인 예가 야생에서는 독성이 아주 강한 아몬드와 캐슈너트다. 인류 역사상 처음 굴을 먹었던 사람은 정말 용감한 사람이었을 거라고 조너선 스위프트Jonathan Swift가 말한 적이 있다. 독성이 있는 견과류를 처음으로 재배한 사람도 그에 못지않았을 듯하다.

농업이 식물에 변화를 불러왔듯이 목축은 동물들을 변화시켰다. 염소처럼 뿔 모양이 야생일 때와 달라진 경우가 많다. 대부분의 대형 가축은 야생에서 살았던 때보다 몸집이 작아졌다. 길들여진 동물이 야생에서보다 지능이 떨어지거나 감각이 둔해진 경우도 쉽게 찾아볼 수 있다. 야생에서 생존에 유리한 지능이나 예민한 청각, 시각, 후각 등이 가축들에게는 크게 중요하지 않기 때문이다. 털을 얻기 위해 사육된 동물들은 품종 개량을 통해 털이 더 풍성하고 북슬북슬해졌다.

농경이 동식물을 바꾸면서 인간도 변화를 겪었다. 가장 중요한 변화는 인구의 증가다. 기원전 1만 년쯤에 지구상에는 약 300만

명 정도의 인간이 살고 있었던 것으로 추정된다. 2,000년 후인 기원전 8,000년이 되자 인구가 230만 명 더 늘어났다. 지금의 인구 증가에 비하면 아무것도 아니지만 당시 기준으로는 충격적인 증가율이었다. 많은 인류학자가 농경의 시작이 인류의 사회구조를 전보다 복잡하게 바꿨다고 주장한다. 기본적으로 농경 사회에서는 모든 사람이 식량 생산 활동에 뛰어들 필요가 없었다. 자유시간이 늘어난 인간은 남는 시간에 물건을 만들거나, 아이나 아픈 사람을 돌보거나, 종교의식을 주도하거나, 행정 기능을 관리했다.

농경과 목축을 통해 아마, 목화, 양털, 기름처럼 수공업에 유용한 재료들도 얻을 수 있었다. 이는 수공업뿐 아니라 이에 영향을 받은 여러 종류의 문화양식도 발전시켰다. 대부분의 지역에서 섬유로 가공하기 위한 작물을 재배했고, 아메리카 대륙에서는 식용이 아닌 그릇을 만들기 위한 박도 재배했다. 흥미롭게도 농경으로 인한 인구 증가와 기술 변화는 서로의 발전 상황을 반영하며 진행됐다. 새로운 사회구조와 기술이 발전하는 속도에 맞춰 인구도 늘어났던 것으로 보인다. 농경 위주의 삶과 사회구조가 발달하자 음식을 준비하는 방법도 자연스럽게 다양해졌다. 그 와중에 유목민들은 작물들을 전 세계로 퍼뜨렸다.

농경 사회로 진입하며 인간이 치러야 했던 대가는 무엇이었을까? 인류 첫 농경인들의 악화된 건강 상태보다 더 심각한 장기간의 희생이 또 있었을까? 정치학자 제임스 스콧James Scott에 따르면 "그렇다." 곡물 재배가 시작되면서 수확물을 세금으로 거두고 백성들에게 재분배하는 시스템을 갖춘 국가가 탄생했기 때문이다. 스콧에 따르면 국가에 속한 삶은 장점도 있으나 단점도 분명 존재했다.[9] 수렵 채집 사회의 평등주의와 대비되는 정치적 개념인 '국가'와 '백성'이 결국 농경 때문에 생겨났다. 그뿐 아니라 식량 재분배를 위해 자원이 소수에게 집중되는 상황이 발생했고 이는 사회 불평등의 기원이 됐다. 국가보다 농경이 먼저 발생했지만, 초기 국가들은 농업을 정치 수단으로 동원했다. 그렇게 농업은 식량 생산을 넘어서 통치의 수단이 됐다. 중동에서는 농경의 시작과 국가의 시작 사이에 긴 간극이 있었다. 이는 당시 농경을 기반으로 하는 국가만이 유일한 삶의 방식이 아니었음을 보여준다. 정착하지 않은 '야만인'으로서도 충분히 행복하게 살 수 있었다고 스콧은 주장한다.

현재 대부분의 세계사에서는 수렵 채집에서 농경으로, 이동 생활에서 정착 생활로 사회 모습이 바뀌자 더 복잡해진 사회구조와 자원을 관리하기에 가장 적합한 형태로 국가가 출현했다고 서술하고 있다. 현재 가장 널리 받아들여지고 있는 역사적 관점으로는 이를 문명의 발전이라 여긴다. 하지만 스콧의 주장은 그런 지배적인 역사적 관점과 대치한다. 스콧의 관점에서 보면 농경은 동식물을 사육하고 재배하는 수준을 넘어 인간도 지배했다. 인간은 농경의 대가로 자유를 잃었다. 도시의 성벽 밖에는 수렵 채집인들이 아직 실현되지 않은 정치형태의 씨앗을 간직한 채 여전히 여럿이 함께 식량을 구하고 공유하며 무리 지어 돌아다니고 있었다. 2장에서 살펴보겠지만, 주요 곡물들은 결국 독립국가를 넘어서 제국의 밑바탕이 되었다. 다른 작물보다 생산, 저장, 운송, 조리가 수월했던 곡물들은 유라시아 전체에 걸쳐 군대와 관료들이 지닌 권력의 원천이 됐다.

스콧의 이론은 농경과 농경으로 인해 발전한 사회구조가 단순히 진보를 의미한다는 관점에서 벗어날 수 있도록 해준다. 수렵 채집인과 농경인을 인류 발달 단계의 관점에서 바라볼 필요가 없다. 우리가 생각해 봐야 할 핵심 질문은 인류가 농작물을 재배하고, 생산물을 가공하고, 음식을 요리해 먹는 방식이 역사상 특정 정치형태와 관련이 있었는가다. 그렇다고 이 질문이 '무정부주의자'의 음식과 '전체주의자'의 음식이 따로 존재한다는 식으로 어설프게 단순화되어서는 안 된다. 농경과 같은 사회 기반 활동 중에는 실제로 많은 사람의 노동력을 필요로 하거나 특정 형태의 협력과 사회생활을 조장하는 경우도 있다. 곡물이 저장과 운송에 유리하고 다른 생필품이나 사치품으로 교환 가능한 수단으로 활용될 수 있다는 물질적 특징은 국가의 등장을 유도했다. 이동 생활을 하는 '야만적'인 공동체와 국가 중 어느 쪽이 상대적으로 훌륭한가의 문제는 규범 윤리나 정치 논쟁의 영역이지만, 한 가지

다른 방식으로 먹기

확실한 것은 고대국가의 삶에 관한 흔적과 기록이 더 많이 남아 있다는 것이다.

우리 인류의 유구한 역사 속에서 정착 농경으로의 전환은 띄엄띄엄 진행되기는 했지만 꽤 단기간에 완성됐다. 앞으로 이어질 장에서는 근대와 현대로 가까워질수록 점점 더 짧은 기간의 역사를 다룬다. 하지만 고대에 발생한 정착 농경의 시작은 현대의 식생활에까지 계속해서 영향을 미치고 있다. 옥수수로 만든 토르티야 위에 고추가 많이 들어가는 한국식 조리법으로 요리한 소고기와 미국식 체더 치즈를 녹여 올린 타코는 21세기 초 현대 사회의 세계화와 실험 정신을 보여주는 요리다. 이 타코를 보면 여러 요리를 섞어 만들었다는 특징이 제일 먼저 눈에 띈다. 하지만 조금 더 자세히 들여다보면 옥수수, 소고기, 우유 등 이 요리를 구성하는 재료들이 모두 유럽의 대항해 시대 훨씬 이전에 이미 세상을 누볐던 고대 농경의 산물임을 알 수 있다. 인간의 창의적인 요리는 모두 아주 오래전 이미 정해진 재료의 한계와 기회의 울타리 안에서 이뤄지고 있다.

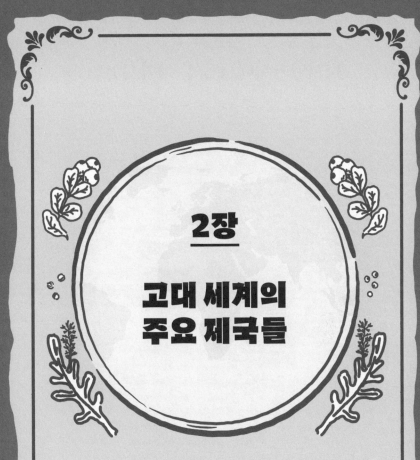

2장

고대 세계의 주요 제국들

니시아카시에서 맛본 아카시야키

타코야키라 부르는 문어빵은 구운 만두의 한 종류다. 타코야키 없는 지역 축제나 신사 축제를 상상할 수 없을 정도로 타코야키는 일본 전역에서 쉽게 볼 수 있는 길거리 음식이다. 무쇠 틀에 반죽을 넣어 숯이나 가스 그릴로 익힐 때 나는 고소한 향은 사람들을 불러 모은다. 맛있는 냄새에 이끌려 좌판까지 온 사람들은 바로 그 자리에서 완성된 타코야키를 먹는다. 타코야키는 잘게 썬 문어(타코)를 넣은 반죽을 옴폭하게 파인 틀에 부어 요리하는 음식으로 노릇노릇 익어갈 때쯤 틀에 눌어붙지 않도록 꼬챙이로 휙휙 굴려줘야 한다. 마지막에 우스터소스, 말린 해초 플레이크의 한 종류인 아오노리, 말린 가다랑어를 얇게 썰어낸 가쓰오부시를 그 위에 뿌려주면 가쓰오부시가 빵의 열기에 춤을 추듯 둥글게 말려 들어간다. 타코야키를 주문하면 얇게 썬 적초생강이 곁들여 나온다. 위에 마요네즈를 뿌려 먹을 수도 있다. 마요네즈로 더해진 고소함, 달콤함, 신맛에 해초의 향이 어우러진 타코야키를 한입 베어 물면 비슷한 고명을 올려 나오는 오코노미야키가 떠오른다. 오코노미야키는 채소, 해산물, 계란을 넣은 반죽으로 만든 부침개로 타코야키만큼이나 인기 있는 간식거리다.

　고베의 해안가에 잠시 머무는 동안 타코야키와 비슷한 아카시야키를 먹을 기회가 있었다. 니시아카시에서 가장 맛있는 아카시야키를 만든다고 소문난 곳을 찾아갔다. 연세가 있는 아주머니가 식당 안으로 안내해 주었다. 굉장히 좁은 실내 공간에 테이블 다섯 개 정도가 말굽 모양의 계산대를 빙 둘러싸고 있었다. 일본에서 궁금한 게 생기면 항상 나이가 지긋한 아주머니를 찾아야 한다. 젊은 사람들과는 달리 흔쾌히 질문을 받아주며 어떤 질문에도 친절히 답해준다. 잡지가 놓인 선반과 옷걸이 사이를 억지로 비집고 들어가 자리를 찾았다. 빵 굽는 향, 훈제 향, 살짝 비릿한 생선 냄새 때문에 주문하는 시간마저 참을 수 없을 정도로 길게 느껴졌다. 주문할 수 있는 메뉴는 '보통' 아니면 '곱빼기' 딱 두 개뿐이었다.

　아카시야키는 타코야키보다 반죽에 계란이 많이 들어가서 더 부드럽고 야들야들하지만 탱글탱글한 맛은 덜했다. 작은 문어 한 조각이 들어가 있다는 점은 같지만, 아카시야키에는 살짝 담가 먹을 수 있는 다시 국물이 함께 나오는 것이 특징이다. 다시 국물에는 잘게 썬 파, 후리가케, 참깨, 김, 건새우나 말린 가다랑어 등을 뿌리기도 한다. 물론 모두 선택 사항이다.

　모든 상징적인 요리가 그렇듯 일본의 타코야키 역시 무엇이 원조인가에 대해서는 셰프, 역사학자, 미식가들 사이에 의견이 분분하다. 1933년 고기를 반죽에 넣어 굽던 오사카의 니쿠야키가 해안선을 따라 아카시로 건너오면서 문어를 넣어 먹는 아카시야키가 된 것일까? 아니면 그 반대로 아카시의 요리가 1935년 오사카로 건너가 노점상 엔도 토메키치에서 타코야키로 탄생한 것일까? 2020년 해안가 마을 니시아카시에서 우리가 먹었던 요리가 사실은 일본 전역에 퍼져 각종 축제 때나 거리 좌판에서 흔하게 볼 수 있는 모든 타코야키의 원조일 가능성도 있는 것일까? 이 모든 불확실성과 논란의 밑바탕에는 음식의 기원을 찾고자 하는 욕구와, 원조는 어떤 맛이었을지 알고 싶어 하는 호기심이 깔려 있다. 다양성과 지역성에 대한 꾸준한 흥미도 한몫한다. '일본 요리'가 하나의 요리를 지칭하는 말이 아니듯, 타코야키는 하나의 요리만을 가리키는 말이 아니다. 이 커다란 논쟁 속에는 우리의 욕구가 담겨 있다. 가치가 있는 논쟁은 우리의 정체성과 욕구를 강화한다. 논쟁이 있다는 것은 누군가 관심을 가지고 있다는 의미이기 때문이다.

지역 고유 음식은 일본이 적극 육성하고 있는 식도락 관광 산업에서 아주 중요한 요소다. 하지만 꼭 관광 상품이 아니더라도 지역 고유 음식이 있다는 사실은 큰 장점이다. 캘리포니아에서 몬트리올 스타일 베이글을 파는 가게처럼, 도쿄에 있는 아카시야키 전문점은 저 멀리 원조의 맛을 생각나게 하는 덕분에 큰 이익을 낸다. 그곳에 직접 갈 수는 없지만, 그곳의 맛을 느낄 수는 있으니까.

소란스럽고 좁은 동네 식당에서 아카시야키를 먹으며 다 먹기도 전에 벌써 다시 이곳에 돌아와 또 먹고 싶다는 욕구를 느꼈다. 지금 손에 든 것이 미처 다 사라지기도 전에 벌써 가득 차기 시작하는 이 그리움을 '미리 느끼는 향수'라고 해두자. 녹아내릴 것처럼 부드럽고 푹신한 식감, 한 입 베어 문 자리에서 피어오르는 따뜻한 김, 빵에서 턱으로 흘러내리는 끈적한 소스를 하나하나 느껴가며 엄청나게 많은 아카시야키를 흡입했다. 우리는 도쿄로 돌아오자마자 갓파바시 주방도구 거리로 달려가 아카시야키를 만들 수 있는 무쇠 팬을 찾아 나섰다. 이 팬은 분명 니키아카시에서 아카시야키를 맛봤던 그 순간으로 우리를 데려다줄 것이라 믿었다. 무쇠 팬은 아직도 테이프로 꼭꼭 밀봉된 채 화려한 박스 안에서 문어를 기다리고 있다. 우리의 원대했던 꿈은 알아차리지 못한 채로 말이다.

'제국'이라는 단어는 그 의미 속에 곡물을 가득 간직하고 있다. 1장에서는 농경의 기원과 유목 생활에서 정착 생활로의 변화 과정을 살펴봤다. 이번 장에서는 주식, 영토, 정체성 사이의 복잡한 관계를 페르시아, 로마, 한나라 세 대표 고대 제국을 통해 알아볼 것이다. 고대 세계 때 이루어진 영토 확장과 무역으로 다양하고 복잡한 식문화가 발전했지만, 각 제국은 식생활의 특정 구조와 일관성을 유지하는 데 큰 역할을 한 곡물에 많이 의존했다. 영어로 '제국'은 라틴어 'imperium'에서 유래한 'empire'이며, 이는 다양한 민족을 지배한다는 의미를 지니고 있다. 지리적으로 인접한 넓은 지역을 지배한다는 의미일 수도 있고, 여기저기 흩어져 있는 여러 지역을 지배한다는 의미일 수도 있다. '제국'이라는 단어가 문화적인 패권 장악 없이 정치·경제적 통제만을 가리키는 경우도 있었다. 예를 들어 로마제국은 정복한 지역의 민족들이 원래 풍습과 문화를 간직한 채 생활하도록 허락했다. 반면 중국 한나라처럼 하나의 우세한 민족이 다른 여러 민족을 지배하면서 문화적, 사회적 패권을 완전히 장악하는 경우도 있었다. 모든 고대

다른 방식으로 먹기

제국의 중앙정부는 군사와 관료들에게 지급할 곡물이 필요했다. 백성들을 굶어 죽지 않도록 보호하기 위해서도 곡물은 없어서는 안 될 자원이었다. 결국 제국이 필요로 했던 것은 공물을 바칠 인구였다. 곡물을 가공하고 요리할 수 있는 상태로 만들기 위해서는 곡물 비축 창고, 운송 수단, 제분 작업장 등의 물리적 기반 시설도 필요했으며, 이 모든 과정을 감독할 수 있는 복잡한 관리 시스템도 요구됐다.

이번 장에서는 기원전 550년부터 기원전 330년까지의 페르시아, 기원전 175년부터 기원후 300년까지의 로마제국, 기원전 200년부터 기원후 200년까지의 중국 한나라의 역사를 다룰 것이다. 로마에서는 밀이 주식으로 자리 잡은 반면, 중국에서는 쌀이 주식이었다. 페르시아제국에서는 밀이 주식이었지만 페르시아 중앙부와 그 주변 세계에서까지 점차 쌀의 중요성이 커졌다. 세 제국의 역사를 비교해 봄으로써 한 가지 중요한 사실을 살펴보고자 한다. 제국의 권력이 집중된 중앙과 중앙에서 멀리 떨어진 주변 지역의 주민들은 각자의 풍습대로 요리한 음식을 먹으면서 서로 다른 방식으로 다양한 식문화를 발전시켰다. 하지만 그중에서도 주식의 역할을 한 곡물은 많은 사람에게 효율적으로 식량을 공급할 수 있었다. 정착 농경은 수렵 채집이나 유목 생활에서는 성공한 적 없는 제국 건설을 이뤄냈고, 고대 제국들은 여러 민족을 강제로 정착 농경 생활에 적응시켰다.

당연히 어떠한 주식도 그 자체로만 모든 영양분을 공급할 수는 없다. 보조 영양분 없이 주식 하나에만 지나치게 의존하면 오히려 질병에 걸릴 수 있다. 예를 들어 비타민 C 부족으로 발생하는 괴혈병은 충분한 열량 섭취와는 아무런 상관이 없다. 가장 기본적인 주식은 쌀, 밀, 옥수수, 호밀, 보리 등의 곡물이며, 부차적인 주식에는 감자, 얌, 토란 등의 뿌리채소가 있다. 콩, 렌틸콩, 병아리콩, 나무콩과 사람이 먹을 수 있음에도 보통 가축 사료용으로 많이 재배하는 갈퀴나물 등의 콩류 역시 부차적 주식에 속한다. 기본적인 주식과 부차적인 주식을 함께 섭취할 때 단백질 상호 보완 효과라고 불리는 작용이 일어난다. 이 효과 덕분에 옥수수나 쌀을 콩과 함께 섭취하면 콩류에서 흡수되는 필수 아미노산(단백질)의 양이 더 늘어난다. 네팔에서 요즘도 기본 식사로 제공되는 렌틸콩으로 만든 달dahl과 쌀로 만든 밧baht은 상호 보완적 측면에서 볼 때 가장 훌륭한 조합이다. 뉴올리언스에서 새해에 먹는 호핑 존hoppin' John 역시 콩과 쌀의 조합으로 만들어진 요리다. 현대에 생산되는 쌀, 콩, 렌틸콩은 전근대의 품종과는 비교도 안 될 정도로 많이 개량된 상태지만 단백질 상호 보완 효과는 여전히 유효하다. 21세기 초 현재 주식으로 가장 많이 섭취되고 있는 곡물은 전 세계 인구의 절반 이상을 먹여 살리고 있는 쌀이다. 그 뒤를 옥수수와 밀이 바짝 뒤쫓고 있다.

고대 제국이 영토를 확장하면서 주요 곡물도 전 세계로 퍼져나갔다. 주식은 단순한 생존 수단 이상의 의미를 지니고 있었다. 추수 후 저장이 가능했기 때문에 재산으로서의 가치를 지닌 자원이기도 했다. 고대 제국의 정부는 비축해 놓은 곡물을 관리했다. 그리고 백성들에게 제공하는 곡물 배급량을 통제하는 방식으로 백성들이 먹을 수 있는 식량과 누릴 수 있는 자유를 규제하기도 했다.[1] 또한 곡물은 화폐가 통용되기 훨씬 이전부터 조세를 납부하고 공물을 바치는 기본 수단으로 활용됐다. 곡물 수확은 결국 경제적, 정치적 권력의 토대나 다름없었다.

주식은 보통 제국의 중심부에서 확장되어 주변부로 이동했고 그 가치는 무역, 정복, 지방 세력과의 정치적 거래를 통해 항상 새롭게 정의됐다. 고대 제국이 가장 선호하던 곡물은 변함없이 유지됐지만, 그 곡물을 요리하는 방법은 제국 전역에 걸쳐 다양하게 나타났다. 요리법뿐 아니라 양념, 소스, 곁들이는 음식에도 지역 차가 존재했다. 상인, 군사, 전령이 제국 여기저기를 돌아다니면서 주변 지역의 문화를 제국의 인구와 권력이 모이는 중심지까지 역으로 가져오기도 했다. 로마 지배를 받던 중부 유럽의 소작농들은 메밀을 노릇노릇하게 구워서 소금을 뿌려 먹었지만, 고작 몇 킬로미터 떨어진 이웃 마을에서는 메밀에 사탕수수 시럽과 꿀을 더해 푸딩으로 만들어 먹었다. 로마는 여러 정복지를 곡창지대로 바꿨지만 지중해 동부 지역의 음식은 로마인들의 입맛을 바꿔버렸다. 페르시아와 로마의 지배를 차례로 받게 된 이집트의 운명 역시 다르지 않았다.

고대 제국의 일부 상류층은 소비를 통해 자신의 정치적 권력을 상징적으로 보여주기도 했다. 로마인은 정복한 지역의 식문화를 야만적이라 여겼지만, 연회석에서는 그 '야만적인' 요리를 차려내 지배자의 힘을 과시하는 용도로 활용했다. 당연히 상류층은 소작농보다 훨씬 다양한 요리를 접할 수 있었고, 자신들의 부와 영향력을 보여주기 위해 연회를 열어 서로서로 대접했다. 페르시아의 상류층은 하인에게 저 멀리 하천까지 가서 귀한 허브를 구해 오라고 명령하기도 했다. 중국에서는 로마에서와 마찬가지로 노예가 왕족이 즐기는 얼음 간식을 구하기 위해 산꼭대기까지 올라가 눈을 가져오기도 했다. 로마의 지배층이 누렸던 특권 중에는 공작, 백조, 제국의 가장 멀리 떨어진 곳에서 구해 온 향신료 등이 있었다. 사치 금지법이 생긴 뒤로는 고급 요리가 오히려 최상위층만의 전유물이 돼버렸다. 계급이 낮으면 구할 수 있는 재력이 있다 하더라도 고급 요리를 감히 맛볼 수 없었다. 사치 금지법은 너무 지나친 소비를 하지 못하도록 막아 비슷한 지위의 가문들 사이에 어느 정도 동등함을 유지하도록 하는 효과도 있었다. 요리와 계급, 그리고 향신료와 사회계층 간의 상관관계처럼 오늘날 우리가 알고 있는 식문화의 양상은 역사상 아주 일찍부터 발전해 왔다.

역사학자 페르낭 브로델Fernand Braudel은 인간이 '기후, 동식물, 작물, 균형 상태의 환경' 사이에 수 세기 동안 꼼짝없이 갇힌 죄수와 같다고 했다.[2] 브로델이 말하고자 했던 바는 문화가 불변할 것처럼 보이는 지리적 제약 속에서 만들어졌다는 것이다. 고대 세계에서 도로망, 군사, 도시, 상업 기반을 갖추고 있던 제국은 넓은 지역과 다양한 동식물 및 작물을 연결시켰고, 서로 어떻게 먹고 먹히는지를 알게 해줬다. 제국이 지리적 한계를 극복해 나가기 시작하면서 농경지, 주방, 식탁 사이의 균형을 맞추며 발전했던 인간의 문화에 큰 변화가 생기기 시작했다.

페르시아

그리스 역사가 헤로도토스는 페르시아제국의 통일을 달성한 키루스 2세가 죽은 후 백년의 역사를 기록으로 남겼다. 왕 중의 왕이었던 키루스 2세의 페르시아에 대해 헤로도토스는 "페르시아인들만큼 이민족의 문화를 기꺼이 수용하는 나라는 없다"라고 했다. 여느 역사가들이 그랬듯 헤로도토스도 여행자들, 전쟁 후 돌아온 군인들, 본인의 여행 경험 등을 통해 페르시아의 역사를 배웠다. 헤로도토스가 쓴 페르시아의 역사 서술은 다른 역사가들이나 고고학적 증거에 의해 반박당하기도 하지만, 페르시아제국에는 역사가가 따로 존재하지 않았기 때문에 없어서는 안 될 귀중한 자료다. 키루스 2세의 가문 이름을 딴 아케메네스 왕조 페르시아에서는 역사 서술이 지적 문화에 포함되지 않았다. 페르시아

왕들이 스스로 남긴 기록들은 과장된 자화자찬에 그치는 경우가 많아 신뢰도가 떨어진다.

헤로도토스는 페르시아의 식습관이 쾌락과 금욕의 균형을 보여주는 '문명의 표본'[3]이라며 동경했다. 페르시아인을 만찬 자리에서나 정복 전쟁에서 게걸스러운 존재라고 여겼던 당시 그리스인들의 흔한 선입견을 생각해 봤을 때 아주 놀라운 극찬이다. 페르시아제국이 차지한 영토와 내보인 기세가 유라시아 세계에서 전례 없는 규모였듯이, 페르시아제국의 상류층이 즐겼던 '세련된' 요리도 음식 역사상 유례가 없는 특별한 음식이었다. 페르시아의 식문화에 감명받은 사람은 헤로도토스뿐만이 아니었다. 일반 요리와 상반되는 개념의 세련된 요리는 전에 없던 새로운 개념이었으며 페르시아제국의 권력과 떼어놓을 수 없는 연관성이 있다. 헤로도토스에 따르면 페르시아인들 역시 그리스의 식문화에 놀라움을 금치 못했던 듯하다. 페르시아인은 그리스인이 배고픔을 달래기 위해 요구되는 양 이상으로 과하게 음식을 먹는다고 생각했다. 또한 그리스인이 단맛 없는 음식을 먹는 모습에 충격을 받았다. 페르시아인에게는 상상할 수도 없는 일이었기 때문이다.

그리스인도 페르시아인의 식문화를 이해하기 쉽지 않았을 것이다. 페르시아는 낯선 이방인의 문화를 지녔지만, 그렇다고 '야만적'인 문화로 규정짓기에는 무리가 있었다. 헤로도토스가 언급한 절제를 대변하는 페르시아의 식문화와 게걸스러움을 보여주

다른 방식으로 먹기

는 그리스 식문화 사이의 차이점은 어쩌면 단순한 오해에서 비롯된 것일 수도 있다. 우아한 요리를 대접하는 식사 자리에 익숙하지 않았던 그리스인들이 부유한 페르시아인의 초대를 받아 연회에 참석했던 그날 모든 오해가 시작됐을 수도 있다. 음식을 조금씩 나눠 여러 번에 걸쳐 차려내는 코스 요리 문화를 몰랐던 그리스인들은 첫 번째 요리가 등장하자마자 최대한 많은 양을 먹었을 것이고, 반면에 페르시아인들은 다음 요리를 기대하면서 주어진 음식을 조금씩 먹으며 맛을 음미했을 것이다.

　제국을 건설하기 전의 페르시아는 바빌로니아와 아시리아의 속국이었다. 페르시아인은 메소포타미아의 동쪽, 자그로스산맥의 반대편에 정착해 살고 있었다. 유목 민족의 후예들로 처음에는 보리로 쑨 묽은 죽이나 렌틸콩, 살갈퀴 등을 먹었다. 페르시아인은 양젖으로 만든 요거트와 치즈 등의 유제품과 굽거나 삶은 소고기, 양고기, 염소 고기 등도 먹었다. 아몬드 등의 견과류와 대추, 살구 등의 말린 과일, 다양한 허브도 즐겼다. 기원전 550년쯤 키루스 2세가 메소포타미아를 정복하고 스스로 페르시아제국 정치권력의 중심이 됐다. 서쪽으로는 에게해에서부터 동쪽으로는 인더스강까지 영토를 넓힌 키루스 2세는 페르시아인과 정복한 민족이 함께 살도록 했다. 그중에는 정착 농경 생활을 하는 민족도 있었다. 정착 농경 생활이 시작되면서 밀이 순식간에 주요 작물로 자리 잡았다. 메소포타미아, 시리아, 이집트, 튀르키예 일부,

인도, 아프가니스탄까지 영토를 확장한 페르시아의 전성기는 '페리클레스의 시대'라고 불린 그리스 아테네의 황금기와 시기가 같았다. 왕궁의 도시 페르세폴리스를 중심으로 파사르가다에, 바빌론, 수사, 에크바타나 네 개의 도시가 제국의 수도 역할을 했다. 비옥한 초승달 지대 역시 페르시아의 영토였다. 티그리스강과 유프라테스강 사이의 이 지역에서 밀과 보리가 역사상 처음으로 경작됐고, 초기 목축의 흔적도 찾아볼 수 있다. 광활한 지역을 차지한 지리적 이점 덕분에 문화적, 생태학적으로 다양하고 풍부하며 균형 잡힌 요리가 페르시아에서 발전할 수 있었다.

헤로도토스가 연대순으로 정리한 페르시아제국의 역사를 살펴보면, 세 명의 위대한 왕이 등장한다. 키루스 2세는 제국을 건설하고 하나로 통일한 제국의 아버지였다. 그의 아들 캄비세스 2세는 가혹한 정치를 한 독재자였다. 그 뒤를 이은 다리우스 대제는 상인으로 묘사되어 있는데, 행정개혁을 통해 수 세대에 걸쳐 유지될 제국의 경제 구조를 형성했기 때문이다. 다리우스 대제와 그 이후 왕들은 스무 개에서, 많을 때는 서른여 개에 달하던 지방 행정구역에 총독을 두어 다스렸다. 총독들은 지방 관리들 위에 군림하며 페르시아제국의 이익을 대변했다. 피에르 브리앙Pierre Briant이 언급했듯이, 페르시아가 정복지를 다스렸던 전략은 그 지역 집단을 쫓아내거나 재편하지 않고 원래 집단 구성이 계속 유지될 수 있도록 하는 것이었다.[4] 지방 행정 체제를 완전히 뒤엎기

다른 방식으로 먹기

보다는 그 지역 관리들이 충성과 조공만 맹세한다면 원래의 행정 조직을 그대로 유지하도록 했다. 페르시아가 지방정부를 파괴한 경우는 반역을 일삼거나, 너무 강력한 관리로 반란이 우려되는 지역에서뿐이었다.

다리우스 대제는 아후라 마즈다를 섬기는 조로아스터교를 국교로 삼았지만, 문화적, 종교적 통일에는 관심이 없었다. 제국 내에 존재하던 여러 언어를 존중하여 공문서도 엘람어, 페르시아어, 아카드어 등 여러 언어로 작성했다. 이런 상황에서 황제에게 바치는 공물이 제국 각 지역에서 쏟아져 들어왔고, 대부분은 빵, 와인, 소금 등 운송하기 쉬운 식량의 형태였다. 다리우스 대제가 건설하고 그의 아들 크세르크세스 1세가 완성한 페르세폴리스의 아파다나 궁전 벽에는 조공을 바치는 행렬의 모습을 조각한 부조가 남아 있다. 진상품을 바치러 온 이들의 행렬은 다양한 그릇에 담긴 음식과 와인을 옮기고 있다. 그리스 철학자이자 역사가인 플루타르크가 남긴 기록에 따르면 크세르크세스 1세는 무화과가 생산되는 지역을 정복한 후에만 무화과를 맛봤다고 한다.

제국을 확장하면서 페르시아인은 정복 지역의 농업 기술도 흡수했다. 페르시아의 농업 기술 수용은 아시리아와 바빌로니아 남동쪽에 있던 밀 재배국 엘람의 수준 높은 기술을 받아들이면서 시작됐다. 대부분 빵으로 가공돼 섭취되던 밀은 아주 빠른 속도로 페르시아 사람들이 먹던 보리를 대체했다. 자신만의 척도로 문명 세상을 평가하던 헤로도토스는 목동보다 농부가 더 문명화된 사람들이라고 여겼다. 그런 헤로도토스의 관점에서 페르시아가 유목 생활을 버리고 농경 생활에 정착한 것은 위대한 문명으로 향하는 큰 도약이었다. 노예들도 농사일을 하기는 했지만, 농업에 종사하는 사람 대부분은 자유로운 평민들이었다. 헤로도토스는 당시 부유한 페르시아인이 얼마나 잘 먹었는지를 기록에 남겼다. 그들은 구운 소고기, 낙타 고기, 당나귀 고기에 와인을 곁들였는데, 지중해 동부 지역의 여러 민족이 사용하던 뿔 모양 술잔인 리톤에 엄청난 양의 와인을 부어 마셨다고 전해진다. (헤로도토스를 포함한 그리스인에게는 페르시아인이 술독에 빠져 사는 민족이라는 편견이 있었다.) 페르시아의 상류층 사람들은 디저트도 마음껏 먹을 수 있었다. 페르시아인의 단맛 사랑은 유명했다. 하지만 디저트가 맛만 좋은 것은 아니었고 그들의 식사처럼 디저트 역시 사회적 지위를 과시하는 수단이었다. 집주인은 자신의 부를 드러내기 위해 손님 대접 상에 많은 양의 고기를 차려내기도 하고, 설탕, 꿀, 향신료를 듬뿍 넣은 디저트를 대접하기도 했다.

이집트에서는 나일강이 농경지 대부분에 물을 공급해 주어 밀이 잘 자랐다. 덕분에 이집트는 페르시아제국의 곡창지대 역할을 했고, 이는 로마제국 시절까지 이어졌다. 페르시아 고대어에서 빵을 지칭하는 단어를 살펴보면 당시 빵을 굽는 방법이 두 가지였음을 알 수 있다. 오븐에 구워서 만드는 '덮여 있지 않은' 빵이

다른 방식으로 먹기

있고, 재로 '덮여 있는' 빵이 있었다. 오븐 없이 재로 빵을 굽는 방법이 가장 오래된 제빵 기술일 것이라고 많은 고고학자가 추측하고 있다. 야노스 하르마타János Harmatta가 페르시아 지역의 빵을 주제로 쓴 저명한 논문에 따르면 제빵 기술을 발전시키는 방법 역시 두 가지였다. 하나는 반죽 굽는 기술을 발전시키는 방법이다. 더 나은 오븐에서 반죽을 굽거나 다른 종류의 팬이나 용기에 반죽을 넣는 방법이 여기에 해당한다. 다른 하나는 반죽 자체를 개선하는 방법이다. 효모를 사용해 반죽을 살짝 발효시키면 반죽이 부풀어 오르면서 신선함은 더 오래 유지할 수 있다.[5] 고대 제빵사들은 대부분 두 가지 방법을 동시에 활용했다. 페르시아제국의 유물들을 통해 오븐의 발전사를 유추해 볼 수 있다. 토기를 굽는 용기를 오븐처럼 사용해 빵을 굽는 방법을 터득했을 것이고, 이런 과도기를 거쳐 오븐을 활용한 제빵 기술이 페르시아 전역으로 퍼졌던 것으로 보인다. 오븐의 발전은 제빵 기술의 발전이지 효모를 활용한 반죽 자체의 발전과는 거리가 멀었지만 페르시아제국의 지배를 받던 메소포타미아 등 여러 지역에서 이미 오래전부터 밀가루 반죽에 효모를 사용하고 있었다. 페르시아의 요리 기술을 포함한 물질문화가 제국을 넘어 동유럽과 아시아 남부로 퍼져 나갔다는 역사적 증거도 찾아볼 수 있다. 특히 빵을 가리키는 페르시아 단어 중 '난'은 여러 지역으로 널리 퍼져 현대 뱅골어, 힌디어, 펀자브어, 파슈토어에서도 비슷하게 불리고 있다.

그리스 철학자이자 용병 대장이었던 크세노폰은 키루스 2세의 공식 만찬 모습을 기록으로 남겼다. 크세노폰의 묘사에 따르면 키루스 2세는 자리 배치부터 그릇 배열까지 만찬의 작은 세부 사항도 놓치지 않는 아주 영리한 지배자였다. 키루스 2세는 관료들과 신하들 중 자신이 누구를 가장 총애하는지 보여주기 위해 만찬의 모든 부분을 꼼꼼하게 계획했다.[6] 이런 자리에 참석할 때 조공으로 바칠 진상품은 필수였다. 작은 진상품 하나하나까지도 모두 지배자에 대한 충성심을 보여주었다. 하지만 페르시아의 공식 만찬 자리의 형식이 단순히 권력, 부, 신분을 나타내기 위한 것만은 아니었다. 왕실이 주최했든 아니든 그 이상의 의미가 있었다. 세속적인 것과는 거리가 멀었던 고대 세계에서 음식은 종교에서 중요시하는 가치들을 상징하는 역할도 했다. 페르시아인들에게는 인간 세계가 '타락'했지만 선행을 베풀고 정의를 수호한다면 구원받을 수 있다는 우주관이 있었다. 날것과 익힌 것의 차이는 영적으로 타락한 세상과 구원받은 세상의 차이와 같았다. '요리하다'라는 뜻을 가진 페르시아 단어 '팩pac'은 음식을 먹을 수 있게 만든다는 의미를 지니면서 동시에 타락의 상태에서 구원받음을 상징하기도 했다. 그리고 요리와 구원은 모두 불의 힘으로 가능하다고 여겼다. 우유는 어미의 몸에서 '요리된다'고 믿었다. 각각의 음식도 종교적인 상징성을 띠고 있었다. 달걀은 둥근 우주를 의미했고, 닭고기는 수탉이 새벽에 울었기 때문에 빛과 연관

다른 방식으로 먹기

된 음식으로 여겨졌다. 페르시아인들은 음식을 날것으로 먹는 것과 과하게 먹는 것을 경시했다. 하지만 많은 양의 음식을 대접하는 것은 권력을 상징했다. 그리스인 폴리아이누스는 키루스 2세의 호화로운 저녁 식사를 기록으로 남겼다. 키루스 2세의 식탁에는 밀가루와 보릿가루로 만든 다양한 음식을 포함해 소고기, 말고기, 양고기, 여러 새고기 등의 단백질 요리, 유제품, 말린 과일과 견과류를 넣어 만든 케이크 등이 올라왔다. 왕궁 주방의 규모가 클 수밖에 없었고, 이곳에서 궁중 요리사가 여러 명 일하고 있었다. 식사가 풍성했던 만큼 초대받는 손님도 많았다. 호화롭고 풍성한 음식은 미각적 기능뿐 아니라 사회적, 정치적 기능도 수행했다.

'페르세폴리스 요새 서판'은 페르세폴리스에서 발견된 페르시아제국의 행정 문서들이다. 서판에 남겨진 내용을 보면 페르시아에서는 배급 제도를 시행했다. 왕실의 곡물 창고와 곳간에서 음식과 재화를 백성들에게 나눠주는 제도였다. 왕족부터 저 아래장인, 농부, 육체 노동자들까지 모든 사람이 배급을 받았고, 배급량은 계급에 따라 달라졌다. 만찬 자리의 화려한 요리들이 왕중의 왕이 지닌 관대함을 상징적으로 보여줬듯이 배급 제도도 마찬가지였다. 음식이 국가에 의해 통제되는 이런 체계적인 경제 질서 속에서는 제국의 권력이 일상생활과 밀접한 관계를 맺는다. 다리우스 대제 치하 때부터는 제국 전체로 공급되는 비료가 늘어나 이상적인 낙원을 상징하는 밭을 일구는 데 활용할 수 있었다. 복잡한 관개시설로 물을 공급받은 밭에서는 메소포타미아와 페르시아의 식물들이 자랐고, 그중에는 페르시아인들이 가는 곳마다 심었던 포도도 있었다. 벼 재배 기술이 발전한 것과 쌀을 밀과 함께 주식으로 인식하기 시작한 것은 인도 덕분이다. 중세 후기가 되면 쌀이 밀보다 인기 있는 주식으로 자리 잡아 없어서는 안 되는 곡물로 여겨진다. 튀긴 밀가루 반죽에 시럽을 듬뿍 묻혀 먹는 잘레비 등의 다양한 간식도 인도에서 페르시아로 소개됐다. 잘레비는 페르시아에서 줄비아라 불렸고, 현재 시리아, 아르메니아 등 여러 지역에서 먹는 잘라비야의 기원이 됐다. 단 음식과 짠 음식을 구분해 달콤한 간식류는 식사 마지막에, 그것도 특정 요리들이 나올 때만 먹는 현대 유럽의 식습관은 페르시아에서는 볼 수 없던 문화였다. 페르시아 요리사들은 심지어 메인 요리에도 설탕, 꿀, 과일 등을 넣어 단맛이 나도록 했다.

현재 중동 전역에서 볼 수 있는 할바도 페르시아인들이 참깨 소스, 물, 피스타치오를 넣어 개발한 간식이다. 페르시아의 할바에는 대추, 호두, 장미 추출액, 사프란이 들어가기도 했다. 현대 셔벗의 원조인 샤르바트 역시 페르시아의 간식이었다. 샤르바트는 신선한 과일이나 꽃잎을 퓌레로 만들어 물에 타거나 얼려서 음료로 마시기도 했고, 크림이나 요거트와 함께 숟가락에 예쁘게 올려 간식으로 먹기도 했다. 식초와 민트에 꿀이나 설탕으로 단맛

다른 방식으로 먹기

을 낸 물과 섞어 만드는 걸쭉한 시럽 형태의 세칸제빈은 페르시아 황제들이 가장 좋아했던 황실 최고의 간식이었다. 황제들은 화려한 '파라다이스' 정원에서 세칸제빈 한 잔을 마시며 오후를 보내곤 했다. 세칸제빈은 나중에 로마에서 유행하는 아랍풍 요리에 영향을 주었다. 그뿐 아니라 현대 시칠리아, 사르디니아, 스페인 남부의 새콤달콤한 요리들도 세칸제빈의 영향을 받은 음식들이다. 아랍 학자들은 페르시아 음식을 아랍 요리의 기원이라 여긴다. 예를 들어 식초와 설탕으로 간을 한 고기와 야채에 마스티카, 고수, 계피, 생강, 후추, 민트를 넣어 만든 시크바즈는 페르시아의 지르바즈가 그 원조다.[7] 음식이 약으로 사용될 수 있다는 아이디어도 페르시아에서 유래했다. 아랍의 '의학'에서는 음식과 약을 하나의 연장선상에서 연구했다. 그리고 음식을 온도가 아닌 사람 몸에 끼치는 영향을 기준으로 '뜨거운' 물질과 '차가운' 물질로 구조화해 정리했다. 예를 들어 단맛과 짠맛을 동시에 느낄 수 있는 닭고기 요리인 페센얀에는 뜨거운 호두와 차가운 석류 씨가 균형 있게 들어 있어서 몸의 균형을 유지하는 데도 도움이 되는 음식으로 여겨졌다. 이런 음식의 냉온 원리는 후에 로마의 식습관에서도 나타난다.

페르시아제국은 알렉산더대왕의 동방 원정 이후 작은 왕국들로 분할됐다. 아케메네스 왕조의 마지막 황제로 봐야 할 정도로 알렉산더대왕이 페르시아제국의 유산을 많이 계승했다고 보는 역사가도 있다. 실제로 페르시아 식문화는 페르시아제국의 분할 이후로도 여러 세대에 걸쳐 이어지며 영향을 미쳤다.[8] 그 대표적인 예가 카리케라고 불린 꿀에 포도액이나 식초를 넣어 만든 소스다. 빵가루를 섞어 걸쭉하게 만든 뒤 허브로 향을 첨가한 카리케는 고대 지중해 인근 세계에서 널리 활용됐다. 그리스인들도 카리케를 먹었지만, 페르시아의 지나치게 화려한 식문화는 강하게 비난했다. 페르시아인의 고급 요리는 그리스의 금욕적인 식습관을 더욱 돋보이게 했다. 헤로도토스의 시선을 뒤집어 생각해보면, 그리스인은 스스로를 절제된 식습관과 자족적 영토 정책이 있는 민족으로 평가했을 것이고, 페르시아인은 식탁 위에서도 영토 정책에서도 식탐과 탐욕으로 가득 찬 민족이라 여겼을 것이다.[9] 물론 모든 그리스인이 그렇게 생각한 것은 아니었다. 부유한 그리스인 중에서는 페르시아의 고급 요리를 모방하는 사람도 있었다. 스파르타인들처럼 플라톤 역시 식탁 위의 화려한 음식에 거부 반응을 보였다. 기원전 370년쯤 쓴 『국가론』에서 플라톤은 구체적인 주어는 밝히지 않은 채 화려한 식문화를 가진 이들을 비난했는데, 분명 페르시아인을 염두에 두고 쓴 글일 것이다.[10] 아이러니하게도 페르시아가 알렉산더대왕에게 함락당한 후 아테네처럼 경제적으로 풍족했던 그리스 도시국가들은 고상한 요리 문화를 발전시키기 시작했다. 심지어 대부분 페르시아에서 쓰던 양념을 기초로 한 요리를 개발했다. 그리스가 페르시아를 바라봤던 시선은 서구 사회가 음식을 바라보는 전통적 방식의 시작점과 관련 있다. 좋은 음식을 잘 먹고 싶다는 마음과 과하게 먹으면 안 된다는 믿음이 서로를 계속 좇고 좇게 된 것이 바로 이때부터다.

로마

기원전 50년이 되던 해, 갈리아는 현재 프랑스 남부 지역에 속한 작은 마을들까지 모두 로마에 정복된 상태였다. 이전까지 갈리아 남부 주민들의 식사는 정복자였던 로마인의 식사보다 많이 소박했지만, 서서히 변화가 시작됐다.[11] 그리스인 포시도니우스는 갈리아 사람들의 식문화를 다음과 같이 기록했다. "갈리아인의 식사에는 약간의 빵과 많은 양의 고기가 올라온다. 고기는 숯이나 쇠꼬챙이를 사용해 굽거나 삶아서 낸다. (……) 강가나 지중해, 대서양 등 해안가에 사는 사람들은 생선도 먹는다. 생선은 소금, 식초, 쿠민을 더해 구워 먹는다."[12] 포시도니우스는 갈리아 사람들이 그리스나 로마 사람과 달리 올리브 오일을 많이 먹지 않는다는 점에도 주목했다. 곡물을 죽이 될 때까지 끓여 먹는 방식은 예전 그리스, 로마 때와 비슷했다. 종 모양의 오븐에서 소박한 플랫브레드를 굽는 것도 이탈리아 로마에서의 방식과 크게 다르지 않았다. 갈리아의 일반 가정에서는 식구들이 먹을 빵을 직접 굽는 경우가 많았지만, 점차 로마에서처럼 독립적인 제빵소들이 생기기 시작했다. 이 당시만 해도 직접 빵을 구워 먹는 로마인은 거의 없었다. 서기 25년쯤에 로마에서는 국가가 제분소와 제빵소를 규제했다. 제분소와 제빵소는 보통 하나의 가게에 같이 존재했는데, 로마 도시 안에만 이런 가게가 300여 개나 있었다. 각각의 제분소와 제빵소에서는 하루 3,000명을 먹일 수 있을 만큼의 빵을 구워냈다. 곡물과 빵은 로마가 시민들에게 음식을 배급하던 행정제도에서 가장 중요한 요소가 된다. 음식을 배급하던 제도는 모든 시민이 배불리 먹을 수 있도록 하기 위해서만 존재했던 것은 아니다. 식량 공급이 부족해지는 상황이 발생하면 이는 바로 정치적으로 아주 심각한 위기를 불러올 수 있었기에 국가가 주도해 식량을 관리할 수밖에 없었다.[13] 전문 제빵사 중에는 원래 노예였다가 자유민이 된 사람이 많았다. 그들은 사회적 지위는 낮았지만, 가장 기본적 양식인 빵을 만드는 중요한 일을 했다. 로마제국은 반복되는 식량 부족과 기근으로 자주 힘들었던 만큼 곡물을 매우 중요하게 여겼다.

로마의 지배는 서쪽으로는 영국 제도와 스페인까지, 동쪽으로는 아르메니아와 메소포타미아까지 뻗어나갔다. 남쪽으로는 사하라, 북쪽으로는 스코틀랜드와 게르만족 영토의 경계선이었던 라인강과 다뉴브강까지 로마의 세력이 이르렀다. 로마는 제국 각 지역에 존재하던 문화적 다양성을 용인했다. 로마제국의 북쪽으로 이동할수록 더 많은 우유, 버터, 고기, 맥주를 볼 수 있는 것은 당연했다. 하지만 로마 문화는 언어, 관습, 요리 등 여러 면에서 제국 전체에 퍼져 영향을 미쳤다. 로마로 통하는 길과 제빵 이외에 올리브와 포도 역시 로마인들이 가는 곳마다 심었던 작물로 유명하다. 이탈리아 토양이 거의 다 황폐해졌을 때쯤부터는 이집트가 로마의 곡창지대 역할을 했다. 그리고 이집트는 주요 곡물을 구워 먹는 방식을 유럽 전역으로 퍼뜨렸다.

하지만 로마인들이 처음부터 빵을 구워 먹었던 것은 아니다. 장차 로마가 될 지역에서는 원래 소규모로 농사를 짓던 사람들이 이탈리아 토양에서 잘 자랐던 보리를 재배하고 있었다. 당시 로마인들은 수확한 보리를 그리스인들처럼 폴스라는 죽으로 만들어 먹었다. 그리스 대부분 지역에서도 보리가 잘 자랐다. 로마 초기에 먹던 보리죽은 현대의 폴렌타와 비슷하다. 폴렌타는 보통 옥수수로 만들지만, 옥수수는 신대륙 발견으로 인한 '콜럼버스의 교환' 시기가 시작된 17세기 때까지 유럽에 존재하지 않았다. 주식인 곡물과 채소, 생선, 치즈, 올리브 등을 지칭하는 부식을 구분했던 그리스인들처럼 초기 로마제국 사람들도 죽을 만들 때 '부식'을 추가했을 수 있다. 로마의 집정관을 지냈던 대 카토가 기원전 160년에 남긴 기록을 보면 치즈, 꿀, 달걀을 넣어 만든 폴스를 묘사한 부분이 있다. 로마 제빵의 기원에 관한 학설 중 하나는 로마제국 초기에 재배된 엠머밀에서 시작한다. 당시 죽을 쑤는 데도 쓰였을 것으로 보이는 엠머밀을 구우면 현대의 포카치아처럼 넓적하지만 폭신폭신해서 소스나 오일에 찍어 먹기 좋은 빵이 완성된다. 엠머밀이나 보리 둘 다 글루텐을 만드는 특정 단백질이 부족하기 때문에 부풀어 오르는 빵을 만드는 데는 적합하지 않다. 시간이 더 흐른 뒤에야 로마인들은 새로운 종류인 보통 밀을 재배하기 시작했다. 보통 밀에 들어 있는 글루텐 단백질은 얇은 피막을 형성해 가스를 반죽 속에 가둠으로써 빵이 부풀 수 있도록 했다.

로마제국 전성기에는 여러 종류의 반죽으로 만든 아주 다양한 빵이 로마인의 우아한 식탁에 올랐다. 진군하는 병사나 항해하는 선원들을 위해 오래 저장할 수 있도록 만든 빵처럼 특정 용도를 염두에 두고 만든 빵들도 있었다. 상류층만 먹을 수 있는 아주 고급스러운 빵도 있었다. 고급 빵은 품이 많이 드는 정제 과정을 거쳐 만든 백색 밀가루에 꿀, 우유, 와인이나 설탕에 절인 과일, 치즈, 심지어 인도에서 가져온 고급 향신료인 값비싼 후추까지 넣어 만들었다. 농촌의 가난한 농민들은 통밀 반죽에 완두콩, 강낭콩, 밤, 도토리를 갈아 넣어 빵을 구웠다. 가장 흔한 빵 모양은 납작하면서도 둥근 모양이었는데, 나중에 잘라 먹기 쉽도록 굽기 전에 미리 4등분해 칼집을 내놓는 경우가 많았다. 화산 잿더미에 파묻혀 있던 폼페이 유적지의 제빵소에서는 잘 보존된 로마 빵들이 발견됐다. 로마인들은 불이나 오븐에서 바로 사용할 수 있던 납작한 팬 모양의 파티나로 많은 빵을 만들었다.

농촌 지역에 살던 갈리아 사람들과는 달리 로마 문화에 더 물들었던 갈리아인들은 요리와 음식으로 사회적 지위, 영향력, 권력을 표현하던 로마의 식문화까지 받아들였다. 로마의 식문화는 얼마나 많은 양의 음식을 구할 수 있느냐로 상류층과 하층민을 나누는 수준이 아니었다. 부유한 상류층 사람들이 먹는 음식은 완전히 다른 종류의 요리였다. 로마의 문화를 받아들인 지방민들은 음식으로 사회 신분의 차이를 나타내는 로마제국의 방식을 그대로 따르기 시작했다. 지방 농촌 사회에 남았던 갈리아인들은 여전히 '고급' 식사와 '천한' 식사로 계급을 구분하는 로마의 전통을 따르지 않았다. 하지만 올리브 오일이나 발효시킨 생선으로 만든 가룸 등의 로마 소스는 받아들였다. 로마제국이 지배했던 지역 곳곳에서 발견된 암포라 파편들이 소스의 전파를 증명하고 있다. 암포라는 가룸과 올리브 오일 등 귀한 액체류를 제국 전역으로 옮길 때 사용했던 항아리다. 고고학적 증거들을 통해 로마인들이 정복지 사람들과 접촉하면서 그곳의 식문화가 천천히 로마화되었다는 사실을 알 수 있다. 로마인들은 로마에서 개발한 독특한 농경 기술, 요리법, 식문화를 정복민들에게 전파했다.

로마인의 주식은 밀이었지만 올리브 오일과 와인도 밀 만큼이나 지위의 높고 낮음에 상관없이 많이 쓰인 식재료였다. 발효 생선으로 만든 가룸, 리콰맨, 참치 액젓, 청어 소스도 널리 쓰였다. 냉장 기술이 없던 시절이었기 때문에 오일, 와인, 가룸은 아주 귀한 재료였다. 빵에 의존하는 식단을 고수하던 로마인들에게 올리브와 생선은 필수영양소를 공급할 수 있었다는 점에서도 중요했다. 가룸이 현대 태국의 남플라, 베트남의 누옥 맘 등 동남아시아의 생선 소스와 비슷했을 것이라는 의견에 대부분 동의한다. 이런 생선 소스가 만들어지는 과정을 전문 용어로 자가분해 효소의 작용이라고 한다. 여러 종류의 생선을 소금과 함께 용기에 차곡차곡 담아놓으면 생선 자체에 있는 자가분해 효소가 분해되기 시작하는데 이때 대부분의 부위가 부패 없이 액체 상태가 된다.[14] 부패를 막고 생화학적 균형을 유지하기 위해서는 지속적인 고온과 다량의 소금이 필요했기 때문에 가룸을 포함한 여러 소스는 지중해 해안 더운 지역에 있는 작업장에서 전문적으로 만들어졌다. 폼페이뿐 아니라 현재 모로코, 리비아, 스페인 지역에서도 가룸을 생산했다. 끝없이 줄지어 들어오는 배들은 지중해 전역으로 암포라를 실어 날랐다. 로마의 특산물은 로마 지배하에 있는 영토 여기저기서 생산되어 각지로 퍼져나간 반면에, 가룸과 올리브 오일 공장이 있는 지역의 고유 특산물들은 로마 소비자들에게 전달되는 경우가 흔하지 않았다는 점이 흥미롭다. 조금 비싸기는 하지만 로마인의 식사에 빠지지 않는 가룸을 거래하면서 지중해 연안을 따라 세워진 로마의 무역 거점과 항구가 점점 더 풍요로워졌다. 음식이 식민 지배의 경제적 보상물로 떠오르며 로마제국의 세력을 확장시키는 데도 도움이 됐다.

로마인들은 가룸을 음식에 뿌려 먹는 소스로 활용하기도 하고, 다른 소스와 섞어 먹기도 했다. 가룸을 와인과 섞으면 오에노가룸이라는 소스가 완성됐다. 이런 로마의 방식은 페르시아에서 소스를 만들던 방식보다 더 복잡했다. 어디에도 빠지지 않는 후추와 아니스, 샐러리 시드, 고수, 쿠민 등의 말린 향신료, 말린 과일, 신선한 허브, 가룸, 올리브 오일, 꿀 등 미리 만들어놓은 소스류, 달걀, 밀가루 등이 모두 새로운 소스의 재료로 쓰일 수 있었다.[15] 로마 요리에서 느낄 수 있던 가장 대표적인 맛을 꼽으라고 한다면 '새콤달콤'한 맛일 것이다. 새콤달콤한 맛처럼 로마의 요리는 대조적인 특징을 지니고 있었다. 요리의 대조적인 모습은 상류층의 음식에서 더 두드러졌는데 상류층이 먹던 고급 요리에서는 단맛을 내기 위해 설탕이 아닌 꿀이나 과일을 사용했다.

가는 곳마다 제빵 기술, 포도, 올리브를 전파했던 로마인들이 북유럽으로는 아몬드, 살구, 체리, 복숭아, 마르멜로, 모과나무를 퍼뜨렸다. 로마인이 키우던 작물에는 누에콩, 렌틸콩, 비트, 양배추, 콜라드 그린, 케일, 무, 순무가 있었다. 현재 바티칸 시티의 성 베드로 광장에 서 있는 오벨리스크는 로마인들이 이집트에서 렌틸콩 12만 개와 함께 배로 가져온 것이다. 로마인들은 엔다이브, 에스카롤, 샬롯도 재배했다. 로마인들이 가장 좋아한 육류는 돼지고기였는데, 대 플리니우스는 돼지고기에 관해 다음과 같은 기록을 남겼다. "이렇게 다양한 풍미를 가진 고기는 돼지뿐이다. 다른 고기에서는 한 가지 맛만 느낄 수 있는 반면에, 돼지고기에서는

50가지의 맛을 느낄 수 있다."[16] 돼지 외에도 소고기, 양고기, 염소 고기는 물론 작은 우리에서 키운 쥐 고기, 토끼 고기 등 작은 포유 류도 로마인의 식탁에 올랐다. 생선, 오징어, 조개 등 다양한 해산 물도 고루 잡아먹었다.[17]

로마인들은 자신들의 음식에 관해 방대한 기록을 남겼다. 특 히 마르쿠스 가비우스 아피키우스Marcus Gavius Apicius가 쓴『요리에 대 하여De Re Coquenaria』를 빼놓을 수 없다. 아피키우스가 실재하는 역사 적 인물인지, 아니면 요리 실력과 사치로 특징지어지는 상상 속 의 인물인지는 확실하지 않다.[18] 전하는 바에 따르면 아피키우스 는 굉장한 부자였다. 고급 음식을 먹고 화려하게 사는 삶에 빠졌 다가 재산을 탕진하자 호화로운 삶을 포기하는 대신 자살을 선택 했다고 한다. 하지만『요리에 대하여』책 자체는 최소한의 교육을 받은 요리사도 읽을 수 있을 정도로 단순한 라틴어로 쓰였다. 게 다가 문체도 통일되어 있지 않아 여러 명의 저자가 쓴 것처럼 보 인다. 아피키우스는 여러 사람이 쓴 요리법을 모은 책에 붙여진 이름인 듯하다. 웅변가 키케로는 '요리사'를 '상거래 관련 직업'으 로 분류했다. 생선 장수, 도축업자, 요리사, 양계업자, 어부 등은 '육체적 쾌락을 위한 하인들'이라며 '수치스러운' 직업이라 여겼 다.[19]

로마의 최상류층 가정에서는 로마제국의 정복지에서 포로로 끌려온 노예들이 요리를 담당했다. 당시 로마에서는 콘비비움이라 불리는 저녁 식사만 하루 중 유일하게 정성 들여 차려 먹었다. 콘비비움에는 원래 '함께 살다'라는 뜻이 있었다. 로마의 방식으로 고급스러운 저녁 만찬을 준비하는 일에는 재료, 기구, 조리법과 관련된 전문적인 지식이 필요했다. 또한 사치와 소박함이 공존하는 로마인의 입맛을 잘 이해하고 있어야 했다. 로마의 음식사 전반에 걸쳐서 검소함과 화려함은 양극단에서 항상 함께했다. 익숙한 음식과 낯선 음식, 제국의 음식과 이국적인 음식도 마찬가지였다. 로마인들이 초기 로마의 음식과 팽창한 로마제국의 음식을 모두 즐겼기 때문에 이런 상반되는 특징이 늘 공존했다.

하층민보다는 로마 상류층의 단순하지만 복잡했던 식사 문화가 더 많이 기록되어 알려져 있다. 로마인들은 문화와 사회적 양식을 도덕적으로 고찰하기를 좋아했는데 식문화도 예외가 아니었다. 선조들의 건강하고 검소했던 식단을 높이 평가하고 동시대의 식습관은 이민족의 영향을 받아 타락했다고 평가한 로마인들도 있었다. 로마제국이 영토를 확장하면서 정복지의 여러 음식을 로마로 가져왔으니 이민족의 영향은 로마가 스스로 자처한 일이었다. 수에토니우스는 로마의 역사가 초기 로마인의 전통을 잇는다는 점에서 아우구스투스 황제의 소박한 식단을 찬양했다. "황제는 거친 빵, 뱅어, 손으로 짠 신선한 치즈 등 일반 백성의 음식을 선호했다."[20] 부유한 로마인들은 이국적인 재료를 곁들여 준비한 화려한 식사로 사회적 지위를 과시하는 동시에 선조들의 소박함에 대한 동경심도 표시했다. 자신과 몇몇 친구는 고급스러운 저녁 식사를 하면서, 바로 옆 다른 손님들에게는 소박한 식사를 차려내 대접하는 부유한 로마인의 모습을 플라니우스의 기록에서 찾아볼 수 있다. 혼란스러울 수도 있는 방식이었지만 화려하면서도 소박한 식사의 특징을 동시에 구현하려 한 로마인의 노력이었다. '농장에서 식탁까지'라고 불리며 최근 인기를 끌었던 농장 직거래 방식으로 식사를 준비했던 로마인도 있었다. 로마의 풍자시인 유베날리스는 신선한 고기와 채소를 그의 농장이 있던 티볼리에서 로마까지 직접 가져왔다. 그렇게 준비한 음식은 소작농을 존중하고, 손님에게는 최상의 음식을 제공한다는 점에서 높게 평가받을 수 있었다. 유베날리스가 보여준 식사 준비 과정은 마치 '농경 시절 로마와 그 땅을 잊지 말라'는 명령에 대한 응답처럼 보인다. 로마제국의 변두리 지역에서 가져온 이국적인 재료들이 부유 층의 식탁에 오르기는 했지만, 로마 식단의 가장 핵심 요소는 바꾸지 못했다. 이국적 음식이 최고위층 로마인들의 식탁에 올랐던 이유는 황제가 제국 전역에서 뽑은 전사들을 수행원으로 데리고 있는 이유와 같았다. 바로 로마가 무엇을 정복했는지, 그리고 모든 이들이 누구에게 충성해야 하는지 확실히 보여주기 위해서였다. 이는 로마인의 식단을 역사적으로 다시 한번 생각해 볼 만한 부분이다. 로마가 소금으로 시작했다고 말하는 사람도 있다. 티베르강 유역에서 소금을 팔기 위해 떠돌아다니던 상인 행렬이

다른 방식으로 먹기

후에 '영원한 도시'가 되는 마을에 잠시 머무른 것에서 모든 역사가 시작됐다고 보는 것이다. 그렇게 생각하면 로마는 수입된 조미료로 시작된 도시다.

음식을 먹을 때 다양한 사회계층의 음식이 오고 간다는 점을 생각해 보면, 로마 식문화의 중심에 존재하는 양극단적 특징들의 긴장 관계를 '변별적 취향'이라고 부를 수도 있다. 변별적 취향은 사회 계급을 포함한 서로의 차이를 나누는 방법이다. 그리고 이런 취향은 로마화 과정을 통해 로마의 작물과 빵뿐 아니라 음식이 지니는 의미까지 갈리아인들이 그대로 받아들여 수용했다. 비슷한 변화가 제국 전역에 걸쳐 일어났다. 유럽에서, 지중해 연안에서, 그리고 그 너머 세상에서도 음식의 의미가 바뀌었다. 연대순으로만 따지면 페르시아가 역사상 최초로 고급 요리를 탄생시켰다. 하지만 로마의 지배하에서 고급 요리라는 개념이 저급 요리와 대비되어 모든 사람이 이해할 수 있는 음식 언어가 됐다. 로마의 사회 계급은 태어난 가문에 의해 결정되는 비교적 고정적인 시스템이었다. 하지만 사람들이 먹는 음식은 그렇게 통제될 수 없었다. 벼락부자가 된 상인들처럼 부유한 평민들은 더 높은 신분의 식생활을 모방할 수 있었다. 당시 흔했던 사치 금지법은 계층 간 경계를 지키고자 전전긍긍했던 모습을 보여주는 공식적인 증거다. 사치 금지법은 평민들이 귀족들처럼 식사하는 것을 제한했지만 대부분 잘 지켜지지 않았다.

로마의 만찬은 전설이 됐다. 전형적인 만찬은 여러 코스 요리로 이루어졌고, 화려하고 진귀한 요리가 나올수록, 그리고 오랫동안 이어질수록 더 훌륭한 만찬으로 평가됐다. 만찬은 여러 단계에 걸쳐 구성됐다. 먼저 작고 소박한 전채 요리인 구스타티오로 그 시작을 알렸는데, 입맛을 돋우고 안주로 제격인 조개, 샐러드, 절인 채소, 베이컨, 절인 생선 등이 나왔다. 올리브와 빵은 필수였다. 구스타티오와 그에 곁들여 나오는 술은 다음 요리를 위한 워밍업이었다.

첫 번째 테이블이라는 의미로 멘사 프리마라고 불린 메인 요리는 강한 인상을 심어줄 수 있는 여러 복잡한 음식으로 구성됐다. 그리고 로마제국의 넓은 영토를 떠올릴 수 있는 다양한 재료로 준비됐다. 중국에서 유래되지는 않았지만 중국 요리와 굉장히 비슷한 볶음 요리도 있었다. 앵무새 뇌 요리, 기린 구이 등 만찬을 주최한 사람의 부를 과시하는 사치스러운 음식도 나왔다. 로마인들은 기원전 327년 알렉산더대왕의 군대가 인도에서 유럽으로 데리고 온 앵무새를 이국적 진미로 즐겼다.[21] 메인 요리 중 클라이맥스에 해당하는 음식이 나올 때는 박수가 쏟아졌다. 음식은 독창적이어야 했으며 손님들을 놀라게 할 수 있어야 했다. 만찬의 모든 과정은 연극 한 편을 보는 듯한 경험을 선사했다. 노예들이 음식을 나르며 노래도 불렀는데, 생선이 개울에서 헤엄치는 듯한 효과를 내기 위해 모든 기술과 예술을 총동원해 물길을 만들기도

다른 방식으로 먹기

했다. 소박해 보이는 그릇의 뚜껑이 열리고 그 안에 숨어 있던 화려하고 사치스러운 요리가 공개될 때 손님들은 경탄했다. 로마의 만찬은 입뿐 아니라 눈과 귀로 즐길 수 있었고, 단순한 호의 이상으로 오락거리가 가득한 자리였다.

두 번째 테이블인 멘사 세쿤다에서는 단맛이 있는 여러 요리가 나왔다. 페르시아인들처럼 로마인들도 달콤한 요리를 먹기 위해 굳이 식사 마지막까지 기다리지 않았다. 멘사 세쿤다는 예술에 가까운 파티시에의 제빵 기술을 선보이는 자리였다. 식탁 위에는 사탕, 과일, 견과류, 대추, 케이크, 마지팬, 허니번, 바클라바처럼 생긴 꿀과 견과류를 넣은 파이 등이 올려졌다. 시기가 허락한다면 노예를 산꼭대기로 보내서 얼음을 가지고 오게 해 아이스크림, 셔벗, 과일 빙수를 만들었다. 네로 황제의 총애를 받았던 가이우스 페트로니우스가 쓴 소설 『사티리콘Satyricon』에는 부잣집 만찬의 모습이 묘사되어 있다. 만찬을 주최한 집주인은 생산력의 신 프리아포스의 동상을 식탁에 올렸는데, 동상의 음경을 사탕과 빵으로 만들어 손님들이 먹어 치우게 했다고 한다. 요리가 나올 때는 허브, 향신료, 말린 꽃잎을 태워 은은한 향도 퍼뜨렸다. 향은 분위기를 띄우기도 했고 소화를 돕기도 했다. 만찬 자리의 미식가들은 요리 냄새 사이에 섞인 향을 맞혀보며 만찬을 즐겼다. 먹고, 마시고, 냄새 맡는 것이 무엇인지 정확히 안다는 사실은 자신이 평민보다 월등한 귀족이라는 사실을 상기시켜 주었다. 만찬 자리에서 귀족이 누린 것은 예술에 가까운 미식과 자신들의 우월한 문화 자본이었다.

로마의 만찬은 종교의식과는 아무런 관련이 없었다. 로마의 종교의식은 화려한 음식이나 과도한 성행위보다는 황홀경에 빠질 만한 의식용 춤을 중심으로 이루어졌다. 또한 인간과의 결합보다는 신과의 결합이 핵심이었다. 호화로운 만찬에서도 그들은 절제의 가치를 잊지 않았다. 절제는 개인이 지켜야 하는 덕목인 동시에 정치적인 미덕이었고, 절제를 보여주는 것은 로마제국의 힘과 부를 아주 섬세하게, 함축적으로 표현하는 방법이었다.

중국 한나라

중국의 고대 식문화에 관해 쓰기 전에, 중국 음식에 관한 현대 사람들의 생각을 살펴봐야 한다. 많은 저자와 학자는 모든 중국인이 음식을 소중히 여긴다고 입을 모은다. 중국은 부양가족, 기근, 끝없는 인구 증가의 망령 때문에 모든 종류의 동식물을 총동원해 식량으로 공급해야 하는 곳이다. 미국과 유럽에서 학위를 받고 중국에서 활동한 21세기의 언어학자이자 철학자인 린위탕은 중국인들이 "게도 좋아하면서 나무껍질도 잘 먹는다"라고 표현했다.[22] 또한 영어권 국가에서 활동하는 자칭 지식인들은 음식에 관해서 논하는 법이 없지만, 중국에서는 이미 수천 년 동안 수많은 학자가 음식에 관한 글을 남겼다고 언급하기도 했다. 중국

다른 방식으로 먹기

에서는 학자들, 문인들, 사상가들 그 누구도 식사를 가볍게 여긴 적이 없었을 뿐 아니라 식사를 중요시하도록 장려하는 분위기가 형성됐다. 예를 들어 3세기에 활동한 슈시Shu Hsi는 제철에 먹어야 맛이 좋은 국수와 만두를 칭송하는 서사시를 남겼다.[23] 중국은 역사상 가장 오래된 문명을 자랑하는 만큼 중국 음식의 기원 역시 태고로까지 거슬러 올라간다고들 한다. 고고학자 K. C. 창K. C. Chang 은 다음과 같이 주장했다. "중국만큼 문화가 음식을 중심으로 발전한 곳은 없다. 그리고 이런 경향은 중국 고대 문명에서부터 시작했던 것으로 보인다."[24]

하지만 이런 주장은 걸러서 들을 필요가 있다. 중국 문화에서 음식이 고대에서부터 중요한 위치를 차지했던 것은 사실이다. 그러나 중국 역사는 정치적으로나 문화적으로나 시대별로 단절된 특징이 있으며, 지리적으로도 광활한 지역에 다양한 문화가 존재했다. 중국 고대 제국이었던 한나라에서도 각 지역 고유의 음식 문화를 통일시키지 않고 받아들였다. 로마와 페르시아의 경우와 마찬가지로, '중국 음식' 문화를 논하려면 문화의 다양성과 통일성을 동시에 다뤄야 한다. 차, 간장, 두부처럼 우리에게 친숙한 중국 음식마저도 처음부터 영구적으로 존재했던 것이 아니다. 모든 요소는 아주 오랜 시간에 걸쳐 발전을 거듭해 온 덕분에 현재 중국 요리에 없어서는 안 될 존재로 자리 잡았다.

한나라 요리는 로마의 요리처럼 모순되는 특징이 있었다. 힘들게 얻은 이국적인 재료로 화려하고 사치스럽게 만든 음식은 권력을 과시하는 수단이었지만, 사회에서 인정받는 사상과 덕목의 관점에서는 농경 사회의 소박함과 검소함도 지녀야 했다. 문인, 학자 등 사회 고위층 인사들이 농경 사회의 소박함을 재현하기 위해 검소한 음식을 먹는 행위를 이상적으로 여기는 관습과 호화로운 음식으로 부를 과시하는 관행이 중국에서도 공존했다. 현인들은 겉치레와 사치가 부도덕한 행위라고 규정하며 복잡한 과정을 거쳐 요리를 만들거나 멀리서 힘들게 재료를 구하는 일을 혐오하고 비난했다. 하지만 검소함 그 자체가 보여주기 식의 연극으로 전락할 때도 있었다.

중국 역사는 주나라에서 격동의 춘추전국시대로, 그리고 아주 짧게 통일 왕조를 유지한 진나라에서 한나라로 이어진다. 진 왕조는 자신이 다스리는 지역을 진Qin이라고 불렀고, 이는 중국의 영어 명칭인 China의 기원이 됐다. 한 왕조는 당시 지배 민족을 한족이라 부르며 후이족, 위구르족, 티베트족 등 여러 소수 민족과 구분 지었다. 기원전 206년부터 기원후 220년까지 400년이 넘는 세월 동안 인류의 반은 로마제국 아니면 한나라의 통치하에 있었다.[25] 인류의 25퍼센트는 지중해 연안에서 밀과 보리를 주식으로 삼았고, 25퍼센트는 중국에서 쌀과 기장을 주식으로 먹었다. 중국에서도 밀을 먹었지만 대부분 쌀과 기장을 곱게 갈아서 국수와 빵을 만들어 먹었다.[26] 중국인들은 아주 오래전부터 밥,

국수, 빵 등 주식으로 먹는 탄수화물 식품을 '판(밥)'이라 부르고, 곁들여 먹는 소량의 채소나 고기를 '차이(반찬)'라 불러 구분했다. 음식에 '판'이 없으면 식사가 아닌 간식으로 여겼고, 이는 현대 중국에서도 여전하다. 만찬에서는 제일 마지막에 판이 나왔다. 손님들이 밥, 국수, 빵 등을 많이 먹으면 반찬이 부족했다는 의미로 여겨 만찬을 준비한 사람에게는 망신스러운 일이었다.

유라시아의 온대 지역에 속했던 로마와 중국 제국에는 특유의 기후 덕분에 다양한 동식물이 존재했다. 로마의 지중해는 서로 다른 정치 집단이나 문화 공동체가 끊임없이 정복, 이동, 융합, 통합할 수 있는 열린 환경을 제공했다. 하지만 중국의 강, 협곡, 산맥은 모든 지역을 독립적으로 구분 지었다. 중국 북부와 남부의 기후는 아주 달랐다. 북부는 시원하고 건조한 반면에, 남부는 덥고 습했기에 하나의 작물이 중국 전역에 퍼져서 재배된다는 것은 불가능한 일이었다.[27] 중국 제국은 여러 지역 공동체를 하나로 통합하려고 노력했다. 서양에서도 익숙한 광둥, 쓰촨, 후난, 산둥 등의 지역 공동체 명칭은 아직도 중국 요리의 다양성을 보여주고 있다. 로마와 한나라는 그 전에 존재했던 국가의 기반 위에 지어진 제국들이었다. 또한 두 제국 모두 다수의 귀족이 정치에 참여하는 군주제 국가였다. 탄탄한 중앙정부와 지방 행정제도가 있었기 때문에 수많은 지방 행정구역을 유지하며 다스릴 수 있었다. 로마와 한나라는 서로 교류도 했다. 두 제국의 교류는 음식 문화에도 영향을 끼쳤는데, 일례로 직접 교류를 통해서인지 간접 교류를 통해서인지는 알 수 없지만 포도가 로마에서 중국으로까지 전해졌다. 이 모든 일이 가능하게 된 데에는 한무제(기원전 140년~기원전 87년)의 명을 받고 길을 떠났던 전설적인 여행가 장건의 공이 컸다. 물론 장건의 전설적인 여행이 모두 역사적 사실인지는 확실하지 않다.

중국은 놀라울 정도로 다양한 동식물, 지리 조건, 기후 환경에 큰 자부심을 느끼고 있다. 중국에서 찾을 수 없는 유일한 기후 유형은 지중해성 기후다. 지리적으로는 다양한 생물을 만날 수 있는 동남아시아 및 초기 농경의 발상지인 중동과 가까운 덕분에 다채로운 음식도 문화의 일부로 받아들일 수 있었다. 로마인들과 마찬가지로 중국인들도 음식 문화를 통해 변방의 '미개한' 민족들과 자신들은 다르다고 선을 그었다. 예를 들어 동물의 젖을 먹는 유목 민족인 몽골인들은 본래부터 정착할 수 없는 민족이라고 여겼다. 여러 음식 문화 중에는 제국의 영역 안에서 허용될 수 있는 음식도 있었지만, 너무 색다른 나머지 위협적이라고 여겨져 용인되지 못한 음식도 있었다. 한의 지배를 받게 된 지역의 독특한 문화는 적당히 이국적일 때에만 한나라의 요리에 영향을 줄 수 있었다.

페르시아, 로마와 마찬가지로 한나라의 역사에서도 일반 백성보다는 상류층의 식문화에 관한 기록이 더 많이 남아 있다. 상류층 인사의 무덤에 함께 묻힌 껴묻거리 중에는 실제 음식도 많았다. 이런 사료를 통해 당시 사람들이 즐겼던 음식과 음료, 상류층이 소중히 여긴 요리법 등을 알 수 있다. 어느 귀족 여성의 무덤에서는 껴묻거리로 부장한 음식의 조리법이 죽간에 새겨진 형태로 발견되기도 했다. 굽기, 끓이기, 튀기기 등의 조리 기술을 포함해 절여서 재료를 보존하는 방법, 간장, 소금, 사탕수수에서 얻은 설탕, 꿀 등으로 음식에 간을 하는 방법 등이 적혀 있었다. 무덤에서 발견된 기록으로 미뤄 튀김을 위한 웍과 콩을 발효시켜 간장소스를 만드는 기술이 모두 한나라 때 발전되고 완성됐다는 것을 짐작해 볼 수 있다.[28]

귀족의 무덤에 그려진 고분벽화를 통해서는 만찬에서 요리가 어떤 순서로 나왔는지까지 알아볼 수 있다. 만찬은 늘 과실주로 시작됐으며, 삶은 고기나 진한 국물 요리가 그 뒤를 따랐다. 그러고는 곡물로 만든 음식이 나왔는데, 귀족들은 값싼 기장보다는 쌀을 즐겼다. 마지막으로는 만찬의 끝을 알리는 디저트가 제공됐다. 고분벽화에 등장하는 살찌운 개, 곰 발바닥, 표범 가슴살, 새끼 돼지, 사슴, 양, 소 등 이국적인 고기 요리는 귀한 손님을 위해 준비한 특별 요리였을 것이다. 페르시아와 로마의 연회에서처럼 연회를 주최하는 사람은 요리의 가짓수로 자신의 지위를 과시할 수 있었다. 반면에 한나라 백성은 대부분 1년에 고기를 맛볼 기회가 몇 번 되지 않았다. 그것도 매년 돼지를 도축하는 날 다음 날에나 겨우 고기를 맛볼 수 있었다. 연회의 세부 사항과 황궁 부엌에 관한 기록은 농민들의 식사에 관한 기록보다 더 쉽게 찾을 수 있다. 농민들의 식사는 아무런 선택권 없었으므로 거의 채식주의자의 식단과 비슷했을 것이다. 하지만 발견된 사료들을 통해 중국 황실이 농경을 중요시했으며 한나라의 정부가 백성들을 부양하기 위해 식량 공급에도 힘썼다는 사실을 알 수 있다. 근대의 산업형 농업이 시작되기 전까지 그 어떤 문명도 중국 한나라의 농업생산력을 따라가지 못했다. 이집트만이 비슷한 수준까지 생산력을 끌어올렸을 뿐이다.

"중국만큼 지형을 완전히 뒤바꾼 나라도 없다."[29] 인류학자 유진 앤더슨E. N. Anderson이 한 말이다. 농업생산력을 향상하고 더 많은 천연자원을 얻기 위해 중국인들은 아주 오래전부터 지리적 지형을 다양하게 변형시켜 활용해 왔다. 산림을 개간하고, 도랑을 파 농지로 수로를 연결하고, 작물 재배를 위한 계단식 논을 일구었다. 중국에서는 지리가 인간의 운명을 결정짓지 못했다. 중국인은 자신들의 선택과 계획에 따라 지형을 바꿔나갔다. 두장옌이라고 알려진 민장강의 관개 시스템처럼 대규모 관개 사업과 공공사업은 한나라 이전에도 중요했다. 한나라는 이전 왕조들보다 제국의 구성원은 누구인지, 그들이 무엇을 필요로 하는지, 그리고 그들을 어떻게 부양할지 알아내기 위해 큰 노력을 기울였다. 서기 2년에는 역사상 최초의 인구조사가 중국에서 시행됐다. 한나라는 이 조사를 통해 제국에 약 6,000만 명의 인구가 있다는 사실을 알

다른 방식으로 먹기

게 됐다. 인구조사를 실시하기 한참 전부터 한 왕조의 중앙정부는 이미 농업과 관련된 연구를 지원하고 있었다. 농업 연감과 안내서를 쓰고 배부하는 데도 노력을 기울였으며, 한나라 관리들은 농업 관련 책자들을 널리 퍼뜨리는 역할을 했다. 한 왕조가 시행한 농업 장려 정책의 두 축은 농업 관련 책자의 출판과 관개 사업 같은 공공사업의 시행이었다. 낮은 토지세, 소규모의 소농 공동체, 기근이 닥친 시기에 시행한 구휼 제도 등도 한나라의 농업 장려 정책에 힘을 보탰다. 소농은 자신의 토지나 빌린 토지에 농사를 짓는 농민들이었는데, 당시 관료들은 대규모 토지를 한번에 경작하는 것보다 작은 규모의 토지를 독립적으로 운영하는 것이 생산력 측면에서 더 이익이라는 사실을 알고 있었다.[30] 한나라는 역사상 최초의 통일된 도량형을 농업에 적용했으며 농산물 가격을 정부가 지원하는 법률도 시행했다. 무엇보다 이 모든 일을 감독하고 관리할 수 있는 수준으로까지 발전한 관료 제도를 갖추고 있었다. 한의 농업 전문가들은 중국 밖에서 가져온 작물이 중국 기후에서도 잘 자랄 수 있도록 적응시키는 법도 알았다.

기원전 1세기 범승지가 편찬한 농서인 『범승지서』 중 일부가 현재까지 전해 내려와 한나라 때 시행됐던 농업에 관해 많은 내용을 알려주고 있다. 한나라 농민들은 주요 곡물을 1년 동안 여러 번에 걸쳐 심었다. 북방 지역에서는 겨울에 밀을 심고 여름에 기장을 심었다. 농부들은 거름, 익힌 뼈, 누에 잔해 등으로 만든 비료를 활용해 씨앗에서 미리 싹을 틔웠다. 또한 벼를 심은 논에 물을 대서 봄에는 따뜻하게 유지될 수 있도록 하고, 여름에는 너무 뜨거워지지 않도록 했다. 농부들은 땅이 어떻게 수분을 흡수하는지에도 주의를 기울였다. 북방 지역에서는 흙을 잘게 부숴야 더 많은 물이 땅속으로 흡수될 수 있었다. 겨울에는 흙을 눈으로 덮어 바람에 날아가지 않도록 했다. 농민들은 땅속 수분을 잃지 않기 위해 구덩이에 박이나 곡물을 재배하기도 했다. 질소를 함유한 모든 유기물은 소량이라도 모두 비축해 비료로 활용했다. 농민들은 흙의 종류에 관해서라면 아주 깊은 지식을 자랑했다. 농경 도구로는 철제 농기구가 널리 사용됐다.

정부가 직접 농경에 관여했음에도 농촌의 농민들은 농업생산력을 유지해야 한다는 큰 압박감에 시달렸다. 농사지어 얻은 농산물의 형태로 세금이 부과되는 경우가 많았기 때문이다. 범승지가 가장 선호했던 농경 방식은 노동집약적 농경이었다. 농민의 노동력을 강조한 점이 앞으로 이어지는 중국 농업의 운명에 큰 영향을 끼쳤다고 보는 학자들도 있다. 중국 농업은 이때부터 토지의 생산력을 향상시키는 수단으로 기술 혁신보다는 인간의 생물학적 에너지를 강조하기 시작했다. 이런 흐름은 후에 중국 농업생산력의 성장을 저해하는 요소로 작용한다. '노동집약적 균형의 덫'에 걸려 노동력을 쏟아부어 농업생산력을 유지하려고 노력할수록 인구도 늘어나 오히려 생산되는 농산품이 고갈되는

다른 방식으로 먹기

현상도 점점 심해졌다.

한나라 음식에 자주 등장하는 '다섯 가지 주요 곡물'은 기장 두 종과 밀, 보리, 쌀이었다. 범승지는 여기에 네 가지 곡물을 더해 '밀, 보리, 기장, 찰기장, 펄기장, 대두, 쌀, 삼, 팥'을 한나라의 '아홉 가지 주요 곡물'이라 했다. 맷돌은 기원전 3세기에 와서야 서양에서 한나라까지 전해졌다. 맷돌 덕분에 국수와 빵 반죽용 곡물 가루를 만드는 일이 수월해졌다. 특히 밀을 많이 섭취하는 북방 지역에서는 주식으로 먹는 전병용 밀가루를 빻을 때 맷돌을 아주 유용하게 활용했다. 중국인들은 곡물로 맥주, 와인, 증류주도 주조했다. 대부분 끓여 먹었던 대두는 특히 한나라 빈민층 수백만 명이 주식으로 먹던 작물이다. 기원전 1,000년부터 중국으로 들어온 대두는 흉년일 때도 잘 자랐기 때문에 굶주리는 사람을 많이 구했다. 이 외에도 중국 음식에서 빠질 수 없는 작물로는 팥, 대나무, 배추, 박, 참외, 오디, 파, 타로토란, 느릅나무 잎 등이 있었다. 부추, 아욱, 겨자 잎, 여뀌, 목련, 작약도 흔한 작물이었다.

한나라에서 재배하는 과일과 채소 대부분이 토착종이었지만 외래종도 있었다. 고수, 오이, 양파, 완두콩, 석류, 참깨 등이 비옥한 초승달 지대, 인도, 북아프리카에서 전파됐다. 아프리카에서 전해진 참외류와 인더스 계곡을 거쳐 동남아시아에서 들어온 비터 오렌지류는 기원전 2,000년에 중국으로 들어온 것으로 보인다. 살구, 대추, 연꽃, 용안, 리치, 오렌지, 복숭아, 자두, 포도 역시 외래종이 중국으로 유입돼 재배되기 시작한 과일들이다. 스촨 후추, 브라운 페퍼, 양강, 생강, 사탕수수즙 등은 양념과 향신료로 많이 활용됐다. 기원전 11세기에서 기원전 7세기 사이에 쓰인 시를 모아 편찬한 『시경』에는 적어도 마흔다섯 가지의 식용식물 이름이 등장한다. 이는 히브리 성경에 스물아홉 가지 식용식물이 등장하는 것과는 대조적이다.[31] 흥미롭게도 한나라 때까지만 해도 아직 두부가 존재하지 않았다. 두부는 수백 년 후 당나라(618~907)와 송나라(960~1279)에서 발전한 것으로 보인다. 차는 중국과 인도 국경 지대에서 중국으로 흘러 들어왔지만 당나라 이전까지는 흔하게 재배된 작물이 아니었으며 음료로 우려내 마시지도 않았다.

한나라 백성 대부분이 1년에 한두 번밖에 맛보지 못했던 돼지고기는 그럼에도 가장 인기 있는 육류였다. 구하기 쉬운 닭고기도 있었지만 돼지고기의 인기를 따라가지는 못했다. 한나라 백성이 소고기를 맛본다는 것은 거의 불가능한 일이었고, 게다가 한나라가 불교를 받아들이면서 소고기의 인기는 점점 더 줄어들었다. 그렇다고 완전한 채식주의가 자리 잡은 것은 아니었다. 고기를 잘 먹지 못하는 것은 비싸고 구하기 어려웠기 때문이지, 종교적 신념이 작용한 것은 아니었다. 부유한 한나라 상류층들은 오리, 거위, 비둘기, 다양한 야생 새고기를 즐겼다. 말, 양, 사슴 고기

다른 방식으로 먹기

와 여러 종류의 생선, 해산물, 민물 게 등도 조리해 먹었다. 한나라에서 육식은 부와 권력을 상징했다. 한나라 때 남겨진 여러 고서에 초인적인 도축 능력이 있는 인물들이 자주 등장하는 것은 당시 사회 모습을 반영한 것이라 볼 수 있다. 기원전 4세기에 장자가 쓴 시 안에 담긴 '소고기 해체'를 묘사한 부분에서 포정해우(소의 뼈와 살을 발라내는 백정의 뛰어난 기술)의 모습을 살펴볼 수 있다.

백정이 문혜군에게 바칠 소를 잡았다.
그의 손길이 닿은 곳,
그의 어깨가 기댄 곳,
그의 발이 밟은 곳,
그의 무릎이 짓누른 곳,
모두 단 한 번의 소리와 함께 해체돼 떨어져 나갔다.
그가 칼날을 움직일 때 나는 절도 있는 소리는
박자에 어긋남이 없었다.
백정의 칼 놀림은 상림의 춤과
고대 음률에 꼭 들어맞는 움직임이었다.
문혜군은 감탄을 금치 못했다. "훌륭하도다!
어떻게 이런 경지에 올랐는가!"
백정이 칼을 놓고 대답했다.
"저는 도를 믿습니다.

도는 기술을 넘어섭니다.

처음 소를 도축하기 시작할 때,

저는 오로지 큰 소 전체만 보았습니다.

3년이 지나자

큰 소만 보는 데 그치지 않게 됐습니다.

이제는 눈으로만 보는 것이 아니라

마음으로 소를 접합니다.

제가 마음을 모아 움직이는 동안

모든 감각기관은 잠시 닫아둡니다.

자연의 순리에 따라

큰 틈을 먼저 치고,

큰 공간으로 칼을 찔러 넣고,

소가 원래 가진 결과 구조를 따라갑니다.

힘줄이 뼈에 붙어 있는 곳에서도

힘을 주지 않고,

큰 뼈까지 해체할 수 있습니다.

훌륭한 백정은 늘 자르기 때문에

1년에 칼 한 자루만 씁니다.

평범한 백정은 마구잡이로 난도질하기 때문에

한 달에 칼 한 자루를 씁니다.

저는 이 칼을 19년째 쓰고 있습니다.

다른 방식으로 먹기

이 칼로 수천 마리의 소를 해체했습니다.

하지만 새로 간 칼날처럼 날카롭습니다.

관절 사이에는 틈이 있는데

칼날은 그 틈보다 두께가 얇습니다.

그 틈으로 칼을 찔러 넣으면

날을 휘둘러도

공간에 여유가 있습니다.

덕분에 19년 동안 사용한 이 칼이

여전히 새로 갈아 나온 칼처럼 날카로운 것입니다.

하지만 관절을 자를 때마다

자르기 어려운 부분에

주의를 기울이고 신중하게 다가갑니다.

시선을 집중한 채,

천천히 움직입니다.

칼을 아주 조금씩 움직입니다.

탁! 이미 해체되어 있습니다.

소는 자기가 죽은 줄도 모른 채

해체되어 바닥으로 쓰러집니다.

저는 칼을 들고 서서

주위를 둘러봅니다.

만족스럽습니다.

그때 칼을 닦아 집어넣습니다."

문혜군이 말했다. "훌륭하도다!

너의 말을 듣고 있으니

삶에서 꼭 알아야 할 이치를 배우게 되는구나."[32]

시에 등장하는 백정은 도교 신자였다. 도교는 유교 사상을 바탕으로 성립되고 한나라 때 성장한 종교다. 균형과 조화를 강조했던 도교는 중국의 음식 문화에도 큰 영향을 끼쳤다. 백정이 해체한 소고기로부터 문혜군은 '삶의 이치'도 배웠다. 문혜군이 깨달은 삶의 이치는 당시 대부분 중국철학이 그러했듯이 국가 통치를 위한 원리이기도 했다. 초기 중국 문학에 반복해서 등장하는 백정이 주는 교훈은 올바른 지도자의 모습을 비유적으로 표현한 것이다. 훌륭한 지도자는 주어진 상황과 환경에 저항하지 말고 적응해야 한다. 백정이 칼을 관절과 관절 사이에 자연스럽게 찔러 넣었던 것처럼 훌륭한 지도자는 기회의 틈을 노려 파고들어야 한다.[33] 주어진 자연환경과 자원을 그대로 보존하는 일은 한나라 전후로 쓰인 유교 경전에서도 늘 등장하는 주제다. 지도자는 스스로 본보기가 되어 백성을 다스려야 하며 농경 자원을 관리함에 있어서도 자애로운 마음을 지녀야 한다는 사상이 여기에 포함된다.

시에서 묘사한 뛰어난 기술을 지닌 백정을 통해 삶의 이치를

다른 방식으로 먹기

배울 수 있듯이, 인생에서 필요한 교훈을 음식에서 얻을 수 있다. 중국 고전 시 장르 중 아름다운 문장으로 사건을 묘사하는 '부賦'에서는 일상에서 음식이 얼마나 중요한지 잘 보여준다. 한나라 때 쓰인 부 『초사楚辭』에 나오는 대표 시 「초혼(영혼의 소환)」과 「대초(위대한 소환)」에는 음식과 요리가 조상들을 위해 바치는 제사 의식의 중요한 부분이라고 기록돼 있다. 시의 화자는 먼저 하늘나라로 간 사랑하는 사람들에게 생전 즐겼던 음식을 먹기 위해서라도 돌아오라고 말한다. 중국의 참배와 제사 의식에서 핵심 요소는 음식을 바치는 행위였으며 이는 현재까지도 이어지고 있다.[34] 검소하고 합리적인 한나라 일반 가정에서는 제사 의식 중 '다 쓴' 고기를 다시 조리해 먹기도 했다. 그렇게 죽은 자와 산 자가 서로에게 음식을 올렸다.

로마에서는 2세기 말 그리스 출신 갈레노스가 의사로 활동하며 약제 배합술을 발전시킨 이후로 요리와 약제술이 함께 발달했다. 중국에서 요리와 의학의 구분이 모호해지기 시작한 것은 아마도 한나라 때부터였던 것으로 보인다. 한나라에서는 동식물에서 추출한 성분들이 약으로 쓰이다가 서서히 평범한 식사용 음식으로 자리 잡았다. 중국 의학은 특정 질병을 치료하는 것보다 병을 예방하고 건강을 유지하는 데 초점을 두고 발전했기 때문에 매일 먹는 음식이 건강에 큰 영향을 미친다고 생각했다. 중국 요리의 가치와 원리는 몸의 균형과 조화를 강조하는 이론을 중심으로 발전해 왔다. 중국 의학에서 균형을 중시하는 사상은 호흡이나 에너지로 해석되는 '기'라는 개념을 토대로 하고 있다. 중국에서는 기를 형이상학적이 아니라 물질적으로 해석한다. 모든 물질은 그 실체 자체로서 기를 지니고 있으며, 음식을 포함해 기를 지니고 있는 모든 물질은 '양'과 '음'으로 구분할 수 있다. 양의 성질은 남성성과 뜨거움으로 묘사할 수 있고, 음의 성질은 여성성과 차가움으로 묘사할 수 있다. 『주역』에서는 음양이 우주를 나타내는 요소이자 평범한 일상에서도 볼 수 있는 특징이라고 설명하고 있다. 예를 들어 양은 햇빛이 잘 드는 산의 남쪽 경사면을 의미하고, 음은 그늘진 북쪽 면을 의미한다. 고대 중국 요리법은 요리사겸 약제 제조자에게 환자의 식단을 바꾸거나, 약초를 처방하거나, 버섯 등 균류로 만든 물약을 사용해 몸의 병을 다스리도록 했다.

중국 음식의 역사를 살펴보면서 던져야 할 가장 중요한 질문은 '잡식성이라는 단어가 딱 어울릴 정도로 중국인들이 어떻게 그렇게 다양한 음식을 먹게 됐을까'다. 실제로 중국에서는 새로운 요리가 끊임없이 개발되고 있으며, 중국 요리는 세상 모든 식재료의 잠재력을 최대한 끌어올려 활용하는 것으로 유명하다. 또 다른 주요 질문은 '농경지의 생산력을 어떻게 그렇게나 끌어올릴 수 있었을까'다. 인구 증가로 인한 인구압이 중국 발전의 원동력이라고 보는 학자도 있다. 증가한 인구를 부양하기 위해 농업생산력을 높이고 가능한 모든 동식물을 식재료로 활용해야 했다고 보

　　　　　　　　　　　　다른 방식으로 먹기

는 관점이다.[35] 하지만 적어도 고대 중국에서는 인구 증가와 식문화의 폭발적인 발전이 크게 관련이 없음을 한나라의 발전 과정이 증명하고 있다. 인구 증가와 감소를 모두 겪으면서도 약 6,000만 명의 인구를 유지했던 한나라는 송나라 때처럼 6,000만 명이었던 인구가 1억 2,000만 명으로 늘어나는 대규모 인구 증가를 겪지 않았다. 유진 앤더슨은 중국의 농업 연구와 발전은 송나라 때 있었던 인구의 폭발적 증가 훨씬 이전부터 시작된 것임을 강조하며 다음과 같이 말했다. "생존을 위한 필수 요소가 결핍된 상황에서 힘겹게 살고 있는 사람들이 연구까지 할 수 있었을 리 만무하다는 점은 현대에 사는 우리 모두 경험을 통해 알고 있다."[36]

한나라의 중국인들은 결핍이 적었던 시대를 살았다. 이 시기에 새로운 식물을 재배해 보고, 키워본 적 없는 동물을 사육해 보고, 새로운 농경 기술을 적용해 보는 연구들은 위험을 감수해야 하는 일이 아니었다. 그런 실험적인 연구 과정을 거쳐 중국 요리는 지금의 경지에 오르게 됐다. 한나라의 유산으로 현재 수백만 가정의 주방에 걸려 있으면서 모든 종류의 식재료를 멋진 식사로 바꿔주는 조리 도구가 하나 있는데, 바로 채소와 고기를 최소한의 연료로 아주 빠른 시간 안에 볶을 수 있는 웍이다.

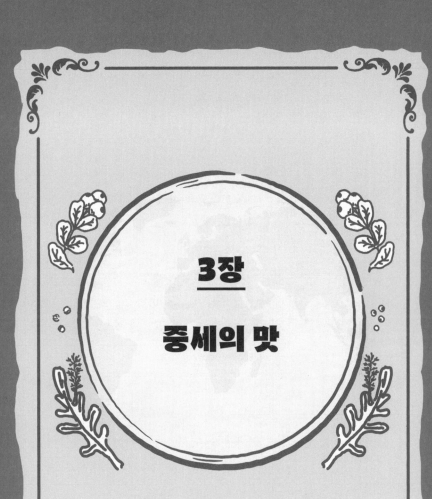

3장

중세의 맛

커피와 후추

라오스, 베트남과 국경을 맞대고 있는 캄보디아 북동부 지역 라타나키리주 우신레르 부근 언덕 위에서 자라고 있는 작은 커피나무들 가지 사이로 강한 치자향이 나는 흰 꽃들이 바람에 한들거리고 있었다. 근처 큰 창고 옆으로는 작은 흑갈색 점 수백만 개가 시멘트 바닥 위에 널려 있었다. 통후추인 텔리체리 페퍼콘을 뜨거운 태양 아래 말리고 있는 풍경이었다. 통후추 향이 커피 꽃 향과 어우러져 공기 중에 퍼졌다. 내 관심사인 농경의 발전을 후각으로 배울 수 있는 순간이었다. 반건조 상태인 통후추를 한 움큼 집어 들어 손가락 사이로 문질러보았다. 흙 내음이 섞인 꽃향기가 훅 올라왔다.

하지만 이번에는 농업 연구를 하거나 향을 맡아보려고 이곳에 온 것이 아니었다. 캄보디아에서도 가장 가난한 지역에 속하는 이곳 사람들이 무엇을 필요로 하는지 살펴보기 위해 들렀다. 그리고 지역 농민의 자녀들과 주류 사회에서 자주 소외당하는 베트남계 소수민족인 '고산족' 아이들이 다닐 수 있는 초등학교 설립에 도움을 주고자 하는 목적도 있었다. 캄보디아 가정에서는 자녀의 교육을 중요하게 여기지만, 아직은 자녀가 교육보다 가정의 일손으로 보탬

이 되어야 하는 경우가 많다. 시골에는 대학을 나온 교사도 거의 없어서 제대로 된 교육을 받기 위해서는 수도인 프놈펜으로 아이들을 보내야 한다. 이런 곳에서 가난의 굴레를 벗어나기란 쉽지 않다. 이곳의 기대 수명은 남성이 39세, 여성이 43세다. 농민들은 커피와 후추를 재배하며 근근이 살아간다. 그들은 정치적 불안과 군사적 혼란을 모두 경험한 사람들이기도 하다. 이 중에는 1970년대 크메르루주Khmers Rouges*에 의해 강제징집됐거나 베트남의 침공을 직접 겪은 사람들도 있다. 19세기 후반 프랑스 식민지였던 캄보디아에 프랑스인들이 처음 커피나무를 심었고, 그 후 베트남인들이 살충제와 화학비료를 뿌려서 커피나무의 명맥을 이었다.

학교를 설립하기 위해 캄보디아에 온 것이었지만, 커피를 연구하고 있었던 터라 라타나키리주에서 자라는 커피나무와 그 나무들이 지역 경제 발전에 이바지할 수 있는지에 관심이 쏠렸다. 나처럼 캄보디아의 커피 산업 발전에 관심이 많은 외국인이 최근 캄보디아로 쏟아져 들어오면서 캄보디아 커피 산업을 지원하는 해외투자자도 많이 늘었다. 하지만 커피나무의 느린 성장 속도 때문에 커피 산업에 투자하기 위해서는 충분한 자본뿐 아니라 인내심까지 필요하

---

* 1975년부터 1979년까지 캄보디아를 지배한 급진적인 공산주의 정권

다. 더 빠른 보상을 얻기 위해 커피 대신 통후추를 선택하는 투자자도 있다. 인도의 말라바르 해안에서 전해온 통후추는 현재 라타나키리주, 몬돌키리주 등 캄보디아 여러 지역에서 재배되고 있다. 캄보디아의 통후추 중에서도 남서쪽에서 재배되는 캄폿 후추는 세계 미식가들 사이에서 그 맛을 인정받고 있다. 불그스름한 빛을 띠는 캄폿 후추는 특유의 매운 맛과 향이 일품이다. 캄폿 후추를 취급하는 상인들은 캄폿 후추가 캄보디아 지역 특산품임을 내세운다.

라타나키리주를 처음 방문했을 때, 대부분 방치되는 듯 보이는 커피나무에 관해 여러 질문을 던졌다. 내가 던진 질문들은 커피를 작물로 재배하고 그 이익을 학교 설립에 보태려는 노력으로 이어졌다. 나는 커피 재배 프로젝트가 이 지역에서 역사적으로 어떤 의미로 다가올 수 있는지 누구보다 잘 알고 있다. 캄보디아 땅에 커피와 통후추가 자라게 된 것은 결국 식민 지배 시절에 있었던 외압 때문이었다. 두 작물 모두 식민 지배를 받아 저 멀리 떨어져 있는 지배국에 복종할 수밖에 없었던 종속 관계를 상징했다. 그럼에도 현 캄보디아 정부는 커피와 통후추 농사를 장려하고 있다. 다만 한편에서 재배법도 수월하고 이익 창출 측면에서도 월등한 아편용 양귀비 재배에 빠지는 농민들이 늘어나고 있어 이를 정부 차원에서 막기 위해 노력하고 있다. 캄보디아산 커피는 프놈펜을 방문하는 관광객

사이에서뿐 아니라 해외에서도 인기를 끌기 시작했다. 국내외에서 캄보디아산 커피는 문화유산이라고 불릴 만한 작물로 인정받고 있으며, 그 명성이 점점 더 높아지고 있다. 커피나무가 성장하는 데 많은 시간이 드는 것처럼, '문화유산'으로 인정받기 위해서도 긴 시간이 필요하다. 커피와 통후추는 여러 감각을 자극한다는 점에서 아주 매력적인 작물들이다. 또한 라타나키리처럼 가난에 시달리는 지역과, 커피와 통후추를 구매하고 싶어 하는 해외 시장을 연결해 줄 수 있다는 점에서도 그 가치가 크다.

미각처럼 후각도 아주 기본적인 감각이다. 촉각보다 더 근본적인 감각이 후각일 것이다. 우리 몸속에 어떤 물질이 들어올 때 후각과 미각이 작동한다. 인간은 물질의 분자가 콧속으로 들어와야 냄새를 맡을 수 있다. 후각이 작동하는 원리는 꽤 단순하다. 구조가 불안정한 휘발성 물질이 분자에서 가스를 배출하면 이 가스가 공기를 통해 우리 코안으로 들어와 뇌에 신호를 보내는 수용체 뉴런을 자극한다. 보통 무기물보다 유기물의 휘발성이 강하다. 이끼 냄새가 이끼가 자라는 바위 표면 냄새보다 더 강한 것도 그런 이유 때문이다. 후각은 세상과 그 세상을 목격한 사람이 서로 소통하는 수단이다. 부패한 냄새나 연기 냄새가 후각을 통해 위험하다는 신호를 보내는 것처럼 인간이 처한 위기를 후각으로 감지할 수도 있다. 18세기 중반 프로이센 왕국의 국왕이었던 프리드리히대왕은 후각이 예민한 '커피 탐지인kaffeeschnufflers'을 고용해 선동 행위의 온상이라 여겨졌던 불법 커피하우스를 찾아내기도 했다. 코는 스파이 역할을 하는 감각기관이다.

음식을 씹을 때 발생하는 턱의 움직임부터 고기 지방에서 느껴지는 맛까지, 음식을 섭취하는 과정 중에는 아주 많은 개별적 경험이 펼쳐진다. 이런 다감각적 경험에 없어서는 안 되는 감각이 후각이다. 맛을 느끼는 데 후각이 어느 정도 역할을 하는지에 관해서는 감각 전문가들도 의견이 갈리지만, 미각을 논할 때 후각이 빠질 수 없을 정도로 중요한 역할을 한다는 점은 분명하다. 인간의 후각은 다른 감각과 비교할 때뿐 아니라 여러 포유류와 비교해 볼 때도 가장 힘이 없고 열등해 보인다. 하지만 하찮게나마 인간이 지닌 동물적 본성을 보여주고 있는 감각이기도 하다. 철학자 칸트는 후각이 인간이 지닌 가장 강력한 감각인 시각보다 훨씬 하위 수준에 속한다고 여겼다. 인간은 자신의 의도대로 시각을 조절하며 세상을 바라볼 수 있다. 하지만 우리가 후각을 통제할 수 있는 유일한 방법은 콧구멍을 손가락으로 잡아 막아버리고 입으로 숨 쉬는 것뿐이다.

감각 인류학은 인간이 손으로 막았던 코를 비롯해 눈, 귀, 혓바닥 미뢰의 감각 능력을 모두 활용해 인간이 알아차리지 못했던 부분까지 느낄 수 있도록 하는 학문이다. 모든 감각을 동원해 주변을 관찰할 때 인간에게 이로운 점이 분명히 있다. 예를 들어, 도로가 콘크리트로 만들어졌는지, 벽돌로 만들어졌는지에 따라 비가 온 뒤 나는 냄새가 다르다. 그 둘의 냄새를 구분할 때 인식할 수 있게 되는 도시의 전경이 있다. 모든 냄새는 특정 상황과 문화에 영향을 받는다. 대마초를 합법적으로 판매하고 피우는 국가에서는 이웃에서 풍기는 대마초 냄새가 타락에 빠진 불법행위를 떠오르게 하기보다는 그저 평범한 일상의 냄새처럼 느껴진다. 농촌에서 맡을 수 있는 나뭇잎 태우는 냄새는 가을이 왔다는 신호다. 일본 교토의 니시키 시장을 걷다 보면 10여 가지 절임용 양념 냄새를 맡을 수 있다. 그 냄새를 통해 다양한 발효 과정을 느껴볼 수 있다.

유럽인들에게 후추 등의 향신료가 그리움과 탐욕을 상징하던 때도 있었다. 현재는 너무나 흔한 재료라 한때 이 향신료를 구하기 위해 얼마나 위험한 과정을 거쳐야 했으며, 후추가 얼마나 귀한 취급을 받았었는지 상상하는 것조차 쉽지 않다. 수백 년 동안 유럽인들은 향신료 냄새를 고급스러운 향이라 여겼다. 향신료는 코와 입으로 느낄 수 있는 부를 상징했다. 모험심이 강한 상인 무리처럼 위험을 무릅쓸 준비가 된 누군가가 여행길에 올라야만 유럽으로 향신료를 들여올 수 있었다. 당시 육두구를 한 배 가득 실어 오면 어마어마한 돈을 벌 수 있었기 때문에 위험한 여행길에 대신 올라줄 사람을 고용하는 사람도 있었다. 바다에서는 해적들이 몰루카 제도에서 돌아오는 향신료 판매상들을 기다리기도 했다. 장거리를 항해해 온 배에 올라타 정당한 세금보다 훨씬 많은 양의 화물을 몰수했던 영국의 세금 징수용 선박들은 실질적으로 해적선이나 다름없었다.

하지만 21세기 캄보디아에서 재배되는 후추는 그렇게 수익성이 좋은 작물이 아니다. 여전히 귀한 재료이기는 하지만 예전처럼 위험한 항해와 폭력적인 강탈을 감수할 정도는 아니다. 라타나키리주가 더 쉽게 대량으로 재배할 수 있는 새로운 작물로 후추와 커피를 대체할 계획이라는 이야기를 들었다. 바로 브라질이 원산지인 캐슈너트다. 캐슈너트는 캄보디아 정부가 스스로 선택하고 결정한 작물이라는 점에서 아주 특별한 의미를 지니는 견과류다. 캄보디아 캐슈너트 정책 공동 실무단에서 부위원장을 맡고 있는 리치 라Reach Ra의 목표는 '캄보디아를 캐슈너트의 주요 생산지이자 공급지로 만드는 것'과 '캄보디아의 캐슈너트를 국내외 시장 모두에서 활약하도록 만드는 것'이다.[1] 캐슈너트를 선택한 정책 담당자들은 커피와 후추에 있던 역사적 인지도와 향을 버리고, 농민들의 생존과 국가의 경제 주권을 택했다.

·

순례 여행을 위해 요리사를 데리고 왔다.

요리사는 골수까지 다 넣어 닭을 삶고

향신료를 뿌려 맛을 냈다.

요리사는 런던 에일을 감별할 수 있었다.

요리사는 굽고, 삶고, 튀기고,

스튜를 만들고, 파이를 구웠다.

제프리 초서Geoffrey Chauce 『캔터베리 이야기The Canterbury Tales』(1392년)

'전체 서문' 중.

　제프리 초서의 이야기에 등장하는 순례자 중에는 요리사도 있
었다. 모든 요리에 정통한 중세 영국의 뛰어난 요리사를 묘사한
부분이 『캔터베리 이야기』에 등장한다. 이 실력 있는 요리사가 고
기를 요리할 수 있고, 향신료도 사용할 수 있었던 것으로 보아 상
류층 인사들을 위해 일했던 듯하다. 특히 향신료는 아무나 구할
수 없는 아주 고급 식재료였다. 요리사는 에일을 좋아했고, 삶을
즐길 줄도 알았다. 요리사로 고용돼 순례길을 따라나섰다는 점을

보면 모험심이 강했다는 사실도 알 수 있다. 각계각층에서 온 순례자들의 발길이 닿는 곳에서, 그리고 그들이 다시 돌아간 고향에서 식문화에 변화가 생겼다. 순례자가 여행한 길은 새로운 음식을 만날 수 있는 길이었다. 초서의 위대한 설화집이 식사 이야기로 시작하는 데는 그럴 만한 이유가 있었다. 등장인물들이 각자 흥미로운 이야기를 들려주는 대결을 하면서 내건 상품도 여행 마지막 식사였다.[1] 3장에서는 중세 유럽의 식생활을 다룰 것이다. 또한 이동, 토지 활용의 변화, 농촌과 도시 생활의 변화, 농업 기술 및 농기구의 발전 등 중세 유럽의 식생활을 변화시킨 요인들도 살펴볼 것이다. 중세 유럽의 음식은 다른 지역의 식문화에 영향을 받으며 발전했다. 육로와 해로를 통해 향신료가 유럽으로 들어왔고, 유럽인들은 더 많은 향신료를 구하기 위해 다시 바다로 나갔다. 영국 역사가 존 키John Keay는 향신료 공급이 "날씨만큼이나 운명적이고 불확실해 보였다"라고 표현했다. 맛있는 향신료를 어떻게든 더 안전하게, 더 자주 즐기고자 하는 욕구가 유럽을 송두리째 변화시켰다.[2]

먼저 '중세medieval'의 어원을 짚어볼 필요가 있다. 원래 라틴어에서 유래한 중세는 '중간 시대'를 뜻하는 말로 역사가 대부분이 근대의 시작이라고 여기는 16세기 유럽에서 처음 사용됐다. 학자들은 과거의 것들을 지나 새롭게 떠나왔다고 생각하는 시기에 이와 같은 이름을 붙였다. 르네상스 시대 사람들은 문명의 역사가 고대에서 중세로, 그리고 새로운 배움이 다시 시작된 근대로 순차적으로 연결된다고 여겼다.[3] 이런 연대기적 역사는 자신들이 이뤘다고 생각하는 성과를 자축하는 수준의 역사 이해 방식이었다. 중세 크리스트교에서 세상이 어둠에서 빛으로 이동한다고 표현한 비유를 르네상스의 인문주의자들이 역사를 바라보는 방식으로 활용해 계승한 것이다.

중세는 유럽을 기준으로 만들어진 용어이기 때문에 비유럽 지역의 역사에 적용할 때는 조심스럽게 접근할 필요가 있다. '중국 중세 시대' 등의 표현을 사용하는 역사가들도 있지만, 유럽 이외 지역의 역사를 논하면서 중세라는 용어를 사용할 때는 그 안에 내포된 유럽 관련 의미를 꼭 지워야 한다. 몽골제국은 아시아 전역으로 세력을 확장해 '아시아의 중세 시대'를 지배했다. 현대에 와서도 여전히 빛을 발하는 캄보디아의 위대한 사원 앙코르 와트도 중세 시기에 지어졌다. 비슷한 시기인 11세기 중국에서는 화약이 발명됐다. 유럽의 역사를 다룰 때도 중세라는 단어가 정확히 무엇을 표현하는 용어인지 다 아는 것처럼 쉽게 생각해서는 안된다. 구운 고기나 빵에 중세 음식의 이름이 여전히 사용되는 경우가 있지만, 실제 중세 시대의 음식 모습은 우리가 지금 아는 모습과 많이 달랐다. 동물의 모습도 지금과 달랐고, 당시에는 축산산업을 목적으로 동물을 사육하지도 않았다. 가축을 도축하는 시기는 농사일에 모두 다 써먹고 나서 가축이 더 이상 일을 할 수 없을 정도로 나이가 훨씬 들었을 때였다. 중세의 곡물 가루는 지금보다 입자가 굵고 거칠었으며 밀이 대부분을 차지하지도 않았다. '파이'라는 익숙한 이름으로 불리는 중세 요리의 맛은 우리가 생각하는 것과 많이 달랐을 것이다.

초서의 이야기에 등장하는 순례자들은 음식 문외한이 아니었다. 캔터베리와 세인트 올번스를 이어주는 로마제국의 워틀링 가도를 통해 캔터베리로 향하던 순례자들은 런던을 떠나기도 전에 음식에 대한 깊은 관심을 나타낸다. 유럽 대륙에 살던 사람들은 이베리아반도의 이슬람 문화에 영향받은 음식을 먹어봤을 수도 있다. 아랍계 무슬림인 무어인들은 스페인의 70퍼센트에 달하는 지역을 711년부터 700년이 넘는 세월 동안 지배했다. 비록 무어인 대부분이 이미 스페인에서 추방당한 이후였지만, 역사적으로는 그라나다의 함락으로 무어인의 스페인 지배가 공식적으로 끝났다. 로마인들도 유자를 재배했지만, 우리에게 더 익숙한 오렌지 등의 감귤류 과일을 유럽 땅에서 최초로 재배한 이들은 무어인이었다. 게다가 스페인 음식 중 상당수가 아랍에서 유래했다. 쌀을 뜻하는 애로즈arroz에 붙은 접두사 'a'나, 미트볼을 뜻하는 알본디가스albondigas, 밀전병 요리를 뜻하는 알 파스토르al pastor에 붙은 접두사 'al' 모두 아랍에서 온 요리임을 보여주는 흔적이다. 순례자들이 들고 다니며 먹던 딱딱한 케이크는 꿀을 사용해 단맛도 더하고 보존성도 높였다. 꿀은 설탕이 유럽으로 전해지기 이전까지 아주 중요한 식재료였다. 아랍의 영향을 대표하는 오렌지꽃이나 장미꽃의 진액은 케이크에 향을 더하는 데 쓰였다. 순례자들은 중세의 다른 유럽인들과 마찬가지로 생선을 식초에 절여 장기간 여행 중 들고 다니며 먹기도 했고, 오랜 기간 저장하기도 했다.

스페인 북서부 갈리시아에는 예수의 열두 제자 중 성 야곱의 유해가 묻혀 있다고 알려진 산티아고 데 콤포스텔라가 있다. 콤포스텔라는 라틴어로 묘지를 뜻하는 '콤포지움'이나 별이 빛나는 들판이라는 뜻의 '캄푸스 스텔라'를 떠오르게 한다. 산티아고 데 콤포스텔라를 목적지로 해 먼 길을 여행하던 순례자들은 지금도 맛볼 수 있는 특별한 종류의 아몬드케이크를 먹었다. '타르타 데 산티아고'라고 불리는 이 케이크는 순례를 무사히 마친 순례자들을 위한 축하용 케이크였다. 순례자들이 먹던 진하고 달콤한 아몬드케이크에는 성 야곱의 검 모양 장식이 그려져 있었다. 성례 의식용 빵만큼의 신성함을 지닌 크리스트교의 타르타 데 산티아고를 만드는 데 필요한 설탕이 무슬림 의사와 요리사를 통해 유럽으로 처음 전해졌다는 사실은 역사적 아이러니라고 볼 수 있다.

오래전부터 크리스트교의 성지였던 콤포스텔라로 향하는 성지 순례는 9세기 때 시작됐다. 무어인이 스페인 남부를 지배하는 동안 북부 지역이 크리스트교인들의 피난처 역할을 하면서 콤포스텔라가 종교적, 정치적으로 중요한 의미를 지니게 됐다. 왕들과 고관들은 태어나서는 콤포스텔라에서 세례를 받고, 죽어서는 그

다른 방식으로 먹기

곳에 묻혔다. 왕과 고관들의 신앙심은 그들이 지닌 정치적 권력을 공식적으로 정당화하는 수단이었다.

유럽 각 지역마다 크리스트교의 대표 성지인 로마와 예루살렘은 물론, 콤포스텔라로 향하는 순례길이 잘 이어져 있었다. 천년이 넘는 세월 동안 콤포스텔라를 여행하는 순례자들은 유럽 전역과 그 너머의 세상에서 온 이야기와 음식을 서로 공유했다. 다양한 이야기와 요리가 여행 중에 뒤섞이는 동안 갈리시아의 특산물인 가리비와 해산물이 순례자의 길을 대표하는 음식으로 자리 잡았다. 금식 기간 중에는 육지 고기를 삼가고 생선을 먹던 크리스트교인들의 관습 덕분에 생선 요리가 많은 인기를 끌었다. 이런 전통이 지금까지도 이어져서 예수가 십자가에 못 박혔다고 알려진 금요일에는 고기 대신 생선을 먹는 관습이 아직 유지되고 있는 곳이 있다. 이론상으로는 음식 메뉴에 제한을 두는 금식 생활이 순례길에 오른 사람들의 빈부 격차를 완화시키는 역할을 해야 했다. 하지만 실제로는 순례길에서조차 부유한 순례자와 가난한 순례자들이 먹는 음식에 큰 차이가 있었다.[4] 가난한 농민 출신 순례자들은 호밀이나 기장처럼 거친 곡물을 갈아 만든 빵을 먹었다. 거친 곡물로 만든 빵은 오래 놔두면 딱딱하게 말라버렸기 때문에 먹기 전에 물이나 와인에 적셔야 할 정도였다. 반면 부유한 순례자들은 곱게 간 밀가루로 만든 빵을 먹을 수 있었다. 순례길의 인기가 높아지면서 성 야곱의 가리비 껍데기가 순례의 상징처럼 여겨지기 시작했다. 가리비 껍데기를 목에 두르고 다니는 순례자들도 있었다. 길 가다 받은 음식을 껍데기로 퍼 먹었을 것이라는 사람도 있다. 진실이 무엇이든, 많은 순례자가 가리비 껍데기를 기념품으로 챙긴 것은 사실이다.

크리스트교의 신학적 맥락에 모순이 존재했듯이, 음식과 육체의 측면에서 보면 순례 자체에도 비합리적인 부분이 있었다. 중세 크리스트교의 울타리 안에서 식사는 종교적 의미를 내포하고 있었다. 크리스트교가 탄생했을 때부터 크리스트교 교인들은 스스로 유대교와 구분 짓기 위해 유대인의 식습관을 금기시했다. 유대인들은 특정 동물이 율법에 어긋난다고 여겨 고기로 섭취하기를 거부했고, 음식을 준비할 때 유제품과 육류를 철저히 분리했다. 또한 식용 고기는 철처하게 정해진 방법으로 도축하도록 했다. 크리스트교 교인들은 그런 의례적인 절차에 의존해 영적인 삶을 찾는 행위가 바람직하지 않다고 믿었다. 타르수스에서 유대인으로 태어났던 바울은 (본명은 사울이었다) 유대교 율법의 여러 제약 중에서도 엄격한 식사 계율을 아주 강하게 비난했다.[5] 물론 크리스트교에서도 육신과 인간의 욕구를 가볍게 여기지 않았다. 음식과 성교는 경건한 삶을 방해하는 요소로 취급해 금식을 통해 두 욕구를 억제하도록 했다. 역사가 캐럴라인 워커 바이넘Caroline Walker Bynum에 따르면 중세 사람들은 금식이 특히 여성들의 '육체를 선virtue에 더 가까워지도록' 하는 효과가 있다고 믿었다.[6]

다른 방식으로 먹기

중세의 크리스트교 달력은 금식 기간으로 도배돼 있었다. 하지만 보통 완전한 금욕이 아니라 제한된 식사 정도는 허용하는 식이었다. 크리스트교에서도 빵과 와인은 신과 교제를 가능하게 하는 성례식에서 아주 중요한 역할을 했다. 빵과 와인이 예수의 육체와 피로 변한다는 화체설에 따라 크리스트교 교인들은 구세주 예수의 살과 피를 먹는 의식을 치른다. (유대교에서는 피가 금지된 음식 중 하나다.) 크리스트교 교인들은 유대인의 식사 계율에서 벗어나려고 노력하면서도 식생활과 음식을 영적인 삶의 핵심 요소로 남겨두었다. 빵은 모호하기는 하지만 영원함을 상징했다. 4세기 성 아우구스티누스는 크리스트교 교인의 영적 성장을 곡물로 발효 빵을 만드는 과정에 비유하는 설교를 했다. "구마 의식을 치른 후, 여러분의 영혼은 곡물이 가루가 되듯 잘게 바스러집니다. 세례를 받은 후, 여러분의 영혼은 반죽이 발효되듯 감화됩니다. 성령의 불이 여러분에게 임할 때, 빵이 구워져 완성되듯 여러분도 영적으로 한 걸음 더 성장하게 됩니다."[7] 곡물 한 알 한 알이 모여 빵이 되듯이, 크리스트교 교인들도 빵을 먹는 의식으로 예수의 육신과 하나가 됐다.

초서의 순례 이야기가 식사로 시작하는 것과는 대조적으로, 대부분 크리스트교 순례자는 금욕주의와 육체의 고행을 실천하는 것으로 성스러운 여정을 시작했다. 이상하게 들릴 수도 있지만, 금욕주의가 늘 좋은 음식을 거부한다는 의미는 아니었다. 유명한 프랑스 요리 코키 생자크(성 야곱의 가리비)에는 크림과 와인 소스가 들어간다. 버터에 데친 가리비에 크림소스를 뿌려 완성한 후 가리비 껍데기를 그릇 삼아 차려내는 요리다. 순례자를 위한 요리라고 하기에는 너무 화려해 보일 수도 있지만 순례자들도 가끔씩 이렇게 잘 차려 먹었다. 순례길의 여관에서는 차가운 햄, 치즈, 거친 빵, 가끔은 조금 더 부드러운 빵, 스튜, 야채와 콩으로 만든 중세식 미네스트론 등 소박한 음식이 제공됐다. 고기, 생선, 야채 등을 넣어 파이처럼 만든 엠파나다를 먹는 순례자들도 있었다. 그들이 먹던 파이는 값싸고 간편하게 먹을 수 있는 현대 엠파나다의 원조라고 볼 수 있다. 순례자들은 당시 여관에서 건강을 기원하며 환영의 의미로 제공했던 맥주도 마셨다. 순례 중 유럽 전역에 존재했던 와인이나, 발효시킨 배로 만든 지역 특산주 페리, 벌꿀 술, 프랑스의 신맛 강한 피케트 등을 마시기도 했다.[8] 순례길에 잠시 머물던 수도원에서도 맥주를 구할 수 있었다.

맥주는 다양한 기원을 가진 술이다. 사하라사막 이남 지역부터 아이슬란드까지, 전 세계 곳곳에서 자연스럽게 발전했다. 공기 중의 천연 효모가 축축한 밀가루나 액체에 들어가 발효를 일으키는 과정에서 맥주가 빵보다 먼저 발견됐고, 결과적으로 라바시, 차파티, 무교병 등의 납작한 빵과는 다르게 부풀어 오르는 발효 빵의 기원이 됐다고 주장하는 고고학자도 있다. 천연 효모의 발효로 만들어진 맥주는 빵 반죽에 들어가 발효제 역할을 했을 것이다.

다른 방식으로 먹기

메소포타미아문명과 왕조 성립 이전 고대 이집트 유적지에서 맥주와 비슷한 음료가 존재했던 증거와 그 음료를 제조하고 담았던 도자기 파편이 발견됐다. 고대 이집트 유물 중에는 맥주를 만들기 위해 보리를 주무르고 있는 여성을 묘사한 조각상도 있다. 이집트에서는 맥주를 보존하고 달게 하기 위해 꿀을 사용했다는 증거도 나왔다. 전근대 시기, 이집트뿐 아니라 사하라사막 이남 지역, 라틴아메리카 등 세계 여러 지역에서 맥주나 그 비슷한 음료 제조는 여성이 맡았다. 여성들은 곡물을 직접 입에 넣어 씹은 후 저장 용기에 뱉었다. 그러고 나서 침으로 발효된 곡물에서 액체가 생길 때까지 며칠 놔뒀다가 체에 걸러 마셨다.

맥주에 처음으로 홉을 넣어 지금 우리가 아는 맥주만의 독특한 향을 만들어낸 사람은 베네딕토회 수도승들이었다.[9] 베네딕토회는 예전부터 맥주와 인연이 깊었다. 베네딕토회의 수도원장이자 주교였던 프랑스 수아송의 성 아놀드(1040~1087)는 맥주 양조업자들의 수호성인이 됐다. 성 아놀드는 미트라를 쓰고, 발효 중인 맥주를 휘젓는 갈퀴를 들고 있는 모습으로 묘사된다. 에일 맥주를 많이 마시는 사람이 그렇지 않은 사람보다 병이 덜 걸린다는 사실을 발견한 성 아놀드가 신도들에게 물 대신 맥주를 마시라고 명한 덕분에 많은 이들이 역병을 피해갈 수 있었다는 이야기가 전해 내려온다. 맥주가 정말 물보다 건강에 좋은 음료였는지는 역사적으로 조금 더 연구할 필요가 있다.

맥주는 사람을 요란스럽게 취하도록 하는 술은 아니었다. 당시 맥주는 '스몰 맥주small beer'라고 불릴 정도로 알코올 도수가 낮았기 때문에 고주망태가 될 걱정 없이 마실 수 있는 음료였다. 중세 유럽에서 가정의 건강을 책임지던 여성들은 자녀들에게도 '스몰 맥주'를 마시게 했다. 이때의 맥주는 제조 장인이나 외부 전문가가 상업적 목적으로 만든 음료가 아니었다. 맥주 제조는 여성들이 하는 평범한 집안일 중 하나였다.

맥주와 에일은 아무 곡물로나 만들 수 있었지만, 대부분 유럽 지역에서는 밀보다 더 단단한 보리를 사용했다. 홉과 효모도 맥주의 주재료였다. 우선 보리에 물을 부어 싹이 트도록 해 맥아 보리를 만드는데, 이 과정에서 보리에 녹말이 풍부해진다. 이때 보리의 성장을 멈추기 위해 열을 가하면 효소가 당을 만들어낸다. 맥아 보리를 볶으면 맛은 풍부해지고 색은 진해진다. 덩굴풀의 꽃 부분인 홉은 보존제 역할을 하면서 쓴맛까지 더해 맥아 보리의 단맛과 균형을 이룬다. 효모는 당을 알코올로 바꿔 알코올이 보존제 겸 정수 역할을 할 수 있도록 한다.

영국에서는 친척들이나 이웃들과 나눠 먹을 맥주를 집에서 만드는 여성들을 '에일와이프'라고 불렀다. 하지만 가톨릭교회가 새로운 맥주 생산 제도를 도입하면서 에일와이프가 더 이상 맥주를 만들 수 없게 됐다. 프랑스와 독일 군주들의 협조로 교회는 맥주 제조 허가를 내주고 '맥주 제조세' 격인 수수료를 받았다. (실제로는 맥주 맛과 향을 더해주는 서양톱풀 등의 허브 혼합물인 그루트 사용을 위한 허가였다. 홉은 나중에 그루트 대안으로 사용하기 시작했다.) 가톨릭 수도승들은 그루트로 맥주를 만들어 수도원에 필요한 비용을 충당하기도 했다. 비싼 맥주 수수료 때문에 일반 가정에서는 맥주를 만들 수 없게 됐지만, 맥주만 생각하면 그렇게 나쁜 일도 아니었다. 수도승들은 시간과 자원이 많았기 때문에 다양한 실험을 거쳐 에일과 맥주의 질을 상당한 수준까지 끌어올릴 수 있었다. 그 덕분에 집에서 만든 맥주와는 비교할 수 없을 정도로 훌륭한 맥주가 생산되기 시작했다. 종교개혁 때는 마르틴 루터가 가톨릭교회의 그루트 독점에 대한 저항의 의미로 그루트 대신 홉을 사용하도록 권장했다. 루터는 가톨릭교회가 유럽을 무력하게 만들고 있는 것처럼 보이게 할 목적으로 그루트 재료로 사용되는 허브에 환각 효과가 있다고 주장하기도 했다.[10]

긴 순례길은 간단한 식사, 와인, 맥주와 휴식을 제공할 수 있는 공간인 여관, 선술집, 맥줏집에 대한 수요를 만들었다.[11] 훌륭한 음식과 친절한 서비스로 명성을 얻기 시작한 여관과 선술집들은 서로 더 나은 '정식'이나 '추천 식사' 등을 만들어내며 경쟁하기 시작했다. 단품 메뉴가 등장한 것은 나중의 일이었고, 그것도 도시에서나 볼 수 있었다. 중세 시대의 접대 기준에서는 아직 손님에게 선택권을 주는 경우가 없었다. 도시에 자리 잡았던 최초의 음식점들은 '보양식restorative'인 죽만 팔았는데, 여기서 레스토랑이라는 단어가 탄생했다. 선술집에서 음식, 음료, 휴식만 얻을 수 있었던 것은 아니었다. 마을과 마을 간의 경계가 그리 멀지 않고, '외국인'이나 '이방인'이 진짜 외국이 아닌 다른 동네 출신 사람을 뜻하던 시절, 선술집은 멀리서 전해오는 새로운 소식을 들을 수 있는 장소이기도 했다. 17세기 영국과 미국에서 유행한 커피하우스의 전신이기도 한 중세 여관과 선술집들은 장거리 여행자를 포함한 폭 넓은 고객층을 위해 음식과 서비스를 제공했다.

요즘은 식당에서 식사하는 일이 흔하고 평범하지만, 중세 시대에는 그렇지 않았다. 사회적 지위의 고하를 막론하고 집 밖에서 식사하는 일은 흔치 않았다. 많은 공동체에서 가족과 함께 식사하는 일을 일상에서 실천할 수 있는 성례와 같이 여겼다. 또한 남편과 아내가 함께 식사하는 것은 건강한 결혼 생활을 상징하기도 했다.[12] 런던에서도 15세기 이전까지는 앉아서 음식을 먹고 가는 현대적 개념의 식당이 존재하지 않았다. 그때까지만 해도 가난한 사람들이나 노동자들이 반조리된 음식을 구할 수 있는 '쿡샵' 정도만 찾아볼 수 있었다.[13] 쿡샵은 집에 오븐이 없는 사람들이 전문적인 조리 공간에서 식사를 준비할 수 있도록 장소를 제공해 주는 곳이었다. 식사나 숙박처럼 가정에서 해야 할 활동에 요금을 매겨 외부에서 해결할 수 있도록 했다는 점에서 보면 선술집과 여관은 복잡한 사회적 기능을 수행하는 장소였다. 이런 장소에서 다른 계층과의 공간 공유, 공공성, 사생활 등의 개념에 변화가 생

다른 방식으로 먹기

기기 시작했다.[14]

유럽에서 규모가 가장 큰 순례 여행은 십자군 원정이었다. 십자군 원정은 유럽에서 무슬림이라는 단어가 쓰이기 시작한 16세기 전까지는 '사라센'이라고도 불렸던 무어인들을 정복하고 몰살하기 위한 전쟁이었다. 단순히 개종만 시킬 목적으로 시작한 전쟁이 아니었다. 새롭게 무장한 가톨릭교회가 이끄는 전투는 아주 오랜 세월에 걸쳐 이어졌다. 교황 우르바노 2세가 성지 예루살렘을 이슬람 세력에게서 되찾을 것을 명하며 시작된 11세기와 13세기 사이 원정은 그중에서도 가장 중요한 전투였다. 교황의 명령이 떨어지자마자 농민들은 교회의 정식 허가도 없이 '민중 십자군'을 형성해 예루살렘을 향해 진격했다. 하지만 무어인이 있는 곳까지 가는 길은 너무 멀었다. 긴 원정길에 오른 민중 십자군들은 평소 증오의 대상이었던 유대인을 발견하는 족족 학살하기 시작했다. 십자군 원정이 시작될 무렵 크리스트교로 무장한 유럽은 자신감으로 가득 차 있었다. 지중해 인근 지역을 넘어서 이교도의 땅이라고 여겨지던 영국 제도와 스칸디나비아까지 세력을 확장한 덕분이었다. '십자가를 짊어진다'는 의미가 있는 프랑스어 'croisade'에서 유래한 '십자군'이라는 단어는 16세기 후반에 와서야 쓰이기 시작했다.

크리스트의 이름으로 성지를 정복한다는 공식적인 임무를 짊어졌던 젊은 십자군들은 원정에서 돌아오는 길에 그 지역 음식과 음식을 만들 수 있는 여성들까지 포로로 데려오기도 했다. 교회의 정식 승인을 받은 군사도 젊고 가난한 지방 출신 청년이 대부분이었기 때문에 집밥 이외의 음식은 모두 새롭고 낯설게 느껴졌다. 젊은 군사들이 예루살렘까지 가서 맛본 음식은 그곳의 이교도들만큼이나 야만적이었다. 그나마 향신료에는 관심을 가졌는데, 맛이 좋아서가 아니라 돈벌이가 됐기 때문이다. 전투를 치러야 했던 가톨릭교회는 서유럽 전역에서 젊은 남성들을 모집했다. 평화로운 시기에는 무리를 지어 이 동네 저 동네 돌아다니며 사회질서에 위협이 되던 그런 청년들이었다. 전쟁 중 죽으면 바로 천국으로 갈 수 있다는 교황의 면벌부로 무장한 젊은 군사들은 동방 교회의 적들과 싸워야 한다는 새로운 소명을 부여받았다. 교황의 군사들은 1071년 비잔티움 제국을 상대로 큰 승리를 거둔 셀주크튀르크 등 이교도들이 자신의 적이라고 여겼다. 청년들이 모두 전쟁터로 나가버리자 그들의 고향 땅에서는 동네에서 싸움질이나 하던 말썽꾼들이 사라지는 효과가 생겼다. 진군하는 길에 약탈을 일삼을 수 있다는 점은 군사들에게 보너스와 같았다. 약탈품 중에서도 향신료의 가치가 으뜸이었다. 이전까지만 해도 향신료는 비단길과 같은 주요 무역로를 통해서만 아주 소량으로 유럽에 들어오던 사치품이었다.

지금까지는 유럽의 길과 그 길을 따라 어떤 음식을 맛볼 수 있었는지 살펴봤다. 하지만 중세 유럽의 식사가 어떤 모습이었는지는 베일에 가려져 있다. 곡물 공급은 수확량에 따라 결정되고, 수확량은 날씨가 어떤가에 따라 달라진다. 비가 너무 적게 오면 농사에 피해가 클 수 있고, 비가 너무 많이 와도 비축해 놓은 곡물을 썩게 할 수 있었다. 예측 불가능한 수확량이 충분한 식량 재고량 확보에 가장 중요한 요소였는지에 관해서는 역사가마다 의견이 엇갈린다. 봉건제하에 유지됐던 곡물 관리 기술, 수출 금지 정책, 정부의 가격통제, 사재기, 잦은 전쟁 등과 같은 다양한 사회적 요소가 식량 확보에 더 큰 영향을 끼쳤다고 보는 시각도 있다. 일례로 이탈리아 토스카나 지역에서 라이벌 관계의 도시국가였던 피렌체와 시에나가 전쟁 중이었을 때, 피렌체 사람들은 무엇보다 시에나의 곡물 공급을 방해하는 데 전력을 쏟았다.[15]

불확실성의 원인이 무엇이든 간에, 미래를 대비해 곡물을 비축하는 일은 중요했다. 하지만 동시에 많은 노동력이 필요하고 비용이 많이 드는 일이기도 했다. 하층민들은 상류층보다 더 자주 굶주림을 경험했다. 이런 계급 간의 차이는 날씨 탓으로만 돌릴 수 없는 사회현상이었다. 영양실조와 기아는 대부분 인간이 불러온 인재였으며 사회 불평등의 모습을 고스란히 반영했다. 힘든 노동에 시달리면서도 식량이 모자라 자주 굶을 수밖에 없었던 유럽의 농민들은 음식을 먹을 수 있는 기회가 생길 때마다 최대한 많이 먹어두어야 했다. 중세 영국 농민의 식단을 살펴보면, 곡물이 주를 이뤘고 완두콩, 살갈퀴, 강낭콩 등의 콩 단백질과 극소량의 고기 단백질로 이루어져 있었다. 하루에 3,500에서 4,000칼로리 정도 열량을 섭취할 만한 식사였다. 영국 농민들 중에서도 가장 부유한 이들만 일주일에 200그램 정도 되는 돼지, 소, 염소, 양고기 등의 육류를 먹을 수 있었다. 농민들의 식단에서 음식이 자꾸 줄어들 수밖에 없는 이유에는 여러 가지가 있었다. 그중 하나가 바로 세금 징수관이었다. 중세의 세금 징수관들은 세금을 곡물, 치즈, 달걀처럼 운반 가능한 형태의 음식으로 받아 갔다. 세금을 모두 낸 농민은 영양실조에 걸릴 위험에 빠질 수밖에 없었다. 농민들은 농작물 심기, 수확하기, 관리하기, 음식 가공하기, 요리하기 등으로 하루를 다 보냈다. 중세 시대에 식량을 확보하기 위해서는 현대인이 상상할 수 없는 수준의 노동과 시간이 필요했다. 그뿐 아니라 중세 유럽에서 재배하고 키우던 작물과 가축들은 크기도 더 작고 생산력도 낮았다. 생산한 식재료를 먹을 수 있도록 주방에서 가공하는 과정도 지금보다 더 힘들었다.

결핍은 배고픈 농민들만이 상상할 수 있는 판타지를 만들어냈다. 프랑스 농민들은 풍족한 세상이라는 뜻의 '코카인Cockaigne'을 얘기하기 시작했고 벨기에, 네덜란드 등의 저지대 지역에서는 비슷한 개념의 '놀고 먹는 세상Luilekkerland'을 상상해 냈다. 두 상상의 세계는 모두 에덴동산과 같은 지구상의 파라다이스를 그리고 있었다. 농민들의 파라다이스는 벽으로 둘러싸여 있지만 잘 찾으면 누구나 갈 수 있는 곳이었다.[16] 벽은 죽으로 만들어져 있어 지나

　　　　　　　　　　　　　　　다른 방식으로 먹기

가면서 먹을 수도 있었다. '코카인'에서는 고기가 충분한 정도가 아니라 동물들이 자기들을 먹어달라며 뛰어다녔다. 새들은 요리된 채로 사람들 입속으로 날아들었고, 잘 구워진 돼지는 등에 포크가 꽂힌 채로 돌아다녔다. 개울에는 와인, 맥주, 마시고 싶은 모든 종류의 음료가 흐르고 있었다. 당연히 아무런 노동 없이 이 모든 음식을 즐길 수 있었다. 그리고 육체가 갈망하는 또 다른 쾌락인 성교는 어디에서든 마음껏 즐길 수 있었다. '코카인'에서 지켜야 할 선과 악의 질서는 유럽의 크리스트교에서 규정하는 것과 반대였다. 태만, 폭식, 욕망은 모두 미덕으로 여겨졌으며, 쾌락을 얻기 위해 모두가 해야 할 일들로 장려됐다.

하지만 현실에서는 사회 계급에 따라 먹을 수 있는 음식이 결정됐다. 글을 읽고 쓸 줄 아는 능력이 널리 보급되기 이전이나 기록 보존 기술이 발전하기 이전 시대의 역사를 연구할 때 항상 부딪히는 한계가 있다. 하층민의 일상과 식생활에 관해서는 상류층과 비교했을 때 알 수 있는 방법이나 자료가 굉장히 제한적이다. 하층민의 삶은 고고학적 증거, 연대기적 기록, 법률 서류, 토지대장 등의 사료를 재구성해 알아낼 수밖에 없다.[17] 중세 식생활 중 우리가 가장 잘 알고 있는 모습은 귀족의 만찬이다. 영국 헨리 4세가 주최한 궁중 연회에 관한 기록에서는 어마어마한 부가 음식 속에 축약된 모습을 찾아볼 수 있다. 1403년 조안 나바라와의 결혼식 만찬에서는 온갖 종류의 육류 요리를 선보인 전채 요리

코스만 해도 세 가지에 달했다. 첫 번째 코스에서는 토끼, 거세한 수탉, 멧도요, 비둘기 새끼, 백조, 거위 등 온갖 종류의 가금 요리가 나왔다. (당시에는 토끼도 가금으로 여겼다.) 두 번째 코스에는 사슴, 양, 돼지, 소 등 붉은 고기가 제공됐다. 마지막으로는 대여섯 가지의 생선 요리가 나왔다.

각 코스 요리에는 달콤한 음식이 짠 음식과 함께 준비됐다. 이때까지만 해도 아직 코스 요리 마지막에 달콤한 음식이 '푸딩'이나 '디저트'로 나와야 한다는 개념이 없었다. 짠 음식에 단맛이 나는 재료들과 여러 향신료를 함께 넣기도 했다.[18] 각 코스에는 샐러드와 젤리가 하나는 왕관을 쓴 표범 모양으로, 하나는 왕관을 쓴 독수리 모양으로 나왔다. 비슷한 종류의 만찬 테이블에서는 다진 고기로 만든 궁전 모양 장식을 쉽게 찾아볼 수 있었다. 또는 한 동물이 다른 동물 안에 있는 모습으로 고기를 조리해 테이블 장식으로 올리기도 했다. 모든 만찬 자리에서 허영심 가득한 가장 파티 모습도 볼 수 있었다. 초서도 이런 모습을 자신의 작품에 반영했다. 『캔터베리 이야기』에 등장하는 목사는 극적인 요소를 가미한 만찬을 칠죄종 중 교만함을 보여준다며 강하게 비난한다.[19] 중세 요리 관련 기록에는 채소류가 거의 등장하지 않는데, 이는 당시 채소가 너무나 흔한 음식이라 언급할 필요를 느끼지 못했기 때문으로 보인다.

많은 역사가가 중세 유럽의 농업과 관련된 성공, 실패, 전반적인 정치 경제 구조를 아주 깊이 있게 연구해 왔다.[20] 로마제국 때 이미 대규모 농경지 경작이 이뤄졌지만, 로마제국과 로마의 고급 요리가 몰락하고 수백 년이 흐른 뒤 인구와 농경지가 줄어든 유럽 대부분 지역에서 숲이 다시 조성됐다. 농민들은 자신이 살고 있는 지역의 기후에서 자라는 곡물에 의존한 아주 소박한 음식만 먹었다. 채소류와 가끔 먹는 동물성 단백질로 영양을 보충할 수 있는 수준이었다. 8세기 후반 중부 유럽 대부분을 점령한 샤를마뉴는 자신의 군사에게 공급할 충분한 식량을 확보하기 위해 그 지역 농민들에게 특정 작물을 경작하도록 명령해야 할 정도였다. 지금까지 전해 내려오는 『영지 관리에 관한 법령집』에는 샤를마뉴대제 이후 카롤링거왕조가 토지를 어떻게 조직했는지에 관한 기록이 남아 있다. 법령집을 통해 당시 유럽에서 어떤 작물이 재배되었고 프랑크왕국 귀족들이 어떤 음식을 먹었는지 가늠해 볼 수 있다. 당시 프랑크왕국 내의 농경지에서는 우엉, 당근, 양배추 등의 뿌리채소와 상추, 루콜라 등 추위에 강한 잎채소를 재배했다. 양파, 샬롯, 마늘과 호박 등의 박 종류도 있었다. 법령에는 무와 회향뿐 아니라 사과, 무화과, 마르멜로, 체리, 자두, 배, 복숭아, 모과 등 과일에 관한 기록도 있다. 아무리 귀족이라도 이 모든 작물을 한 해 안에 다 맛볼 수 있었던 것은 아니다.

11세기부터 흑사병이 퍼졌던 14세기 중반까지 유럽은 아주 천천히 발전하고 번영했다. '중세 온난기'라고도 불리는 700년부터

1200년 사이에 이어진 따뜻하고 건조한 기후는 농사에 유리한 조건을 제공했다. 언덕 더 높은 지대까지 작물이 자랐고, 더 많은 땅을 경작지로 활용할 수 있었다. 덕분에 수확량도 많이 향상됐다. 그렇다고 중세 온난기로 인해 농사가 쉬워지거나 확실한 식량 공급이 보장됐다는 것은 아니다. 중세 초기와 중세 말기 사이의 중세 성기는 유럽 인구가 급증하던 시기였다. 안정적으로 식량을 공급하려면 토양을 고갈시키지 않으면서 농업 생산성을 높여야 했다. 하지만 토양 개량을 위한 휴경이 아직 흔하지 않았기 때문에 결국 토양의 영양분이 완전히 고갈될 때까지 농사를 짓는 지역이 생기기 시작했다. 유럽 다른 지역과 비슷하게 영국의 농경도 위기에 취약했다. 봉건제하에서 농민들이 생산성 향상을 위해 자신들의 의지로 농사법을 바꾼다는 것은 쉬운 일이 아니었다. 이런 상황에서 계절마다 어떤 작물을 심을지 결정하는 일은 생존을 걸고 하는 도박과 다름없었다.

물론 새로운 기술이 아예 없었던 것은 아니다. 강물의 수력을 활용한 방앗간과 풍차는 영국뿐 아니라 유럽 전 지역에서 곡물을 가공하는 방식에 큰 변화를 불러왔다. 중세 초기부터 말기까지 유럽인들의 식사가 점점 더 곡물에 의존하게 되었기 때문에 곡물 가공법의 변화는 아주 중요한 발전이었다. 수도원 근처 방앗간을 활발하게 활용하던 시토 수도회 수도승들이 방앗간의 전파에 큰 역할을 했다. 1086년 영국에만 5,624개의 물방앗간이 있었고, 심

다른 방식으로 먹기

지어 바지선에 설치되어 작동하는 방앗간도 있었다는 기록이 남아 있다.

괭이처럼 초기 농경시대부터 쓰이던 농기구들은 새롭게 개량된 칼쟁기와 볏쟁기 등으로 보완됐다. 고대부터 사용하던 사람의 힘에 의존해 긁어내는 쟁기와는 비교할 수 없을 정도로 큰 발전이었다. 볏쟁기에서 넓적한 삽 모양의 보습 부분을 말 목에 거는 멍에에 달아서 사용하기도 했다. 말이 쟁기를 끌면 물을 잔뜩 머금은 점토질의 토양을 더 깊이 파낼 수 있었다. 그렇게 만들어진 더 깊은 고랑에서는 괭이질, 관개, 잡초 제거, 추수 등의 작업을 훨씬 능률적으로 할 수 있었다. 고정하기 더 수월한 질식 방지용 멍에를 말에 채우고 말굽에 말편자를 박아 진흙탕에서도 말이 쟁기를 잘 끌 수 있도록 도구를 개량했다. 중세에는 벌목도 이루어졌다. 영국과 중부 유럽에서 삼림지가 농경지로 변해갔다. 목축을 할 수 있던 지역은 그렇지 못한 지역보다 경제적으로 훨씬 발전할 수 있었다. 목축을 하면 축산물을 농장에서 멀리 떨어져 있는 시장까지 쉽고 값싸게 운송할 수 있었다. 소는 걸을 수 있고, 치즈 등의 유제품은 적은 양이라도 큰 가치를 지니고 있어서 경제적으로 이득이 클 수밖에 없었다.

향상된 농업 생산량이 유럽 전체 인구 증가에 기여했지만, 흑사병이 유행하면서 1348년 이후부터는 다시 인구가 급격하게 줄어들었다. 중국에서는 1331년에 이미 수백만 명이 흑사병이라고 불린 가래톳페스트로 사망했다. 가래톳페스트는 아시아에서 시작돼 유럽 인구의 상당 부분을 말살시켰다. 지역에 따라 인구의 3분의 1이 사망한 곳도 있었고, 피해가 심한 곳은 인구의 3분의 2까지도 희생됐다. 특히 하층민들의 피해가 막심했다. 유럽의 상류층들은 충분한 음식과 위생적인 환경을 누리고 있었다. 또한 끔찍한 역병에 시달리는 하층민들로부터 격리하는 데 도움을 줄 하인도 많이 부리고 있었다. 흑사병으로 인해 정부가 시장에서 판매되는 식음료에 관심을 보이기 시작했다. 많은 도시에서 고기나 생선을 다루는 상인들에게 상한 제품은 폐기하도록 요구하는 법령을 통과시켰고, 이 법령 탓에 여름에는 당일 판매되지 못한 제품을 그냥 버려야 했다.

전염병이 돌자 사람들은 건강 요법에 새롭게 관심을 가졌다. 건강 요법 중에서도 음식이 가장 기본적인 약으로 여겨지는 경우가 많았다.[21] 절제, 적절한 운동, 식이요법으로 건강을 다스리는 전체론적 의술을 이야기했던 그리스 출신 의사 갈레노스의 영향을 받았던 중세 의사들은 거의 상류층 인사들의 병만 다뤘다. 하지만 중세 말기에 와서는 평민들도 쉬운 언어로 적힌 건강 관련 안내서의 도움을 받을 수 있었다. 당시 다양한 약을 소개하기 위해 쓰인 약전은 대부분 허브와 식물을 중심으로 다루고 있었다. 중세 유럽의 높은 문맹률을 고려했을 때 평민들이 그 약전을 읽었을 리는 없지만 전염병과 관련한 책자들이 중세 영어로 굉장히

다른 방식으로 먹기

많이 쓰이기 시작했다. 그중에서도 요한네스 데 부르고뉴Johannes de Burgundia가 1365년에 쓴 『전염병에 관한 논고Tractatus de morbo epidemi』에는 전염병을 피하기 위한 조언과 식이요법이 소개돼 있다. 전염병에 관한 연구는 15세기 활판 인쇄술의 등장으로 더욱 발전했으며, 이와 함께 요리책이라는 새로운 장르의 인쇄물도 급증했다. 초기 요리책들은 일반 대중이 아닌 전문 요리사들을 위해 쓰인 경우가 대부분이었다. 가장 유명한 요리책은 기욤 티렐Taillevent이 13세기 말에서 14세기 초 사이에 쓴 『비앙디에Le Viandier』다. 이 책에서 티렐은 자신이 왕실 주방에서 일하며 만들었던 다양한 음식의 조리법을 다뤘다. 당시 요리사는 음식과 약을 함께 다루던 사람들이었으므로 『캔터베리 이야기』에 등장하는 요리사도 약에 관해서 박식했을 것이다. 거세한 수탉이 아픈 사람에게 좋다고 여겨졌기 때문에 요리사는 수탉 요리도 할 수 있어야 했다. 중세의 식이요법에서는 의학과 영양학 사이에 구분이 따로 없었으며, 향신료도 음식에 풍미를 더할 때는 물론 약을 제조하는 데도 쓰였다. 동쪽에서 전해진 향신료가 어쩌면 저 멀리 지상낙원 어디에선가 왔을지도 모른다는 생각이 당시에는 꽤 흔했다.[22]

흑사병이 휩쓸고 지나간 후 유럽에는 도시화 바람이 불기 시작했다. 농사로는 생계유지가 불가능해진 농민들이 자원이 집중된 곳을 찾아 떠났기 때문이다. 흑사병이 막대한 인명 피해를 낸 것은 사실이지만, 그렇다고 역사의 흐름을 완전히 막지는 못했다.

흑사병은 여러 변화의 속도를 조금 늦췄을 뿐이었다. 12세기 중반 아직 농경 중심 사회였던 유럽에서도 도시 생활이 더 이상 놀랄 만하거나 특별한 일이 아니라는 인식이 점점 늘어나기 시작했다. 도시들은 로마제국이 닦아놓은 도로망으로 연결됐다. 정보와 재화가 고대 제국의 길을 통해 이동했다. 향신료처럼 진귀한 사치품들도 길을 따라 서서히 사회 전체로 퍼지면서 사람들의 입맛에 영향을 미치기 시작했다. 아랍 상인들은 상류층만이 구매할 수 있는 향신료와 비단 등 최고급 상품을 성과 궁전으로 실어 날랐다. 상인들은 강황과 생강이 지닌 치유 효과를 입이 닳도록 홍보했다. 그리고 터키석과 호박, 산호와 용연향이 구매자의 사회적 지위를 은근하게 뽐내는 데 얼마나 효과적일지 이야기하며 고객들의 마음을 끌었다. 새로운 요리도 부유층 인사들이 제일 먼저 맛볼 수 있었다. 중동의 신기한 '과일 가죽' 역시 유럽 전체로 퍼지기 전에 프랑스와 이탈리아로 먼저 들어왔다. 과일 가죽은 살구 등의 과일을 말린 다음 납작하게 만들어 오랜 기간 보존할 수 있게 한 음식이었다. 긴 여행길에 들고 다니며 먹기도 좋았다. 말린 과일 조각을 길쭉하게 만들어 손으로 집어 먹을 수도 있었고, 작은 조각으로 잘라 뜨거운 물에 녹여서 맛도 영양도 좋은 음료로 먹을 수도 있었다. 새로운 별미들은 부유한 최상류층의 입맛부터 자극하기 시작해 서서히 그 아래 계층으로 퍼져나갔다. 아래 계층 사람들은 자신보다 사회적 지위가 높은 사람들의 입맛을 따라

다른 방식으로 먹기

가려고 노력했다.

흔히 비단길로 불리는 중국 한나라 때 만들어진 도로망은 수백 년 동안 중국, 인도, 페르시아, 아라비아, 유럽을 이어 유라시아의 발전을 이끌어온 원동력이었다. 비잔티움 제국 시절 4세기에서 8세기 사이에도 비단길을 통해 장거리 여행과 교역이 이루어졌다. 중세 유럽 시기에는 이슬람과 몽골 세력이 비단길의 여러 루트를 통해 이동하는 물건과 사람들에게 영향을 끼쳤다. 비단길을 통해 비단뿐 아니라 향신료, 식재료, 요리법도 교류됐다.

국수가 비단길을 통해 유럽으로 전파됐다고 믿는 사람이 많지만 이는 사실이 아니다. 국수, 파스타, 만두는 어느 특정 장소에서 탄생한 음식이 아니라 여러 장소에서 여러 차례에 걸쳐 발달해온 음식이다. 1279년부터 1295년까지 비단길을 여행했던 전설적인 여행가 마르코 폴로가 중국에서 이탈리아로 파스타를 가지고 왔다는 이야기나, 반대로 이탈리아에서 중국으로 가져갔을 거라는 이야기는 모두 사실과 거리가 멀다. 마르코 폴로가 여행하기 전에 이미 중국과 이탈리아에 국수가 존재했다는 증거가 있다. 국수와 만두는 곡물 가루를 반죽한 후 뜨거운 물이나 증기로 요리해 먹는다. 국수는 손으로 뜯거나, 반죽을 잘 굴려서 실타래처럼 뽑아내 물에 끓여 먹는 음식이다. 방앗간에서 곡물을 가공할 수 있는 곳이라면 언제 어디에서든 국수가 '발명'될 수 있었을 것이다. 파스타는 영어로 '반죽paste'이라는 의미를 지닌 이탈리아어다. 밀가루와 물로 만든 반죽은 납작한 플랫브레드가 될 수도, 공기 중의 효모로 발효되면 둥근 빵이 될 수도 있었다. 1세기 이탈리아 로마에서는 얇게 편 반죽들을 겹겹이 쌓아 라자냐 같은 음식을 만들어 먹기도 했다. 아랍에도 세몰리나 가루로 만든 긴 끈처럼 생긴 이트리야 국수가 있었다. 듀럼밀 씨앗 속에 양분을 저장하고 있는 내배유인 세몰리나는 북아프리카의 이슬람 지역에서 푸딩, 빵, 쿠스쿠스, 파스타를 만드는 데 쓰였으며, 지금도 이 지역에서 흔히 볼 수 있는 식재료다. 세몰리나는 1120년대에 들어 노르만족이 지배하던 시칠리아로 전파됐다. 2002년에는 중국 황허강 유역 발굴지에서 4,000년 전의 국수가 발견됐다. 4,000년 동안 보존된 이 국수는 반죽을 손으로 길게 늘인 후 잡아 뜯어 만든 것으로 매콤한 양고기와 함께 그릇에 담겨 있었다. 매운 양고기 국수는 중국의 서부 지역과 신장 위구르 자치구에서는 여전히 지역 정체성을 대표하는 인기 있는 음식이다.

중국, 중앙아시아, 러시아에서부터 유럽까지, 그리고 한나라에서부터 현재에 이르기까지, 비단길을 통해 끊임없이 이어져 온 식문화 전통은 놀랍기만 하다. 모든 문화에서 공통적으로 나타난 국수 이외에도 비단길을 따라 찾아볼 수 있는 음식 중에는 여러 나라에서 주식으로 먹던 플랫브레드가 있다. 중국에서 양고기나 오리고기를 싸 먹는 전병, 인도의 차파티, 러시아의 레표시카, 아르메니아 라바쉬도 모두 플랫브레드다. 중앙아시아의 산지 사이에 고립된 지역에도 상인들이 오가며 플랫브레드 조리법을 전수한 덕분에 비슷한 종류의 빵이 존재한다. 플랫브레드는 벽돌, 넓적한 돌, 심지어 삽 뒷면에서도 빨리 익힐 수 있다는 장점이 있다. 비단길을 따라 발전한 지역에서는 모두 양고기와 말린 과일도 즐겨 먹었다.

쿠민, 고수, 정향은 중세 시대 비단길을 통해 유럽으로 들어온 가장 흔한 향신료들이었다. 특히 정향은 육두구만큼이나 비쌌다. 미리스티카 프란그란스의 씨앗으로 만든 육두구와 메이스[23]는 세계에서 가장 비싼 향신료로 『캔터베리 이야기』에도 '에일에 넣을 육두구'로 등장한다.[24] 아랍 상인들이 유럽으로 생강과 계피를 들여올 때 중국 상인들은 아니스, 참깨, 쿠민, 고수를 가지고 와 팔았다. 하지만 아랍, 중국, 베네치아의 중간상인과 상대하는 일에 유럽인들이 점점 피로감을 느끼기 시작했다. 유럽 세력은 결국 향신료가 생산되는 지역으로 직접 가서 물건을 가져올 정도로 성장했다. 처음에는 유럽 선박들이 이미 알려진 해로를 따라갔다가 계피, 육두구, 통후추 등 값비싼 식재료가 있는 곳으로 더 쉽게 갈 수 있는 새로운 해로를 개척하기 시작했다. 향신료를 구하려고 바다로 떠난 초기 선박들의 도전은 거의 불가능해 보이는 도박 같았다. 동쪽으로 떠난 배 중에 다시 돌아오는 배의 비율이 세 대 중 한 대에 불과했다. 심지어 돌아온 한 대마저도 향신료를 찾아 떠났던 원래 선원들은 온데간데없고 향신료를 싣고 오던 배를 훔쳐 탄 해적들이 장악하고 있는 때도 있었다. 사실 향신료는 좋은 향이 나는 말린 씨앗, 뿌리, 줄기, 열매, 식물 껍질에 불과한 식재료였지만, 구하기 어려운 만큼 어마어마한 수익성을 보장했다. 큰돈을 만져보고 싶었던 이들에게는 후추를 얻기 위해 인도로, 또는 육두구와 정향을 얻기 위해 인도네시아로 떠나는 항해에 도전해 볼 만한 가치가 충분했다.

인도네시아 군도에서 '향료 제도'라고 알려졌던 곳도 유럽인들에게는 중요한 지역이었지만, 향신료는 대부분 인도에서 대량으로 들어왔다. 현재 기준으로도 인도는 전 세계 연간 향신료 생산의 86퍼센트를 차지하고 있는 세계 최대 향신료 생산국이다. 고대 그리스인들도 인도의 향신료 이야기에 관심을 보일 정도였다. 물론 당시에는 최상류층 극소수 그리스인만이 인도 향신료를 직접 맛볼 기회를 얻을 수 있었다. 동쪽으로까지 제국의 영역을 넓혔던 로마인들은 향신료를 조금 더 수월하게 구할 수 있었다. 특히 후추가 로마인의 입맛을 사로잡았다. 로마군의 원정 기록에는 평범한 군사들도 인도에서 후추를 가지고 돌아왔다는 이야기가 남아 있다. 인도 서남쪽의 해안 지방 말라바르는 로마 상인들이 향신료를 구하기 위해 찾아가는 곳이었다. 로마 상인들은 카르다몸, 후추, 계피 등을 말라바르에서 구했는데, 특히 계피는 인도네시아에서 재배해 말라바르로 들여왔던 것으로 보인다. 유대교, 로마, 크리스트교의 종교의식에 많이 쓰였던 유향과 몰약은 음식에

향을 더하거나 방부제 역할을 하는 향료로 사용됐다. 성경에도 등장하는 유향과 몰약은 아주 오래전부터 지중해 지역에서 쓰였다. 로마에서 1세기 때 쓰인 아피키우스의 요리책과, 남아시아로 여행하던 그리스인들이 후추를 사기 위해 많은 돈을 지불했다는 기록이 남아 있는 타밀어 문서에도 유향과 몰약이 등장한다.[25]

유럽인들은 어느 날 갑자기 '향료 제도'로 가는 바닷길을 찾아 나섰다. 향료 제도는 현재 인도네시아 군도에 포함되는 반다 제도와 몰루카 제도를 가리킨다. 아랍 상인들이 육두구를 독점하려고 몰루카의 위치를 비밀로 유지했기 때문에 몰루카를 찾는 일은 쉽지 않았다.[26] 하지만 포르투갈 상인들이 몰루카를 찾아냈고, 1511년부터 포르투갈이 그 지역을 지배하기 시작했다. 17세기에는 네덜란드인들이 와서 포르투갈인을 몰아내고 몰루카를 지배했다. 유럽 열강들은 서로 섬을 차지하겠다는 욕심에 무기와 외교술을 총동원해 누가 어느 지역을 지배할지 결정했다. 육두구를 독점하고 싶었던 네덜란드는 육두구가 자라던 아주 작은 런섬을 차지하기 위해 북아메리카의 델라웨어족이 살고 있던 맨해튼이라는 섬을 영국에 내주기도 했다. 1667년 체결된 '브레다 조약'에서 네덜란드는 미래 세계 금융의 중심지가 될 땅보다 당시로서는 훨씬 가치가 높았던 작은 섬 하나를 얻었다. 몰루카 지역에서 세력을 확장한 네덜란드는 향료 제도에서 식물이나 씨앗을 외부로 가져가는 행위를 모두 금지시켰고, 육두구와 정향의 수출을 완전히 장악했다.**27** 몰루카 제도는 18세기까지 유럽으로 수입되는 모든 육두구가 재배되던 유일한 지역이었다. 하지만 1769년 프랑스인 피에르 푸아브르Pierre Poivre가 육두구를 밀수해 프랑스가 지배하던 인도양 남서부의 모리셔스로 가져가 심으면서 그곳에서 육두구가 번성했다.

바다에는 해적선과 민간 무장선이 향신료 상인만큼이나 흔해졌다. 해적들의 가장 전형적인 전략은 잠복해 있다가 정향, 계피, 육두구를 가득 싣고 유럽으로 돌아가는 배를 발견하면 습격해 강탈하는 것이었다. 국가 소속 해군도 외국 국기를 걸고 있는 배를 보면 바로 습격했다. 특히 영국 해군은 거의 민간 무장선과 다름없었다. 1665년 당시 영국 해군 측량사로 복무하던 새뮤얼 피프스Samuel Pepys가 남긴 일기에는 영국군이 네덜란드 선박을 습격하는 모습이 기록돼 있다. "인간이 볼 수 있는 세상에서 가장 비싼 재물이 혼돈 속에 널브러져 있었다. 후추가 바닥 틈새마다 뿌려져 있어 그 위를 밟고 지나다녀야 했다. 정향과 육두구가 내 무릎까지 올 정도로 가득 찬 방을 헤쳐 나갔다. 살면서 이렇게 고귀한 광경을 마주한 것은 처음이었다."**28** 향신료를 수송하는 선박들은 스스로 보호하기 위해 철저하게 무장하기 시작했다. 또한 군 병력의 호위도 필수였다.

18세기와 19세기 초에는 인도와 동남아시아 섬 이외 지역에서도 향신료 생산이 가능해지면서 향신료를 차지하기 위한 분쟁이

다른 방식으로 먹기

점차 잦아들었다. 프랑스와 영국은 인도네시아에서 가져온 종자와 식물을 카리브해 및 아프리카 연안 식민지에서 재배해 큰 성공을 거뒀다. 향신료 공급 범위가 넓어지고 가격이 떨어졌지만, 많은 유럽인은 여전히 향신료의 독특한 향을 맡으면 태평양이나 카리브해 섬들의 이국적인 분위기를 떠올렸다. 향신료를 본 유럽인들은 저 멀리 에덴동산과 같은 아름다운 섬에서 값비싼 사치품들이 쏟아져 나오는 모습을 머릿속에 그렸다. 분명 열대지방의 뜨거운 열기와 풍토병을 직접 경험해 보지 못한 이들이나 상상할 수 있는 판타지였다.

향신료가 더 흔해지기 이전 유럽에서는 향신료 덕분에 부를 쌓아 발전한 항구도시들이 생겨났다. 아드리아해 북쪽에서 멋진 항구도시로 성장한 '라 세레니시마(가장 고요한 곳)', 베네치아가 대표적이다. 베네치아는 10세기에 도시국가로 발전하기 이전에도 5세기까지 로마제국 향신료 무역의 중심지였다. 중세 시대에는 서유럽과 아랍 세계를 잇는 가장 중요한 다리가 베네치아였다. 베네치아 상인들은 13세기부터 15세기 사이에 동서 무역 대부분을 장악했다. 베네치아를 거쳐서 유럽으로 소개된 음식도 많았다. 아랍 상인들이 인도에서 가져온 사탕수수는 베네치아로 가장 먼저 들어와 케이크, 막대 설탕, 사탕, 과일 설탕 조림 등으로 가공됐다. (캔디는 아랍어로 설탕을 뜻하는 kand에서 유래한 단어다.) 계피처럼 현대 서유럽에서 달콤한 맛을 내는 데 사용하는 향신료들이 중세에는 고기나 채소 요리에도 자유롭게 활용됐다. 커피 역시 16세기 초에 베네치아를 통해 유럽으로 전파됐다. 처음 커피를 접한 유럽인들은 커피를 '야만적인 튀르키예의 음료'로 여기기도 했다.[29]

사실 당시 유럽인들은 베네치아 사람들이 의심스러울 정도로 이국적이라고 느꼈다. 베네치아인에게는 유럽인의 특징이나 크리스트교인의 특징이 부족한 듯했다. 물욕에 너무 사로잡힌 나머지 신을 잊은 사람들처럼 보였기 때문이다. 향신료와 부를 선점하기 위한 유럽 열강의 영토 분쟁이 시작되기 이전 15세기까지는 베네치아가 유럽으로 들어오는 향신료를 거의 통제하고 있었다. 당시에는 향신료 대부분이 이집트와의 무역을 통해 베네치아로 들어왔는데, 1492년 크리스토퍼 콜럼버스가 북아메리카로 항해하던 당시 베네치아를 통해 유럽으로 들어오던 후추가 매년 70만 킬로그램에 달했다. 베네치아의 건물에서는 동양적인 분위기가 나는 장식을 쉽게 찾아볼 수 있었고, 이슬람이나 불교 건축물의 돔 형태나 아치형 설계를 그대로 적용한 건물도 있었다.[30]

향신료 무역이 유럽으로 부를 집중시켜서 초기 자본주의가 발달하는 데 중요한 요소로 작용했다고 주장하는 역사가들도 있다.[31] 볼프강 시벨부시Wolfgang Schivelbusch는 저서 『천국의 맛Tastes of Paradise』에서 향신료가 유럽을 중세에서 근대로 변화시키는데 촉진제 역할을 했다는 더욱 포괄적인 관점을 제시했다. 시벨부시

다른 방식으로 먹기

는 향신료가 무역, 탐험, 경제 발전을 동시에 장려하는 역할을 해냈다는 점을 근거로 들었다.[32] 하지만 근대 유럽 세계를 형성하는 데 공을 세웠던 향신료도 시간이 지날수록 그 매력도가 서서히 사그라들었다. 더 이상 향신료를 저 멀리 동쪽 어딘가 에덴동산 같은 곳에서 온 진귀한 식재료라 여기는 유럽인은 없었다. 흔해진 향신료는 파라다이스에서 온 보물이 아니라 인간의 세속적인 식재료에 불과했다. 향신료는 이내 식민주의와 유럽 열강들 사이의 세력 다툼 한가운데에서 존재감을 유지했다. 역사를 바라보는 시각에 따라 향신료의 영향력을 인정하는 정도의 차이는 있겠지만, 향신료와 향신료 무역이 세계가 변화하는 데 도움을 줬다는 점에는 이견이 없다. 향신료를 구하기 위해 시작한 탐험은 농경의 시작 이후로 인류의 식생활에 일어난 가장 큰 변화를 가속화했다. 바로 유라시아와 아메리카라고 불릴 대륙 간에 이뤄진 동식물과 미생물의 대대적인 생태학적 교류였다. 대서양을 통해 향료 제도에 도달하고자 했던 크리스토퍼 콜럼버스의 도전 덕분에 시작된 변화였으므로 우리는 이를 '콜럼버스의 교환'이라고 부른다.

4장

콜럼버스의 교환인가, 세계의 재창조인가

에피소드 4

김치 이전 세상

2003년, 친구들과 한국 음식을 맛보기 위해 내가 살던 교토에서 서울로 여행을 간 적이 있다. '한국 음식'을 하나의 통일된 민족 음식으로 생각했던 게 얼마나 큰 오류였는지 한국에 도착하자마자 곧 깨달았다. 본토에 직접 가보지 않고서는 그 나라 요리에 관해 두루 뭉술하게 포괄적으로 논하게 되기 마련이다. 일본 음식도 내가 일본에 직접 살아보고 나서야 아주 복잡한 여러 가지 요리를 가리키는 복합적인 개념이라는 것을 알게 됐다.

서울에 있는 '지화자'라는 식당에서 조선 초기 궁중 음식을 본떠 만든 요리들을 맛봤다. 14세기 후반에서 15세기 초반까지의 한국 음식에는 서양에서 들어온 식재료가 사용되지 않았기 때문에 음식에 빨간 고추가 쓰이지 않았다. 고추가 한국에 들어온 것은 16세기부터였다. 그러므로 지화자에서 맛볼 수 있는 요리들은 현대 한국인들이 생각하는 한국 음식과는 거리가 멀었다. 한국 음식은 한국에서 자라는 고추로 낸 빨간 색감과 매운맛으로 유명하지만, 빨간 고추는 한반도의 토종 작물이 아니다. 그날 내가 지화자에서 맛본 일품요리들은 맵지도 않고 색이 강렬하지도 않았다.

그때쯤 한국 드라마 〈대장금〉이 인기리에 방영되고 있었다. 〈대장금〉은 조선 궁중 음식과 의술을 다룬 멜로드라마로 한국적인 모습을 잘 보여주었다. 여자 주인공의 성장기가 1990년대 아시아 경제 위기로 고통받던 시청자들에게 기분 좋은 도피처를 제공했다. 시청자들은 드라마에 등장하는 세계화 이전의 궁중 요리들을 통해 낭만적인 과거 모습에 빠져볼 수 있었다. 〈대장금〉은 세계화와 외세에서 벗어나 한국만의 고유성을 되찾고자 하는 이들에게 문화적 피난처 역할을 했다. 1991년 문을 연 지화자의 요리도 마찬가지였다.

지화자의 요리들은 종업원의 설명이 많이 필요했기 때문에 메뉴에 아예 각주가 달려 있었다. 잘게 썬 채소를 넣은 된장국, 냉미역국, 맑은 곰탕 등 식사를 하는 동안 여러 종류의 국물 요리가 등장했다. 만두, 국수, 새우젓으로 맛을 낸 굴 요리, 두부, 그 외에도 달걀, 무, 배추, 해산물 등으로 만든 하나하나 기억하기 어려울 정도로 다양한 요리가 한 상 차려졌다. 현대 음식에 가까운 별미도 있었다. 바로 콜럼버스 시대 이후에나 널리 쓰인 고추장으로 만든 김치였다. 김치를 가져오는 종업원이 멋쩍어 보였다. 콜럼버스 이전 시대의 한국 전통 식사도 고추로 맛을 낸 김치 없이는 완성될 수 없는 듯했다.

한정식 전문점 지화자도 인정할 수밖에 없는 사실이 하나 있다. 빨간 김치가 보여주듯, 다른 지역과 문화에 영향을 전혀 받지 않은 순수한 민족 음식이란 존재하지 않는다. 사실 고추장에 들어간 고추 외에도 한국 고유의 특징이라 볼 수 없는 요소들을 음식 곳곳에서 찾을 수 있었다. 중국의 영향은 요리 전반에 걸쳐 나타난다. 된장과 간장을 만드는 데 쓰이는 콩은 중국에서 한국으로 건너온 작물이다. 쌀과 젓가락 역시 중국의 영향이다.

민족 요리에 남아 있는 외국 음식의 흔적을 벗겨내고 제거하려고 노력해 볼 수는 있겠지만, 완전히 한국적인 음식, 민족 음식 본연의 모습, 도달해야 할 한국 음식의 핵심 등은 존재하지 않는다. 과거의 음식을 재현해 한국 음식의 원래 모습을 구현해 내고자 하는 노력은 현대에 나타나는 특징이다. 지금에 와서 옛것을 되살리려는 이런 시도를 '현대의 고대 모방주의'라고 표현할 수 있다. 고대 모방주의는 현대 세계에서 느끼는 고뇌와 현재에서 벗어나고자 하는 욕구에서 비롯된다. '전통' 음식이나 '원조' 음식을 찾아다니고, 음식에 담긴 문화적 정체성을 불변하는 진리라고 여겨 체계적으로 정리하려는 시도 역시 같은 맥락에서 일어나는 현상이다. 지금 격동의 시대를 살고 있는 현대인들은 지금보다 수월했던 과거를 꿈꾼다. 모든 음식을 외부에 물들지 않은 단일 문화 속에서 이해할 수 있던 그런 시대였을 것이라고 상상해 본다. 우리의 기원을 따라 마음의 순례길에 올라보는 것이다. 그러면서 매혹적인 신화에 빠져 보기도 한다. 김치의 기원에 관해서는 여러 설이 있다. 고추가 없었던 고대에서부터 김치가 존재했다는 고고학적 증거도 있다. 발효용 용기로 쓰인 도자기들을 통해 한국에서는 이미 수천 년 전부터 김장을 해왔음을 알 수 있다. 하지만 김치가 고대에서부터 만들어 먹던 음식이 아니라 중국과 일본의 영향을 받아 생긴 음식이라고 주장하는 학자들도 있다. 진실이 무엇이든, 사람들은 민족 정통 음식에 관련된 신화를 끊임없이 찾아 나설 것이다.

지화자에서 식사한 다음 날까지도 배가 너무 불러서 다른 음식은 쳐다보기도 힘들었다. 아침으로 나온 김치를 얹은 죽에서 풍기는 향이 너무 좋았지만, 힘없이 바라보고 있을 수밖에 없었다. 이쯤에서, 김치가 없는 식사는 정말 식사라고 할 수 있을까?

·

'콜럼버스의 교환'은 1492년에 시작된 유라시아와 아메리카 대륙 간의 동식물 이동을 가리킨다. 4장에서는 두 대륙에 각각 쌓여 있던 식재료들이 어떻게 하나로 합쳐졌는지 살펴볼 것이다. 식재료가 이동하며 불러일으킨 영향은 너무나 광범위하다. 앨프리드 크로스비Alfred Crosby는 자신의 저서『콜럼버스가 바꾼 세계The Columbian Exchange』에서 두 대륙의 교류를 갑작스럽지만 아주 중대한 지각변동이었다고 묘사했다. 두 대륙 사이에 교류가 시작돼 전세계로 감자가 전파된 일을 화산열도가 급작스럽게 해수면 위로 솟아오르는 일에 비유한 격이라 볼 수 있다.[1] 크로스비가 유난 떨던 게 절대 아니다. 고대 유럽에서 먹던 플랫브레드 위에 신대륙에서 가져온 토마토를 얹어 먹는 피자만 봐도 고개를 끄덕이게 될 것이다.

크로스비가 주장한 생물학적 지각변동은 근대 초기에 발생해 전 세계 농경과 식생활의 판도를 완전히 뒤바꿨다. 유럽인들이 '아메리카'라고 부르게 된 신대륙을 발견하면서 이 모든 일이 시작됐다. (물론 그 지역 원주민들에게는 이미 익숙한 땅이었다.) 유럽인들

다른 방식으로 먹기

은 돼지, 소, 말을 포함해 다양한 동식물을 가지고 아메리카로 들어갔다. 아메리카 원주민들에게는 새로운 동식물이 희한하게 보이기도 하고, 위협적으로 느껴지기도 했을 것이다. 그뿐 아니라 유럽인들은 아메리카 원주민들의 면역력이 방어해 낼 수 없었던 치명적인 전염병까지 전파했다. 그리고 다시 유럽으로 돌아갈 때는 신대륙에 있던 주식용 작물과 여러 식물을 가지고 갔다. 유럽인들이 고향으로 가지고 온 작물들은 영국 제도에서부터 동아시아 너머로까지 지위고하를 막론하고 모든 이의 식탁에 변화를 불러왔다. 지금의 에콰도르 지역에서 자라던 고추와 파라과이와 볼리비아 지역에서 자라던 땅콩이 이때 중국으로 전파됐다. 저 멀리 신대륙에서 새로운 식재료가 들어온 지 얼마 지나지 않아 중국 귀족들은 고대 제국의 상류층들이 그랬듯, 자신의 부를 자랑하기 위해 손님들에게 이국적인 식재료를 활용한 음식들을 선보였다. 유럽 국가들이 아메리카 대륙을 식민지로 정복하면서 '신대륙'의 모든 것에도 변화가 찾아왔다. 특히 원주민들의 식생활뿐 아니라 정착민들과 그 후손들의 식생활까지 모두 이전에 없던 모습으로 바뀌었다.

전 세계의 음식 문화가 이전의 모습을 찾아볼 수 없을 정도로 변했다. 구운 피망과 애호박이 들어간 전채 요리, 토마토소스를 얹은 파스타나 폴렌타 요리 등, 오늘날 이탈리아에서 흔하게 볼 수 있는 메뉴를 살펴보자. 1492년 이전에도, 그리고 마르코 폴로가 중국에서 돌아왔던 1295년 이전에도 이탈리아에는 파스타가 존재했다. 하지만 금방 언급한 피망, 애호박, 토마토 등의 식재료는 없었다. 한국 음식에는 고추가 들어간 적이 없었다. 우리가 지금 한국 음식이라고 하면 떠올리는 매운맛은 16세기 이후에나 등장했다. 아일랜드를 상징하는 감자 역시 아직 찾아볼 수 없었다. 처음 유럽으로 건너온 식재료 중에는 옥수수와 마니옥처럼 신대륙 원주민에게 있는 가공 기술을 거치지 않은 상태에서는 영양가가 높지 않거나 심지어 독성이 있는 작물도 있었다.

탐험만을 목적으로 대서양을 건너는 사람은 아무도 없었다. 15세기에 먼 바다로 항해를 떠나며 감수해야 했던 위험은 너무 컸다. 유럽인들이 향료 제도를 찾아 항해를 떠났을 때, 그들이 진정으로 찾고 있었던 것은 부귀영화였다. 새로 찾은 경로가 원래 다니던 경로보다 해적을 마주칠 걱정 없이 더 안전하고, 목적지까지의 거리도 더 가깝길 바랐다. 제일 먼저 모험에 뛰어든 이들은 스페인과 포르투갈 사람들이었다. 크리스토퍼 콜럼버스, 바스코 다가마, 페르디난드 마젤란이 15세기 후반부터 16세기 초반 사이 바다로 나갔던 대표적인 1세대 모험가들이다. 당시 조선 기술의 발달 덕분에 더 많은 사람이 탐험을 위한 항해에 도전할 수 있었다. 제노바와 포르투갈의 조선소에서는 '카라크선', 또는 '나오'라고 불린 큰 배를 건조했다. 카라크선은 가로돛 여섯 개를 단 대형 선박으로 바다를 항해하는 데 적합했다. 카라크선에 비하면

허술했던 중세 배들이 지중해 너머로 나가는 경우는 거의 없었다. 16세기가 막 시작한 무렵에 포르투갈인들은 카라크선을 타고 저 멀리 동쪽으로 탐험을 떠났다. 1510년 인도 남부의 고아를 점령한 포르투갈은 1515년 이미 고아에서 은으로 향신료를 거래하고 있었다. 배수량이 수천 톤에 이를 정도로 무거웠던 카라크선은 동아시아까지 뻗어나가는 무역로를 개척해 곧 중국과 일본까지 닿을 수 있었다. 콜럼버스가 카리브해의 섬들을 동남아시아의 향료 제도의 일부분으로 착각했다는 이야기는 유명하다. 콜럼버스가 남긴 일기에는 '지팡구'에 얼마나 가까이 왔는지를 언급하는 부분이 여러 번 등장한다. 지팡구는 마르코 폴로가 일본을 가리키며 썼던 명칭이다. 하지만 콜럼버스와 그의 선원들이 긴 항해 뒤에 만난 동식물, 지형, 사람들은 진짜 향료 제도에 가본 사람들도 본 적 없는 완전히 새로운 부류였다.

콜럼버스 이전 아메리카 대륙의 문명에 관해 쓴 『1491』에서 저자 찰스 만Charles C. Mann은 아메리카 원주민 관련 연구 중 상당수에 오류가 있다고 지적하고 있다. 많은 연구에서 아메리카 대륙 원주민이 환경을 바꾸지 않은 채 자연 그대로 살아갔다고 단정한다.[2] 하지만 세계 다른 여느 지역과 똑같이 아메리카에 원래 거주하던 민족의 종류도 아주 다양했으며, 자연과의 관계 역시 복잡했다. 아메리카 대륙에서도 '신석기 혁명'이 일어나 농경이 시작됐다. 수렵 채집에 의존하는 공동체로 남아 주어진 환경에 적응하며 살았던 부족이 있었던 것은 사실이지만 남아메리카, 중앙아메리카, 북아메리카로 불리는 전 지역에 걸쳐 농경 사회가 형성돼 있었고, 원주민들은 농사를 짓기 위해 환경도 변화시켰다.[3] 북아메리카의 대서양 연안에 살던 원주민 부족들은 물고기를 훈제하기 위해 불을 피웠고, 그 불로 해안을 따라 조성된 숲도 태웠다. 원주민들은 불을 사용해 로키산맥 동쪽으로 펼쳐진 그레이트플레인스 평야부터 대서양까지 이르는 숲을 손질하고 벌채했다. 그렇게 만들어진 인공 평지에서는 들소 떼를 식용으로 키웠다. 원주민들에게 불은 흔한 사냥 도구이기도 했다.

콜럼버스가 도착하기 이전부터 남아메리카에는 번성한 도시가 많았다. 잉카제국이 들어서기 전부터 경쟁 관계였던 티와나쿠와 와리가 대표적인 예이다. 마야에도 수백만의 인구를 자랑하는 도시들이 있었다. 남아메리카 도시에 사는 사람들은 주식으로 옥수수를 먹었으며 농경 사회를 이루고 살았다. 급격한 인구 성장에 발맞추기 위해 무리하게 농경지를 확장한 것이 마야 문명의 갑작스러운 멸망의 원인이 됐다고 보는 학자들도 있다. 너무 많은 땅을 농경지로 개발하면서 발생한 토양침식 때문에 오히려 농사를 망쳤고, 식량 공급에도 차질이 생겼다는 주장이다. 그레이트플레인스를 포함한 북아메리카 지역의 많은 원주민 공동체가 기술 방면에서 뒤처져 있긴 했지만, 그래도 먼 지역 간의 교류, 무역, 통신이 모두 이루어지고 있었다. 콜럼버스가 도착했을 당시에도

다른 방식으로 먹기

이미 천 년이나 된 교역망이 아메리카에 존재했다. 스페인 사람들이 들어오고 얼마 지나지 않아 멸망하긴 했지만, 1491년 당시 지구상에 잉카보다 영토가 더 넓은 제국은 없었다.

1834년까지도 조지 밴크로프트George Bancroft 같은 역사학자가 콜럼버스 이전의 북아메리카는 아직 농경이 발달하지 못한 '쓸모없는 황무지'였다는 주장을 펼치곤 했다. 하지만 그 후로 많은 학자가 유럽에서 건너온 질병과 정복자들이 아메리카 대륙 원주민뿐 아니라 그곳에 존재했던 문명까지 말살시켰음을 증명해 보였다. 유럽인들이 어디에도 구속받지 않는 자유의 땅 파라다이스에 도착했다는 환상은 착각이었다. 신대륙을 정복하며 함께 가지고 온 바이러스와 질병은 원주민이 발전시켰던 문명의 흔적조차 없앨 수 있을 정도로 많은 희생자를 낳았다. 너무 많은 원주민이 질병으로 죽어버리자 그전까지 식량 자원 확보를 위해 변화시켰던 환경의 모습은 더 이상 찾아볼 수 없게 됐다. 농경지를 만들기 위해 불로 나무를 태웠던 곳에 다시 숲이 형성됐다. 계단식 논을 만들었던 산비탈은 다시 무성한 숲으로 변했다. 식용으로 키우던 가축들은 뿔뿔이 흩어졌다.

1451년 이탈리아 제노바에서 크리스토포로 콜롬보로 태어나 1506년 스페인 바야돌리드에서 사망한 크리스토퍼 콜럼버스는 향료 제도에 다다를 수 있는 더 가깝고 안전한 해로를 찾기 위해 배에 올랐다. 스페인의 페르디난드 국왕과 이사벨라 여왕이 콜럼버스를 후원했다. 유럽에서 향료 제도까지 가려면 아주 먼 길을 가야 했다. 지중해를 통과해 홍해를 건너고 아라비아해와 뱅골만을 지나야 몰루카 제도에 도달할 수 있었다. 당시 사람들은 이미 지구가 둥글다는 사실을 알고 있었다. 콜럼버스가 지구가 둥글다는 이론을 증명하기 위해 항해를 시작했다고 전해지는 전설 같은 이야기는 사실이 아니다. 콜럼버스는 지구가 둥글다는 사실에 착안해 바다 서쪽으로 가면 더 빨리 향료 제도에 도달할 수 있을 것이라고 추측했을 뿐 콜럼버스가 원했던 것은 인도양에 출몰하는 해적과 맞닥뜨릴 일 없는 더 안전하고 확 트인 바닷길이었다. 향료 제도로 가는 길을 떡하니 막고 있는 아메리카 대륙에 도착한 후에도 콜럼버스는 그곳이 향료의 원천이라 여겼다.

도착지의 풍경과 서식하는 동식물이 듣던 바와 완전히 달랐지만, 콜럼버스는 자신의 생각을 바꾸지 않았다. 찾고자 하던 정향, 육두구, 후추 대신 콜럼버스는 현지인이 '아지'라고 부르는 고추를 구할 수 있었다. 콜럼버스가 상륙해 히스파니올라라고 불렀던 곳은 현재 도미니카 공화국과 아이티가 있는 지역이었다. 하지만 콜럼버스는 이상하리만치 자신의 실제 도착지를 인정하지 않았다. 자신이 몰루카 제도에 거의 도착했다고 끝까지 우겼다. 히스파니올라에서 찾을 수 있는 나무, 씨앗, 뿌리들을 채집해서 향을 맡아보고는 모두 계피, 정향, 생강이 맞는데 그저 제철이 아니라 맛이 조금 이상할 뿐이라고 호언장담했다. 콜럼버스는 죽기 전까

다른 방식으로 먹기

지도 간발의 차이로 몰루카에 도달하지 못했을 뿐, 하루만 더 항해했어도 성공했을 것이라고 믿었다.

동방의 향신료를 유럽으로 가져오지는 못했지만, 콜럼버스의 항해는 다른 많은 탐험가에게 큰 귀감이 됐다. 마젤란으로 더 잘 알려진 포르투갈 출신 선원 페르낭 데 마가야네스Fernao de Maghalaes는 1519년 역사에 길이 남을 항해 길에 올랐다. 콜럼버스가 앞서 발견한 항로는 마젤란에게도 큰 도움이 됐다. 마젤란은 이베리아 반도와 향신료가 가득한 섬 사이를 아메리카 대륙이 가로막고 있다는 사실을 미리 알고 탐험을 시작할 수 있었다. 하지만 아메리카 대륙을 얼마만큼 둘러 가야 하는지는 몰랐다. 남아메리카 해안선을 따라 대륙을 지난 후 태평양을 건너는 항해 대부분 기간에 신선한 물과 음식은 꿈도 꿀 수 없었다. 항해를 이어가던 마젤란은 현재 필리핀 지역의 부족장 손에 죽었고 남은 선원들은 항해를 이어간 끝에 결국 몰루카 제도에 도착해 정향을 손에 넣을 수 있었다. 스페인에서 마젤란과 함께 배에 올랐던 300명의 선원 중에서 네 명만이 거의 빈손으로 집에 돌아왔다.

황금의 도시 엘도라도에 관한 전설이 수많은 유럽인을 남아메리카로 향하는 항해 길에 오르도록 유혹하기도 했다. 엘도라도는 스페인어로 '금을 칠한 사람'이라는 뜻이다. 사람들 사이에 엘도라도는 황금으로 길이 나 있고 보석이 박힌 대리석 궁전 있는 곳이라는 이야기가 떠돌았다. 하지만 배를 타고 모험을 떠난 사람

중 많은 사람이 영영 돌아오지 못했다. 해적들이 주요 무역로에 잠복하고 있다가 배들을 공격하다 보니 바다를 누비는 선박이 늘어날수록 해적에게 피해를 당할 위험도 점점 커졌다. 개인적으로 바닷길 여행에 오르는 이는 없었다. 대부분 유럽 국가를 대표하는 신분이거나 귀족들의 경제적 후원을 받는 사람들이었다. 15세기부터 17세기까지의 탐험가들은 몰루카 제도로 향하는 새로운 항로를 개척하는 데 힘썼다. 심지어 새로운 땅, 새로운 수익원을 찾아 더 위험한 항해를 감수하는 이들도 있었다. 그 모든 과정을 통해 유럽인들은 한 번도 본 적 없던 민족들, 작물들, 동물들을 발견했다.

신대륙의 남부 지역을 방문한 포르투갈과 스페인 사람들은 새로운 식생활에 적응해야 한다는 현실을 깨달았다. 열대기후에서는 도저히 유럽의 작물들을 재배할 수 없었다. 특히 과일 나무와 밀 등의 곡물은 온대성 기후에서 재배하기 적합한 작물들이었다. 열대기후의 습도는 다 조리된 음식에도 영향을 끼쳤다. 밀가루로 만든 성찬용 빵이 "극한의 습도와 열기 때문에 젖은 종이처럼 축 늘어진다"라고 말한 선교사도 있었다. 마니옥처럼 현지에서 구할 수 있는 탄수화물이 풍부한 작물로 빵과 비슷한 음식을 만들 수는 있었지만, 밀가루로 만든 빵에 길들여진 유럽인의 입맛을 충족시키기에는 역부족이었다. 또한 유럽인들의 편견도 크게 작용했다. 많은 탐험가와 정착민은 현지 '인디언'들이 먹는 음식을 사

다른 방식으로 먹기

람이 먹을 수 없는 미개한 것이라고 여겼다. 물론 아메리카 대륙 원주민들도 유럽인들의 음식에 많이 놀랐고 사람이 먹을 수 있는 것인지 똑같이 의심했다.

처음에는 스페인과 포르투갈 사람들이 유럽의 호두와 헤이즐넛 나무를 가져가 번식시켜 보려고 했지만 너무 따뜻한 기후 때문에 실패했다. 거기다 원래 배를 타던 사람들이었기 때문에 농사에 대해서는 문외한이었다. 옥수수와 마니옥은 유럽인들에게 익숙한 몇몇 음식을 대체할 만한 식재료로 인정받았다. 하지만 페루가 원산지인 감자는 유럽인의 입맛에 영 맞지 않았다. 콜럼버스는 유럽에서 여러 식물의 씨앗과 나뭇가지를 가지고 1493년 다시 히스파니올라를 찾았다. 콜럼버스가 심은 작물들은 싹을 틔우고, 뿌리를 내리고, 아주 빠르게 성장했다. 그중 가장 중요한 작물을 꼽자면 원래 인도 아대륙에서 전파된 사탕수수를 들 수 있다. 사탕수수는 장차 신대륙에서 경제적으로 가장 중요한 작물이 된다. 와인을 만들 생각으로 들여온 포도는 맛있게 익지 못했다. 커피와 담배는 포도보다 상황이 조금 더 나았다. 유럽인들은 물건 운송, 고기, 유제품을 목적으로 여러 가축도 아메리카 대륙으로 데리고 왔다. 유럽에서 말과 소가 들어오기 전 신대륙에서 가장 큰 가축은 라마였다. 복숭아 등 몇몇 과일나무는 신대륙에서 아주 잘 자랐다. 복숭아는 원산지가 중국이지만 페르시아를 통해 유럽으로 전달됐기 때문에 '페르시아 사과'라고 불리기도 했다.

유럽인들이 카나리아 제도에서 가져온 바나나나무는 여러 지역에서 아주 빠르게 성장했다. 무화과, 석류, 오렌지, 레몬 역시 새로운 땅에서 번성했다. 레몬을 포함한 대부분의 감귤류 과일은 밤이 시원한 기후가 필요했기 때문에 너무 따뜻하고 습한 지역에서는 잘 자라지 못했다.

마야와 잉카가 지배하던 곳의 북쪽으로 멕시코와 중앙아메리카 지역을 다스리던 아즈텍은 농경 전문가로서 훌륭한 본보기였다.[4] 아즈텍은 새로 정복한 땅을 잘 경영해 옥수수를 기반으로 하는 농경 사회를 발전시켰다. 치남파라고 불리는 인공 경작지를 조성해 비옥한 땅을 만드는 기술도 있었다. 아즈텍은 나와틀어를 사용하는 멕시코-테노치티틀란, 테츠코코, 틀라코판 세 개의 도시국가들끼리 동맹을 맺어 형성된 제국이었으므로 '삼각 동맹'이라고 불리기도 했다. 가장 강력한 세력을 형성했던 멕시코-테노치티틀란이 14세기부터 스페인 정복 이전까지 멕시코 중부 지역을 지배했다. 후에 스페인 정복자들은 테노치티틀란을 근거지로 삼았다. 지금의 멕시코시티는 아즈텍이 통치했던 지역에 걸쳐 자리 잡고 있다.

북아메리카의 원주민들은 '세 자매'라고 불린 옥수수, 콩, 호박을 주요 작물로 재배했다. 역사적 논란이 있긴 하지만, 1장에서 살펴봤듯이 옥수수는 멕시코와 중앙아메리카에서 자생하던 테오신트를 개량한 곡물이었다. "테오신트를 현대의 옥수수로 개량한 기술은 믿기 어려울 정도로 훌륭해서 고고학자들과 생물학자들 사이에 어떻게 이런 일이 가능했는지에 관한 논쟁이 수십 년 동안 이어졌다"라고 찰스 만은 기록했다.[5] 현대의 옥수수는 적당히 단단하고, 조금 더 따뜻하거나 시원한 기후에서도 잘 자란다. 또한 성장 시기가 조금 길어지거나 짧아져도 환경에 맞춰 적응할 수 있다. 옥수수가 다 자란 후 건조하게 말라도 옥수수 낟알이 떨어지지 않는다. 아즈텍은 검정, 노랑, 파랑, 하양 옥수수 등 다양한 품종을 재배했다. 옥수수로 술도 담가 '치차'라고 부르며 마셨다. 치차를 만들기 위해 여성들은 싹이 튼 옥수수나 다른 곡물들을 입으로 씹어 뱉은 다음 물과 섞었다. 그렇게 발효된 옥수수는 끓이고 걸러내는 과정을 거쳐 치차로 거듭났다. 현대의 치차는 산업화된 시설에서 생산한다. 여성의 침도 훌륭한 발효제이긴 했지만 이제는 침 대신 효모를 사용한다. 지금도 티베트와 라다크에서는 여성들이 보리와 기장으로 '창'이라는 술을 아즈텍 여성들과 비슷한 방식으로 만들고 있다.

옥수수는 풍족한 식량을 제공해 주는 작물이지만, 칼슘 등의 영양소는 부족한 면이 있다. 옥수수를 주식으로 하는 식단은 다른 곡물을 기본으로 하는 식단보다 영양 보충을 위한 식품이 더 많이 요구된다. 하지만 영양가를 높이기 위한 닉스타말화 공정을 거친 옥수수는 케이크, 곤죽, 빵, 플랫브레드로 만들어 주식으로 먹기에도 손색이 없다. 닉스타말화는 생각해 내기 쉬운 기술이 아니다. 옥수수를 재로 처리하는 과정은 아마도 스페인 정복 이전에 아메리카 원주민들이 우연히 발견한 공법일 것이다. 스페인 정복자들과 나중에 라틴아메리카를 방문한 유럽인들은 원주민들의 식재료 가공법에 관심이 없었고, 닉스타말화 공법도 무시했다. '미개한' 원주민들이 그런 지식을 가지고 있을 리 만무하다고 여겼을 것이다. 제대로 된 가공법은 배우지 못한 채 옥수수를 주식처럼 먹게 된 유럽인은 결국 엄청난 대가를 치러야 했다. 많은 사람이 니코틴산 결핍으로 발생하는 펠라그라병을 앓았고, 그 외에도 여러 치명적인 비타민 결핍 증세에 시달렸다.

사실 처음 옥수수를 발견한 유럽인들은 옥수수가 가축용 사료로나 쓸 수 있는 작물이라고 생각했다. 미개한 사람이나 먹는다고 여겼기 때문이다. 16세기 영국 약초학자 존 제러드John Gerard는 옥수수를 폄하하면서 다음과 같은 기록을 남겼다. "옥수수가 어떤 장점이 있는지 확실한 증거도 없고 경험한 바도 없다. 야만적인 인디언들이야 더 좋은 작물에 대해 아는 바가 없으니 어쩔 수 없이 옥수수를 먹으면서 그것이 좋은 식량이라고 여긴다. 그러나 우리는 옥수수가 영양소도 별로 없고, 소화하기도 어렵다는 사실을 알고 있다. 즉, 옥수수가 인간보다는 돼지에게나 어울리는 음식이라고 판단하기 쉽다."[6]

하지만 옥수수는 유럽의 중부와 남동부 지역에서 영향력을 확대해 갔다. 19세기 후반 루마니아에서는 밀보다 옥수수를 더 많이

다른 방식으로 먹기

먹을 정도였다. 그리고 이 지역 옥수수 대부분이 수출을 목적으로
재배됐다. 루마니아 농민들이 즐겨 먹는 '국민 음식' 마마리가는
이탈리아의 폴렌타와 비슷한 옥수수로 만든 죽이었다. 루마니아
사람들은 마마리가를 옥수수로 만든 술과 함께 먹기도 했다.

신대륙에서 온 음식 중 맛을 좋게 하고 먹기에 안전하게 하려
면 특수 가공 과정을 거쳐야 하는 식재료들이 또 있었다. 예를 들
어 유카나 카사바라고도 알려진 마니옥은 위험한 수준의 청산가
리를 함유하고 있었다. 신대륙에서 주식으로 섭취하던 마니옥은
그 어떤 작물도 버틸 수 없는 극한의 환경에서도 생존할 정도로
생명력이 강했다. 또한 신대륙에서 자라는 다른 작물들에 비해
단위 면적당 영양가가 높은 열량을 생산할 수 있었다. 마니옥은
현재 사하라사막 이남 지역에서는 주식으로, 아프리카 열대지방
에서는 가장 중요한 작물로 자리 잡았다. 현재 나이지리아는 세
계 최대 마니옥 생산 국가다. 전 세계 어디에서든 볼 수 있는 마니
옥은 약간의 채소, 생선, 고기와 함께 전분으로 만든 푸딩처럼 만
들어 먹는 게 보통이다. 독성을 제거하기 위한 가공 과정이 필요
하지만 한번 가공된 마니옥은 아주 오랫동안 저장할 수 있다. 마
니옥은 단맛을 내는 품종과 쓴맛을 내는 품종, 두 종류로 나뉜다.
청산가리를 제거하는 가공 과정을 거치지 않은 채 쓴맛이 나는
마니옥을 먹으면 치명적일 수도 있다. 15세기 유럽 여행가가 남긴
기록에 따르면 브라질 중부와 해안가에 거주하던 투피과라니 인

디언들이 마니옥 가공법을 잘 알고 있었다. 과라니 사람들은 마니옥 뿌리를 '돌에 문질러 응고된 덩어리를 얻었다. 나무껍질로 만든 길고 좁다란 주머니에 응고된 마니옥 덩어리를 넣고 쭉 짜서 나오는 액체를 그릇에 모았다. 마니옥 즙을 다 짜낸 뒤에 남은 눈처럼 곱고 하얀 가루는 팬에 구워 케이크를 만들어 먹었다.' 그 외에도 마니옥을 가공하는 방법으로는 쥐어 짜내기, 끓이기, 물에 담그기, 땅속에 묻기 등이 있었다. 마니옥을 땅속에 묻으면 발효되는 효과도 함께 볼 수 있었다. 하지만 남아메리카를 여행하던 유럽인들이 이런 마니옥 가공법을 눈여겨본다거나 그 가치를 제대로 이해하는 일은 거의 없었다.

현재 많은 국가에서 영양 공급의 중심 역할을 하는 감자와 고구마가 처음 유럽에 들어오게 된 계기는 단순한 호기심이었다.[7] 처음 감자를 본 유럽인들은 사람이 먹는 음식이 아니라고 여겨 피했다. 사람이 먹을 수 있는 음식으로 인정받기까지 꽤 오랜 시간이 걸리긴 했지만, 감자는 추위에 강했으며 쉽게 대량으로 재배할 수 있다는 큰 장점이 있었다. 프랑스의 디드로와 달랑베르가 주축이 되어 1751년 출판했던 『백과전서』에는 감자의 가치를 인정하지 않는 내용이 등장한다. "감자의 뿌리는 맛이 없고 퍼석퍼석하다. 먹기 좋은 식품으로 분류될 수는 없지만, 영양 섭취만으로도 충분히 만족하는 사람에게는 풍부한 영양소를 제공할 수 있는 건강식이다. 감자를 먹고 나면 위장에 가스가 많이 생기지만, 농민들과 노동자들의 건강한 장기에는 크게 문제가 안 될 것이다."[8] 상류층 사람들은 위장에 '가스를 차게 하는' 음식들을 경멸했다. 또한 상류층 인사가 영양 섭취만으로도 만족하는 일은 절대 없었다. 그들은 상류층의 위신을 세워줄 만한 음식을 요구했기에 신대륙에서 건너온 음식이 상류층 사람들의 요구를 맞춰줄 수 있는 경우는 거의 없었다. 적어도 처음에는 그랬다. 감자가 상류층 사람들 사이에서 그 가치를 인정받은 것도 프랑스 왕실에서 감자 요리를 먹기 시작하면서부터였다. 프랑스 왕실에서는 송로버섯, 크림, 버터와 함께 얇게 썬 감자를 조리해 먹었다. 그 후 여러 세대를 거친 뒤에 감자는 부르주아가 마늘과 크림을 넣어 먹던 캐서롤의 재료로도 사용되기 시작했다. 이 과정에서 감자를 키우던 소작농들은 감자의 새로운 장점도 찾아냈다. 세금 징수원이나 도둑들이 수확 후 비축된 곡물은 쉽게 찾아 가져가 버렸지만, 땅속에서 자라고 있는 감자는 숨겨진 채로 안전했다.[9]

15세기에서 17세기 사이에는 다른 무역로들도 세계의 다양한 식재료의 이동에 영향을 미쳤다. 뱃사람들이 세계에서 가장 험난한 바닷길을 누비며 오세아니아의 미크로네시아와 폴리네시아 제도 여기저기로 식료품을 실어 날랐다. 고고학자들은 하와이에서 만들어진 돌도끼를 남아메리카에서 발견한 적이 있다. 이 돌도끼가 남아메리카에 도착한 시기는 14세기로 거슬러 올라간다. 남아메리카에서 발견되는 이런 고고학적 증거는 근대 이전에 행해진 가장 긴 항해를 입증한다. 이미 그 옛날부터 인간은 그 무엇에도 가로막히지 않은 채 4,000킬로미터가 넘는 거리를 배로 이동했음이 증명된 것이다. 뱃사람들은 폴리네시아의 무역로로 태평양을 횡단하며 코코넛, 여러 종류의 과일, 돼지 등을 교류했다. 남태평양에서 전해 내려오는 구전 역사에 따르면 식민지를 건설하기 위해 선발한 사람들을 태운 배들이 별을 따라 저 멀리 있는 섬까지 항해했다고 한다. 폴리네시아 섬들은 서로 자신들에게 있는 식료품을 교환했다. 작물을 심고 재배할 수 있는 도구들도 이곳저곳으로 싣고 다녔다. 생선과 다양한 종류의 해조류도 늘 구할 수 있었다. 카사바, 땅속에 알줄기가 굵게 자라는 구근식물, 타로와 같은 덩이줄기 채소들이 탄수화물의 주요 공급원이 됐다. 태평양 섬에서 흔히 볼 수 있던 빵나무의 열매는 깊은 구덩이에서 발효시키면 오래 보관할 수 있었다. 코코넛의 과육과 과즙은 먹고 마실 수 있었고 껍데기는 그릇으로 썼다. 코코넛 껍질 부분에서 얻을 수 있는 섬유질은 옷감용 재료나 건축 자재로 활용하기도 했다. 태평양 섬에서 자라는 이 식재료들은 대부분 인위적인 관리나 재배 기술 없이도 자생하는 식물들이었다. 하지만 식재료에 의존하는 인구가 늘어나면서 상황이 바뀌었다. 인구가 증가하면 인간 사회가 채집보다는 정착 농경 쪽으로 기울게 된다는 사실을 여기서도 확인할 수 있다.

콜럼버스의 교환으로 사람과 동식물이 대서양을 가로질러 이

　　　　　　　　　다른 방식으로 먹기

동한 이후로 또 한 번의 큰 변화가 찾아왔다. 이번에는 아프리카에서 아메리카로 사람들과 식물들이 전해지면서 아메리카 대륙의 식문화에 영향을 미쳤다. 아프리카의 음식 문화가 아메리카 대륙에 불러온 변화는 역사에서 등한시되는 경우가 많다. 아프리카에서 전해진 식물 중 가장 주목할 만한 작물은 바로 벼다. 쌀은 아프리카와 아메리카의 역사를 이어주는 주식으로 자리 잡으면서 노예가 된 이들의 식문화가 그들을 노예로 만든 이들의 식문화에 영향을 끼치는 아이러니한 모습을 보여줬다.

쌀의 기원과 이동에 관해서는 서로 상충하는 여러 학설이 존재한다. 가장 널리 받아들여지고 있는 가설에 따르면, 쌀의 원산지는 인더스강 유역이고, 이동하던 사람들을 따라 동아시아로 건너와 중국에서 재배되기 시작했다.[10] 그 후에 포르투갈 탐험가들과 상인들이 쌀을 아프리카로 전파했다고 생각되지만, 사실 서아프리카 지역에서도 이미 그곳에서만 자라는 '아프리카 쌀'이 최소 3,500년 동안 재배되고 있었다. 재배 기술, 성별에 따른 분업 구조, 토지에서 생산되는 모든 작물을 관장하는 신성한 존재를 향한 믿음 등 전반적인 문화 체제가 아프리카 쌀 재배와 함께 형성됐다.[11] 문화인류학자 조애나 데이비슨Joanna Davidson은 아프리카 쌀이 문화 논리의 핵심을 형성하는 데 영향을 끼쳤다고 주장했다. 데이비슨이 말한 핵심 문화 논리는 파종기와 수확기에 진행한 종교적 의식 및 혼령을 달래기 위해 부른 노래와 춤 등을 의미했다. 쌀은 공동체의 정체성을 형성하는 데 가장 핵심적인 요소였다. 쌀을 중심으로 올리는 제전은 주식을 생산해 부족을 유지할 수 있음에 감사하는 의식이었다. 땅과 인간의 삶, 사람들과 부족의 성장, 욕망, 희망, 실망 등의 감정까지 인간의 모든 모습을 빚어내는 핵심 요소가 바로 쌀이었을 것이다. 데이비슨은 서아프리카에서 진행한 현지 조사 중 기니비사우에서 만난 사람이 다음과 같이 말했다고 기록했다. "쌀이 없다면 우리는 누구인가요?"[12] 쌀을 주식으로 재배하는 많은 지역에서 똑같이 던질 수 있는 질문이다. 일본이나 중국 일부 지역에서는 밥이 없는 식단은 식사라고 여기지 않으며, 실제로 하루 섭취하는 열량 중 상당 부분을 쌀로 충당한다.

노예가 된 아프리카 사람들은 신대륙으로 자신들의 주식인 쌀뿐 아니라 쌀 관련 지식도 가지고 갔다. 쌀의 가치, 쌀에 관련된 의식, 풍습 등이 아메리카로 들어왔다.[13] 쌀을 조리하는 법, 분배하는 법, 함께 먹는 법 등을 규정한 자신들의 문화를 지키고자 했다. 쌀 문화는 대서양을 건너온 이들의 자손들을 중심으로 아메리카 대륙에 아주 강력하고 지속적인 영향력을 미쳤다. 식품 역사가 마이클 트위티Michael Twitty는 "쌀 없이는 그날 식사를 안 한 것과 같다"라고 했다. 자신의 선조들이 태어났던 시에라리온의 쌀 문화를 그대로 반영하고 있는 말이다.[14] 트위티에게 시에라리온의 졸로프 라이스는 추억 속의 '붉은 쌀' 요리다. 졸로프 라이스는 트위

다른 방식으로 먹기

티와 대서양 너머에 있는 선조들의 땅을 연결해 주며, 트위티가 지닌 정체성을 상징한다. 토마토, 양파, 피망, 향신료와 같이 조리된 졸로프 라이스는 트위티 가족이 항상 먹는 주식이라 따로 특별한 조리법이 필요 없을 정도다. 어린아이는 할머니가 부엌에서 해주는 밥을 먹으며 쌀에 대해 배운다. 쌀을 한 꼬집 집어도 보고, 한 주먹 움켜쥐어 보기도 하면서 자신만의 음식으로 만든다. 미국 역사가 제시카 해리스Jessica Harris는 졸로프 라이스가 '다양한 쌀 요리의 보고'인 아프리카 쌀 문화의 일부분에 불과하다고 했다. 일례로 세네갈에는 조리 과정 중 일반 완전미보다 소스를 더 잘 흡수하는 금간쌀이 있다.[15] 노예로 끌려온 아프리카인들은 매운 양념들도 가지고 왔다. 아프리카의 양념들은 아프리카와 대서양의 여러 민족을 하나로 연결해 주는 역할을 했다. 카리브해의 말린 훈제 새우 역시 크리올, 케이준, 자메이카 음식에 쓰이며 그 지역 식문화를 서로 연결해 주었다.[16]

　미국 조지아주와 사우스캐롤라이나주에 살고 있는 아프리카 노예의 후손 게치 굴라는 아프리카 서부와 중부의 식문화를 유지하고 있다. 미국 남부 지역의 식재료를 활용해 아프리카 선조들의 요리를 그대로 계승한 음식을 만들어 먹었다. 미국 현지에서 찾은 재료 중에 원래 아프리카에서 구할 수 있던 식품들도 있었다. 쌀, 굴라 말로 '검보'라고 부르는 오크라, 참깨, 원래 신대륙에서 자라던 땅콩 등이 아프리카에 뿌리를 둔 식재료다. 하지만 큰 채소를 끓이기 위해 대형 냄비를 쓰거나, 쌀을 필라프처럼 조리하거나, 붉은 쌀과 캐롤라이나의 길쭉한 쌀을 같이 쓰는 등의 조리 기법은 게치 굴라만의 방법이다. 덕분에 게치 굴라의 요리는 아메리카 대륙에 존재하는 다른 아프리카계 음식들과 차별화됐다. 게치 굴라의 요리는 경제적이고 실용적이다. 냄비 하나로 요리하기 때문에 연료를 아낄 수 있으며 많은 그릇이 필요하지도 않다. 경제적으로 어려운 시기에는 요리하려고 피운 불에서 얌도 구웠고, 고기가 있는 날에는 냄비 뚜껑 위에 고기를 매달아 훈제 구이까지 한 번에 할 수 있었다.

아메리카에서 서아프리카로 전파돼 뿌리를 내렸던 땅콩은 아프리카 노예들과 함께 아메리카 대륙으로 다시 돌아왔다. 영국 식민지였던 감비아는 세네갈 중심에 흐르는 감비아강을 따라 형성된 작은 국가다. 감비아에서는 땅콩을 수출용으로 대량생산한다.

우리는 감비아 방문 중 현지 '국민 음식'인 도모다를 대접받은 적이 있다. 도모다는 얌 등의 채소와 닭고기를 진한 땅콩 소스로 조리한 음식이며 도모다를 대접한다는 것은 환대의 의미이자 자랑스러운 현지 식문화를 보여주는 것이었다. 땅콩은 서아프리카에서 다양한 소스와 스튜의 재료로 쓰인다. 현재 북아메리카에 살고 있는 서아프리카인의 후손들 역시 음식에 땅콩을 많이 넣어 먹는다.

'소울푸드'라는 식문화 범주로 분류되는 아프리카계 미국인

다른 방식으로 먹기

들의 요리는 사실 그 종류가 굉장히 다양하다. 소울푸드를 못 들어본 사람은 없을 테지만 그 음식을 처음 만든 '소울'들이 누구인지는 거의 알려진 바가 없다. 노예 가정에서 태어난 아프리카계 미국인이자 농업과학자인 조지 워싱턴 카버George Washington Carver(1864~1943)는 땅콩에 관한 연구를 포함한 수많은 업적을 남기며 명성을 얻었다. 초기에는 식물의 질병을 연구하다가 면화 생산으로 양분이 고갈된 토지를 윤작과 땅콩 재배로 재활성화하는 혁신적인 방법을 개발해 냈다. 땅콩은 자라면서 토양에 질소를 고정시키는 작물이었기 때문에 토양을 다시 비옥하게 할 수 있었다. 기름, 비누, 종이, 약제 등을 포함해 카버가 발명한 땅콩 관련 제품만 300가지가 넘는다.

카버는 땅콩에 대한 보호관세를 요청하기 위해 미국 하원 본회의에서 땅콩의 효능과 용도를 설명해 기립 박수를 받기도 했다. 최근 수십 년 동안 해리스와 트위티처럼 음식 역사를 연구하는 아프리카계 미국인들은 아프리카와 아프리카계 미국 음식 이야기를 대중에게 알리기 위해 노력하고 있다.

콜럼버스의 교환은 근대에 일어난 가장 극적인 '생물학적 사건'으로 세계 식량 시스템 전체에 큰 영향을 끼쳤다. 하지만 그렇다고 해서 근대에 일어난 유일한 생물학적 사건이라고 할 수는 없다. 노예무역, 무수한 식민지 건설, 제국주의 모두 식량 시스템의 변화를 불러일으켰다. 전 세계에 걸쳐 인간과 동식물이 다시 분배됐다. 한때 이국적이었던 것들은 서서히 익숙한 것들이 됐다. 하지만 이 모든 과정이 단순한 생물학적 재편성 정도로 쉽게 무시당하기도 했다. 파인애플을 예로 들어보자. 파인애플은 파라과이강에서 유래한 신대륙의 과일이었는데, 브라질 원주민들은 파인애플을 카리브해 지역까지 가지고 가서 그곳에 심었다. 그 뒤로 1493년에 콜럼버스가 파인애플을 과들루프에서 발견했다. 파인애플과 식물들은 가지의 일부분을 잘라 심으면 다시 재배할 수 있으며, 가지를 심은 후 3년이 지나면 열매가 열린다. 열매가 솔방울처럼 생겼기 때문에 솔방울을 뜻하는 스페인어 pina가 이름에 붙었다. 콜럼버스는 파인애플을 '인디언들의 작은 솔방울'이라고 불렀다. 브라질의 투피과라니족은 파인애플을 '아나나'라고 불렀다. 파인애플이 영국에 전해졌을 때 아주 큰 화젯거리가 됐다. 영국 작가 존 에벌린John Evelyn은 1661년 파인애플을 직접 본 후, 바베이도스에서 왕에게 바치기 위해 가져온 그 유명한 '솔방울 여왕'을 봤다고 기록했다. 영국에 처음 파인애플이 들어온 때는 고작 4년 전이었다. 1719년에는 유럽 온실들에서 파인애플이 자라고 있었고 곧 유럽에서 파인애플은 부와 환대의 상징이 됐다. 영국의 오래된 문에서, 뉴잉글랜드의 울타리 기둥에서, 프랑스 식민지의 대저택에서 "환영합니다. 최고만 드립니다"라고 나무로 조각한 파인애플을 볼 수 있었다. 유럽인들은 파인애플을 아시아에 소개하기도 했다. 예수회 등 크리스트교 선교사들과 상인들은 다른 식물들과 함께 파인애플의 나뭇가지도 들고 아시아로 향했다. 아시아로 가는 길에 현지 토종 작물들을 알게 됐고, 동시에 새로운 종을 전파하기도 했다. 하와이에는 1,500년대에 스페인 배 한 척이 파인애플을 처음 가지고 들어간 것으로 알려져 있다. 하지만 하와이와 파인애플이 서로 밀접한 관계를 맺게 된 것은 1813년 이후였다. 이때 한 원예사가 파인애플을 다시 하와이에 소개하면서 파인애플이 널리 보급되기 시작했다.

우리가 먹는 음식은 변화하는 문화의 지표다. 동시에 지구의 동식물이 현대에 들어와 재분배되면서 나타난 결과이기도 하다. 생물학적 재분배는 유럽인이 부를 찾아 세계를 누비면서 시작됐고 그들의 탐험을 향한 욕구는 콜럼버스 이후 수 세기 동안 아주 뜨겁게 불타오르는 채로 지속됐다. 생물의 재분배가 이루어질 무대를 마련하는 일은 사실상 생물학 전쟁과 다름없었다. 유럽에서 건너온 미생물들의 무차별적인 공격 때문에 아메리카 원주민의 인구가 급격하게 줄어들었다. 결국 콜럼버스의 교환으로 아메리카 대륙에 자라기 시작한 달콤한 과일들을 맛볼 수 있는 원주민의 후손은 얼마 되지 않았다.

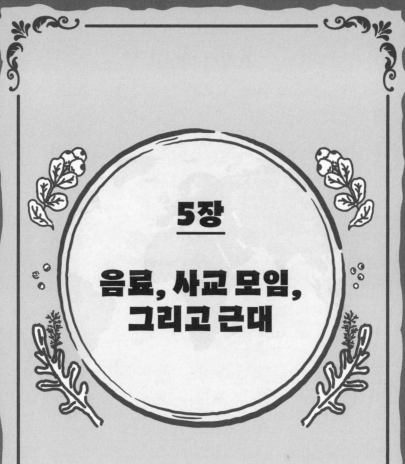

5장

음료, 사교 모임,
그리고 근대

에피소드 5
스피릿 세이프

위스키 양조장 견학 중이었다. 증류기 근처 금속 플랫폼 위에 서 있던 가이드가 직사각형 상자를 보여줬다. 상자 안에는 대형 증류기 탱크에서 뻗어 나온 파이프 여러 개가 가지런히 모여 있었다. 탭을 열자 소량의 호박색 액체가 흘러나왔다. 숙성 중인 위스키가 시음용 컵을 채웠다. 미국과 아일랜드에서는 위스키를 Whiskey로 쓰지만 스코틀랜드, 캐나다, 일본에서는 e를 빼고 Whisky로 쓴다. 상자에는 자물쇠를 걸 수 있는 구멍이 있지만, 상자가 잠겨 있지는 않다. 이 상자가 바로 '스피릿 세이프'다. 스피릿은 증류액을 뜻하고, 세이프는 물건을 안전하게 보관하는 금고 같은 상자를 의미하는데, 스코틀랜드에서 처음 개발된 이 장치는 전 세계의 많은 증류기에서 볼 수 있다. 하지만 스피릿 세이프가 여기 일본에서는 원래의 개발 목적대로 사용되고 있지 않다.

도쿄 북쪽으로 인접한 사이타마현의 치치부 양조장에 들렀다. 화려한 수상 경력을 자랑하는 유명한 양조장이었다. 창립자 아쿠토 이치로는 사케 장인을 여럿 배출한 집안 출신이었다. 이치로가 증류소를 세운 마을은 물이 좋기로 소문나 예전부터 맥주와 사케 양

174

조장이 운영되던 곳이다. 일본 위스키와 관련한 민족지학적 연구를 진행 중이던 코르키를 따라서 이곳까지 오게 됐다. 위스키 증류 과정을 알아보고, 증류소 직원들이 직장에서 어떤 가치를 찾는지 관찰할 목적이었다. 민족지학 연구는 관찰로 이루어진다. 가설을 세운 후 현장에서 시험하는 것이 아니라, 연구자가 여러 기대를 품고 직접 현장으로 가서 관찰하는 방식으로 연구가 이루어지는 것이다. 우리는 일본의 위스키 양조 과정이 스코틀랜드의 방식과는 다를 것이라는 기대를 품고 이곳으로 왔다. 그리고 우리 기대를 충족시킬 만한 유의미한 흔적이 있는지 둘러보는 중이었다.

치치부 증류소의 가이드가 스코틀랜드에서는 직원을 불신하기 때문에 스피릿 세이프를 모두 잠가놓는다고 했다. 증류소 직원이 위스키를 너무 자주 맛볼 수도 있고, 훔쳐갈 수도 있다고 생각해서 관리자가 직원들을 믿지 않는다는 설명도 덧붙였다. 하지만 일본에서는 상황이 다르다. 관리자는 직원을 믿는다. 나아가 위스키의 맛을 결정하는 데 직원이 기여하는 바도 크다고 생각한다. 치치부에서 만들어지는 위스키는 최상급이다. 그 맛을 유지하는 데는 장인의 손길뿐만 아니라 이곳에서 일하는 모두의 노력이 필요하다는 사실을 존중한다. 병에 라벨을 붙이는 직원을 포함해 증류소에 소속된 모든 사람이 위스키를 시음한다. 모든 사람이 위스키의 품질을 유지하는 데 중요한 역할을 한다. 치치부에서 강조하는 가치는 팀워크와 구성원들의 주인의식이고 이는 곧 위스키의 품질 향상으로 이어진다. 활짝 열려 있는 스피릿 세이프는 치치부 직원들의 주인의식을 반영하고 있다.

여기까지는 치치부 증류소에 있는 스피릿 세이프의 이야기다. 이는 스코틀랜드와 다른 나라에서 볼 수 있는 스피릿 세이프의 역사와 다르다. 스코틀랜드 증류기에 설치된 스피릿 세이프는 직원의 시음이나 절도를 막기 위해 개발된 장치가 아니다. 1823년부터 국가가 증류주에 세금을 부과하기 시작하면서 그 법을 따르기 위해 만들어진 장치다. 스피릿 세이프를 설치하면 증류기의 응축기를 열거나 생산을 방해하지 않고도 위스키를 분석할 수 있다. 세이프에 있는 액체 비중계를 사용해 위스키의 알코올 도수를 외부에서 측정할 수 있다. 세이프를 열 수 있는 열쇠는 증류소가 아니라 세금 징수원들이 가지고 있었다. 세금 징수원들은 증류소를 방문해 스피릿 세이프를 열고 술통마다 같아야 할 알코올 도수를 측정했다. 미국의 크래프트 위스키 양조장 중 상당수가 스피릿 세이프를 갖추고 있지 않으며, 이는 미국 법으로도 강제하지 않는다. 스피릿 세이프 없이 위스키를 제조하려면 위스키 원액의 맛과 향을 직접 확인한 후 도수별로 증류액을 구분하는 '컷' 과정을 거쳐야 한다. 우리가 만난 위스키 장인은 스피릿 세이프를 사용하면 증류액을 경험, 직감, 감각이 아닌 객관적 측정을 통해 만들게 된다고 설명했다.

스피릿 세이프에 관한 치치부의 이야기와 실제 역사 사이에 존재하는 차이에서 우리는 한 가지 교훈을 얻을 수 있다. 역사가 맞고 일본 양조장이 틀렸다는 말이 아니다. 이야기와 역사가 서로 다른 이유는 음식과 음료에 관해 전하는 이야기와 원래 이야기가 돌고 돌아 서로 섞이기 때문이다. 이야기가 원래 사실에서 멀어질 수도 있고, 각 지역만의 특색을 지닌 새로운 의미가 이야기에 더해질 수도 있다. 지역 특색을 지닌 이야기와 그 이야기가 보여주는 문화는 현장 조사 중 만날 수 있는 흥미로운 요소다. (현장 조사 중 사실을 무시한다는 의미는 아니다.) 치치부 버전의 이야기는 일본 양조장이 팀워크를 강조하고 있으며 신뢰를 바탕으로 하는 곳임을 보여주기에 적합한 방향으로 발전했다. 스피릿 세이프는 일본 치치부에서, 19세기 중반 스코틀랜드에서, 미국 크래프트 증류소에서 각각 완전히 다른 의미를 지닌다.

역사적으로 이야기로 만들기에 적절한 소재를 지닌 유물들이 있다. 그리고 인류학자는 이야기를 전하는 사람들이다. 현장에서 들을 수 있는 이야기에 푹 빠졌다가도 다른 버전의 이야기들과 계속 비교하고 대조해 본다. 이야기의 역사적 정확성을 확인하는 일도 중요하지만, 지금 듣고 있는 이야기가 지닌 목적에 따라 역사적 사실이 어떻게 다르게 표현되는지도 연구하기 위해서다.

치치부에서 만든 최상급 위스키 한 잔으로 견학을 마무리했다. 아주 훌륭한 위스키였다. 선명한 향, 깊이 있는 맛, 그리고 무엇보다 지역의 맛 좋기로 소문난 물맛을 한껏 머금고 있었다. 양조장에서 그렇게 말해줬다.

·

1970년대 네팔에서는 호텔 종업원들이 심혈을 기울여 커피를 만들어주었다. 네스카페 커피 한 스푼, 설탕 한 스푼을 먼저 컵에 넣고 김이 모락모락 피어오르는 찻주전자를 가져왔다. 주둥이가 좁다란 주전자는 은으로 도금돼 있어서 무거웠다. '커피 왈라'라고 불린 커피 담당 직원이 한 손으로는 설탕과 인스턴트커피 가루 위로 뜨거운 물을 부으면서 한 손으로는 스푼을 힘차게 휘저었다. 커피 왈라 두 명이 컵 하나를 사이에 두고 한 명이 스푼을 휘젓는 동안에 다른 한 명은 물을 조금씩 부으며 커피를 만들기도 했다. 이탈리아인들이 크레마라고 부르는 것과 상당히 비슷한 베이지색의 거품이 부풀어 올랐다. 커피 왈라가 정성스럽게 커피를 타는 행위는 공장에서 만든 인스턴트 제품을 상류층 손님에게 내놓아도 손색없을 정도로 훌륭한 음료로 바꿨다. 네팔처럼 20세기 후반에 식민 지배에서 벗어난 여러 지역에 네스카페가 전해지자 비슷한 현상이 나타났다.

음식은 식탁에서 함께 식사하는 사람들을 하나로 묶어준다. 반면에 커피, 차, 초콜릿 트리오는 바, 노점, 노천카페 등 여러 사교

다른 방식으로 먹기

모임이 일어나는 장소에서 사람들을 하나로 묶어준다. (초콜릿도 트리오에 속한다는 사실을 사람들은 자주 잊는다.) 트리오 음료의 역할만 보면 술과 아주 비슷하다. 유럽에서 멀리 떨어진 곳에서 자라는 식물로 만드는 이 세 음료는 전 세계로 뻗어나간 유럽 식민주의의 중요한 요소가 됐다. 세 음료 모두 처음에는 사치품으로, 그다음에는 대중이 갈망하는 대상으로, 마지막으로는 유럽인의 일상 어디에서나 볼 수 있는 음료로 자리 잡았지만, 생산 과정에 노동 착취가 수반됐다는 점 때문에 불명예스러운 낙인이 찍혀 있다. 커피, 차, 초콜릿은 영양 보충을 위해 꼭 마셔야 하는 음료가 아니라 흥분, 기분 전환, 사회생활을 위해 마시는 기호식품이다.

알코올이 들어 있지 않은 사교 모임용 음료인 트리오 중 유럽인이 가장 먼저 받아들인 것은 초콜릿이다. 커피와 차는 그 뒤에 유럽으로 들어와 초콜릿을 대체했다. 트리오 중에서 재배 지역 주민들도 꾸준히 마시고 있는 음료는 차뿐이다. 초콜릿처럼 커피는 생산된 곳으로부터 아주 먼 지역에서 대부분 소비된다. 왜 하필 이 세 음료였을까? 트리오 음료 모두 약리학적으로 정신 상태에 변화를 준다는 특징이 있다. 커피, 차, 초콜릿을 마시면 사교 활동을 할 에너지가 생기기도 하고, 심리적 편안함을 느끼기도 한다. 특히 커피에서 두드러지는 세 음료의 보편성은 인간의 이동에 관한 새로운 이야기를 들려준다. 이는 소금, 밀, 설탕이 무역과 정복의 역사를 보여주는 것과 비슷하다. 알코올이 든 술과 카페인이 함유된 음료 둘 다 사회적 기능을 수행하지만, 각각 대표하고 있는 역사와 함축하고 있는 사회화의 스타일이 아주 다르다. 유대교의 랍비, 개신교의 성직자, 가톨릭의 사제는 술집에서 술을 마실 수 있다. 하지만 오후에 차나 커피를 한잔 마시며 하는 대화와는 아주 다른 대화를 할 것이다.

차

중국이 원산지인 차나무 잎으로만 차를 만들 수 있는 것은 아니다. 차는 여러 식물을 우려내 만드는 음료를 모두 칭하며, 흥분 효과나 진정 효과가 있다. 아랍에서는 이집트의 히비스커스차, 페르시아의 카르다몸으로 만든 홍차, 모로코의 민트차를 모두 차라고 불렀다. 일본 폭염 기간에는 보리로 우려내 차갑게 마시는 보리차가 습한 열기를 이겨내기 위한 필수 음료다. 식물을 우려내 만든 차는 모두 의약품인 동시에 사교 모임과 즐거움의 원천이었다. 영국이 식민지의 작물로 취급하기 훨씬 전부터 차나무는 중국에서 인기가 있었다. 차나무 잎을 우려낸 음료는 중국 장인의 손길을 통해 상류층의 입맛을 사로잡았고, 대중들도 일상에서 쉽게 마실 수 있었다. 중국의 차는 중국 남서부와 티베트 지역에서 처음 마시기 시작했다. 차의 기원에는 다양한 전설이 존재하는데, 그중 하나가 정원에서 뜨거운 물을 마시던 황제의 이야기다. 황제가 물을 마시는데 차나무 잎이 떨어져 물잔으로 들어가더니 향굿하면서도 기분 좋게 떫은맛을 만들어냈다고 전해진다. 그 기원이 무엇이든, 차가 6세기에 이미 중국에서 약으로 만들어졌을 뿐아니라 사교 모임 중 마실 수 있는 음료로 인기가 높았다는 것은 확실하다. 중국에서는 차를 화폐 대용으로 사용하기도 했다. 차는 불교를 전파하기 위해 먼 길을 여행하던 승려들의 짐 보따리에 들어 있다가 일본까지 전파됐다. 철학자들과 시인들은 차의 맛과 약물 효과를 경계했다. 당나라 시인 노동盧소(790~835)은 차가 사람의 정신에 생리학적으로 끼치는 영향을 다음과 같이 표현했다. "첫 잔은 입술과 목을 부드럽게 축인다. 두 번째 잔에 내 외로움이 모두 사라졌다. 세 번째 잔을 마시니 아둔한 마음이 달아나고 이때까지 책을 통해 깨달은 바가 날을 세웠다. 네 번째 잔 이후에는 가벼운 땀이 나기 시작하면서 땀구멍으로 인생의 근심 걱정이 빠져나갔다. 다섯 번째 잔은 내 몸 구석구석을 씻어냈다. 여섯째 잔은 나를 불멸의 존재처럼 만들었다. 일곱번째 잔 (……) 더 이상은 못 마시겠다." 이 글을 통해 차를 마신 노동이 감정적으로 불안정해졌다는 사실을 알 수 있다. 또한 찻잎을 여러 번 우려내 마시면 노동이 경험한 감정적 정점에 도달할 수 있다는 사실도 엿볼 수 있다. 차를 마시는 사람들이 찻잎을 여러 번 우려내는 이유는 새로운 맛을 내기 위해서뿐 아니라 절약하기 위한 목적도 있었다. 16세기 스페인과 포르투갈 선교사가 동아시아에 도달했을 때까지만 해도 차는 치료와 사교 모임을 목적으로 마시는 음료였다. 그러다 차가 영국으로 오면서 치료용 약제의 역할이 많이 줄어들었다. 하지만 노동이 느꼈던 각성의 효과는 여전히 인정받았다.

유럽 시인들과 작가들도 동방에서 차를 음미하는 방식을 언급하며 동양적인 방식으로 차를 표현하기도 했다. 차에 대해 쓴 글은 풍자로 나타나기도 했는데, 이는 커피를와 관련된 문학에까지 영향을 미쳤다. 영국에 커피 열풍이 불었던 1712년 출간된 알렉산더 포프Alexander Pope의 풍자시 「머리 타래의 강탈The Rope of the Lock」은 커피에 취해 발생할 수 있는 위험한 상황을 설명하기 위해서 차를 언급한다. 시에서는 커피에 취한 남성이 여자의 머리카락을 잘라가는 큰 범죄를 저지른다.

보라! 컵과 숟가락이 가득한 식탁이 차려졌다.
열매에 타닥타닥 금이 가고, 방아가 빙글빙글 돌아간다.
일본의 빛나는 제단 위에
은빛 램프를 올린다. 영혼이 불타오른다.
은색 주둥이로 기분을 좋게 하는 물이 흘러나오자
중국 흙에 김이 모락모락 피어오른다.

'타닥타닥 금이 가는 열매'는 커피콩 볶는 모습을 묘사하고 있고, 방아가 돌아가는 것은 커피콩을 갈고 있는 것이다. '일본의 빛나는 제단'은 광택 나는 쟁반이고, '중국 흙'은 커피나 차를 담던 도

자기 컵을 가리킨다.

1862년 영국 화가 토마스 웹스터Thomas Webster가 그린 〈다과회A Tea Party〉는 노동자 계급의 영국 가정에서 애프터눈 티를 마시는 모습을 담고 있다. 우유, 케이크, 설탕 그릇, 빵, 버터가 차와 함께 상에 차려져 있다. 그림에서 눈에 띄는 부분은 티 테이블 옆에 모여 앉아 있는 어린이들이다. 어린이들은 어른을 흉내내며 서로 차를 따라주고 있다. 할머니로 보이는 여성을 옆에 두고 바닥에 둘러앉아 어른들이 즐겼을 법한 다과회를 꽤 정교하게 재현하는 데 열중한다. 한 아이는 마치 다음 세대에게 차를 마실 때 알아야 하는 예절의 세밀한 부분까지 가르쳐주는 것처럼 인형을 들고 있다. 19세기 중반 영국의 모습을 이렇게나 상징적으로 잘 나타낸 그림은 찾아보기 힘들다. 웹스터의 그림 속에는 영국이 식민지 팽창으로 얻게 된 결과물 두 가지가 묘사돼 있는데, 그중 하나는 차다. 처음에는 중국과 무역을 통해 영국으로 가지고 왔던 차를 나중에는 인도 플랜테이션에서 대량생산했다. 다른 하나는 카리브해 식민지에서 생산해 가져온 설탕으로 설탕이 영국 식단이 바뀌는 데 끼친 영향은 차가 사회생활에 끼친 영향과 맞먹는 수준이었다.

19세기 중반 영국에서 차는 이미 여러 세대에 걸쳐 널리 알려진 음료였다. 웹스터의 그림은 영국 내에서 이미 크게 성장해 있던 차 시장을 함축적으로 보여주고 있다. 영국 동인도회사는 히말라야 산기슭에 있는 다르질링에서 차나무를 재배해서 영국으로 가져와 대규모 국내 시장을 개척했다. 인도에서 재배된 영국 차에 관한 이야기는 스코틀랜드 출신 식물학자 로버트 포춘Robert Fortune과 함께 시작된다. 동인도회사의 비밀 임무를 받은 포춘은 중국 귀족으로 위장해 우이산 지역에 잠입해 차나무 종자와 식물 일부를 훔치고는 중국 차 가공 작업장에서 찻잎을 저장하고, 말리고, 덖고, 비비는 과정까지 배웠다. 가공 과정만 달리하면 같은 나무에서 녹차와 홍차가 생산된다는 사실도 알게 됐다. 포춘은 차를 대접해주던 중국인들을 통해 같은 찻잎으로 여러 번 차를 우려내는 방법을 배웠다. 세 번째 우려낸 차가 가장 맛있고 첫 번째 잔은 마시기 힘들 정도로 쓰다는 것도 알게 됐다. 중국인들은 제일 처음 우려낸 차의 쓴맛을 '적을 위해' 내줘야 할 정도라며 당나라 시인 노동보다 직설적으로 표현했다. 포춘이 밀수한 차나무 카멜리아 시넨시스의 종자와 식물 일부는 인도로 와서 묘목으로 사용됐다. 인도 아삼 지역에서는 이미 똑같은 차나무가 자라고 있었지만 아삼 사람들은 차를 두통과 위장병 약제로 쓰고 있었다.

19세기 중반 다르질링과 아삼은 영국 일상에서 흔히 사용하는 단어가 됐다. 영국은 현재 스리랑카인 실론에서도 차를 재배했다. 차를 재배하고, 수확하고, 가공하는 과정은 노동집약적이었다. 대영제국 전역에서 차 생산 지역으로 노동자들이 이주했고 동인도회사는 이를 통해 인도에서 생산되는 차에서 많은 이익을 얻었다. 제일 큰 이익은 중국 차에 부과되는 높은 소비세를 내지 않고

다른 방식으로 먹기

도 차를 운송할 수 있다는 점이었을 것이다. 차는 영국이 지배하던 인도 여러 지역의 경제를 구성하는 데 중요한 역할을 했고, 영국에서는 사람들의 사교 모임에 큰 영향을 끼쳤다. 영국령 인도에서 더 적은 비용으로 재배된 영국 국내 시장에서 중국산 차를 대체했다. 인도산 차는 동인도회사가 수입하는 물품 중 수익성이 가장 좋았다. 차는 대부분의 사람이 구매할 수 있을 정도로 저렴해졌는데, 수입이 불안정했던 저소득층 사람들이 살 수 있던 맥주보다 차가 더 쌌다. 판매상들은 당시 서민들을 취하게 해 삶을 망가뜨리는 원흉이라고 여겨진 진 대신 차를 마시라고 홍보하기도 했다. 이미 100년 전 윌리엄 호가스William Hogarth가 〈진 골목Gin Lane〉과 〈맥주 거리Beer Street〉라는 두 개의 판화로 진의 부작용을 선명하게 새긴 적이 있었다. 호가스는 두 그림에서 거리 한쪽으로는 타락, 학대, 가난, 혼란을 묘사했고 한쪽으로는 건강, 번영, 사회질서를 표현했다. 차는 당연히 맥주보다 맑은 정신을 유지하는 데 도움이 되는 음료였다. 1830년대 금주 운동을 주도한 사람들이 절주 외에 호소하던 바가 한 가지 더 있다. 바로 온 가족이 차를 마시며 단란하게 하나로 모이는 일이었다. 알코올 성분도 충분히 부정적이었지만, 남성을 집 밖으로 불러내는 역할을 하는 것이 바로 맥주라는 인식이 퍼지기 시작했다. 당시 맥주를 마시기 위해서는 전부 남자들만 모여 사교 모임을 가지는 술집에 가야 했기 때문이다.

영국 사회는 산업화 흐름 덕분에 바뀌고 있었다. 산업화는 생산성을 중심으로 삶을 재구성했고, 특히 공장 노동자들의 하루 생활을 새롭게 설계했다. 가정은 공장의 먼지와 위험에서 벗어나 위안과 지지를 받는 공간이 됐다. 그리고 차가 커피나 맥주보다 가정에서 마시기에 훨씬 적합한 음료라는 인식이 널리 퍼졌다. 공장에서는 관리자들이 노동자들의 생산성을 계속 확인했고, 노동자들은 차와 차에 들어가는 설탕에서 에너지를 보충했다. 서서히 빈민층들까지 지구 반대편에서 수입해 온 차를 마시게 됐다. 대량 생산과 식민 지배로 차를 생산하는 데 드는 비용이 줄어들자 차의 가격도 떨어졌다. 노동자들까지 차를 마시기 시작하자 영국 내 공장에서 일하는 노동자들의 생산력이 향상됐다. 1700년 대약 9,000킬로그램 정도였던 차 수입량이 고작 10년 후에는 2만 8,000킬로그램이 됐고, 1800년에는 900만 킬로그램까지 증가했다.[1] 19세기 중반이 되자 차는 완전히 영국의 한 부분이 되어 영국인 대부분이 매일 차를 마시는 일이 당연시됐다. 차는 여전히 동양적 느낌과 식민지를 떠올리게 했고 차를 포장한 용기에는 차를 마시는 모습이 동양풍 그림으로 그려져 있기도 했다.

조금 이해가 안 되는 부분은 영국 제도에서 차가 어떻게 커피를 이겼을까 하는 점이다. 17세기 초반 차보다 영국에 먼저 도착한 커피는 아주 빠르게 성장했고, 성공을 위한 발판도 어느 정도 다져놓은 상태였다. 당시 커피 같은 음료는 존재한 적이 없다. 사

다른 방식으로 먹기

교 모임 자리에서 마실 수 있는 음료는 알코올 도수가 약한 스몰 비어뿐이었다. 차갑고 알코올이 함유된 술과 달리 따뜻하고 쓴 맛 나는 카페인 음료는 처음이었다. 커피는 완전히 새로운 종류의 음료였다. 이런 커피를 상대로 차가 어떻게 우위를 선점했는지 설명하려면 저렴한 비용으로 대량생산이 가능했던 차의 특징을 살펴볼 필요가 있다. 영국 소비자들은 품질이 낮은 커피보다는 품질이 낮은 차를 선호했다. 특히 차에 우유와 커피를 섞어 마시기 시작하면서부터 차의 품질이 조금 떨어져도 큰 문제가 되지 않았다. 반면에 품질이 좋지 않은 커피는 맛이 너무 진하고 썼다. 우유나 설탕을 넣어도 맛을 좋게 하기가 어려웠다. 차의 승리를 가능하게 했던 또 다른 특징은 정치적인 요소다. 커피는 영국 식민지에서 재배되는 작물이 아니었다. 실제로 차가 영국에서 대세로 자리 잡은 것은 동인도회사가 아삼, 다르질링, 벵골 등지에 플랜테이션을 설립한 이후였다.

웹스터의 그림에서 볼 수 있듯이, 차를 마시는 일은 사교 생활의 일부분이었다. 차는 사람들이 모여 대화를 하도록 유도한다는 점에서 사교 모임을 장려하는 음료다. 차를 우려내는 일은 하나의 의식처럼 여겨졌고 따라야 할 절차도 생겼다. 모로코에서 차를 내오는 일은 아이들을 가르칠 기회로도 여겨진다. 남자아이들은 끓는 물을 컵 위로 0.5미터에서 1미터 사이에서 붓는 법을 배운다. 어른들은 아이들이 차를 우리는 과정을 지켜보면서 잘못된

점을 지적하거나 야단치기도 하고, 필요한 부분은 가르쳐주기도 한다. 그리고 꼭 그 높이에서 물을 붓는 이유가 있다. 성인이 될 준비가 충분히 됐다고 볼 수 있을 만큼 근육을 잘 쓰는지 시험하려는 게 다가 아니다. 어른들은 이렇게 차를 만들면 물에 공기가 충분히 들어가 차 맛이 좋아지고 환대를 의미하는 거품도 만들 수 있다고 설명한다. 차를 잘 우려내는 일은 적어도 삶의 한 영역에서 어른이 됐음을 증명할 수 있는 방식이었던 것이다. 이는 웹스터의 그림 속 아이들이 어른을 흉내 내 차를 준비하며 자신들의 미래를 준비하는 것과 같은 맥락이라고 볼 수 있다.

19세기 중반 유럽의 가정은 차를 중심으로 하루 일과를 계획했다. 생산적이었던 고단한 하루를 마치고 집으로 돌아와 휴식을 취하는 시간에 티타임을 가졌고 집안일을 끝낸 후에도 티타임으로 휴식을 취했다. 많은 가정에서 차는 가벼운 식사이기도 했다. 어린이들에게는 잠들기 전 마지막 식사일 때도 있었다. 이때는 케이크나 푸딩처럼 달콤한 음식을 차와 함께 먹었는데, 티타임에 곁들여 나온 달콤한 음식은 이제 설탕이 모든 사람의 식사에 포함될 정도로 일상적이면서도 중요한 식재료가 됐음을 보여주기도 했다.

여러 종류의 차가 동아시아, 중앙아시아, 중동을 포함해 세계 많은 지역을 지배하고 있다. 중국과 인도에서는 일상적인 사교 활동의 일부분이 됐고, 한때 영국 식민지였던 여러 나라도 차 문화를 완전히 받아들였다. 튀르키예의 화려한 다기, 한국의 우아한

다른 방식으로 먹기

과일차, 일본의 다도는 각각 현지의 취향과 전통적 사교 모임의 모습을 반영하며 발전했다. 차를 대접하는 일은 대개 환대와 친절을 나타내는 수단으로 활용된다.

설탕

제인 오스틴Jane Austen의 소설 『맨스필드 파크Mansfield Park』에 등장하는 토머스 버트램Thomas Bertram은 안티구아에 설탕 플랜테이션을 소유하고 있었다. 안티구아는 영국이 식민지로 삼았던 수많은 카리브해 섬 중 한 곳으로 다른 지역과 마찬가지로 노예들이 일하던 지역이다.[2] 설탕은 깨끗한 물이 풍부한 카리브해 섬에서 가장 잘 자랐다. 하지만 안티구아는 늘 물 부족에 시달렸고, 가뭄에 취약했다. 영국과 프랑스의 사이가 좋던 시절에는 버트램을 비롯한 플랜테이션 주인들이 프랑스령 섬에서 물을 끌어다 쓸 수 있었다. 하지만 전쟁이 시작되면 그것마저도 불가능했다. 『맨스필드 파크』에서 버트램이 2년간 영국을 떠나 직접 플랜테이션을 돌본 적이 있다. (아마도 1810년에서 1812년 사이였을 것이다.) 당시 플랜테이션은 가뭄으로 피해를 입은 상황이었던 것으로 보인다. 아니면 부도덕한 감독관들이 농장을 부실하게 관리한 것이 문제였을 수도 있다. 오스틴 비평 문헌에는 버트램 가문의 재산이 줄어들고 있었을 것이라는 추측이 많다. 당시 영국에서는 설탕이 한 가족의 운명을 좌우할 수 있는 작물이었다. 늘 함께 따라오는 차처럼 설탕도 19세기 중반이 되면서 영국 모든 계층에게 없어서는 안 되는 음식으로 자리 잡았다. 높은 생산성이 전부였던 시대에 설탕이 제공할 수 있는 에너지는 단맛만큼이나 중요했다. 공장 노동자와 사무직 종사자 모두 설탕에서 많은 에너지를 얻었다.

고대 그리스 시대부터 중세 후반까지 유럽 사람들은 설탕을 약으로 여겼다. 아랍 약전에는 설탕을 탕약, 우려낸 차, 여러 약제와 함께 쓰라고 기록돼 있다. 아랍, 스페인, 페르시아 상인들은 설탕을 유럽으로 전파했다. 갈레노스의 의학은 체액 이론에 기초해 신체의 균형을 유지하는 데 초점을 두고 있었다. 갈레노스파 의사들은 설탕을 '뜨거운' 성질을 지닌 물질로 분류해 '차가운' 성질을 지닌 물질과 균형을 이룰 수 있다고 믿었다. 예를 들어 설탕은 뜨거운 성질을 지녔다고 여겨지는 젊은 사람에게는 효과가 없지만, 차가운 성질을 지닌 환자가 먹으면 여러 병을 치유할 수 있다고 믿었다. 사람들은 설탕이 열을 내리고, 복통을 완화하며, 폐병의 진행을 막고, 피부 발진도 치료할 수 있다고 생각했다. 당시 이미 설탕이 충치를 유발한다는 사실이 알려져 있었지만, 치약으로 사용되기도 했다.

설탕은 점차 양념으로, 조미료로, 맛을 내는 식재료로 사용되기 시작했다. 유럽 상류층 사이에서는 설탕이 부를 뽐내는 수단으로 사용됐다. 설탕으로 만든 조각이 만찬 테이블의 중앙 자리를 차지했다. 부유한 시칠리아 가정에서는 해마다 부활절 만찬

다른 방식으로 먹기

테이블에 설탕으로 만든 양이 올려졌는데, 이는 일종의 가보면서 가족의 행운을 상징하는 역할을 했다. 시드니 민츠Sidney Mintz는 『설탕과 권력Sweetness and Power: The Place of Sugar in Modern History』에서 설탕을 먹는 것이 으깬 진주를 먹는 것과 마찬가지로 특권을 극적으로 보여주는 행위였다고 했다.[3] 설탕 공급이 늘어나면서 영국에서는 설탕이 차츰 요리와 제빵에 사용되기 시작하다가 모든 사람의 밥상에서 쉽게 볼 수 있는 식재료가 됐다. 설탕은 방부제로 사용되기도 했다. 과일에 설탕물을 입히거나 과일을 설탕에 절여서 제철이 지난 후에도 먹을 수 있게 만들었다.

디저트는 유럽 역사에서 비교적 최근에 등장한 개념이다. 달콤한 음식이 메뉴에 추가됐던 17세기 후반까지만 하더라도 식사 마지막에는 견과류나 과일을 먹는 것이 더 일반적이었다. 19세기 초에 와서야 영국 식사 마지막에 푸딩을 먹는 일이 일반화되고 당연하게 여겨졌다. 1890년대 영국인은 연간 평균 90킬로그램의 설탕을 섭취했다. 차나 커피를 마실 때 넣어 먹은 설탕이 대부분을 차지했다. 하지만 개인별 설탕 섭취량에는 공장에서 만든 가공식품에 들어 있는 설탕은 포함되지 않았다. 가공식품의 인기가 높아지고 있던 때였음을 감안하면 실제 섭취량은 더 많았을 것이다. 제2차 세계대전 중 영국이 시민들에게 설탕을 배급하면서 소비량이 잠시 주춤했지만, 전쟁이 끝나자 설탕 섭취량이 다시 급증했다. 당시 어린이들의 치아 건강 상태로 설탕 소비량이 얼마큼 늘었는지 확인할 수 있었다. 사탕을 쉽게 누구에게나 나눠주는 시대가 시작됐다.

설탕은 열량만 보충할 수 있을 뿐 영양가는 없다. 영양학적으로 부적절한 식사로 끼니를 때우던 노동자 계급이 설탕을 열량 보충제로 섭취했다. 영국에서 설탕의 가격이 낮아지고 공급량이 늘어나자 설탕은 일상에 없어서는 안 될 식재료로 자리 잡기 시작했다. 상류층 사람들이 과시용으로 사 먹던 사치품으로 시작했지만 점차 노동자와 그 가족들을 위한 필수품이 됐다고 민츠는 주장했다. 공장 노동자가 고단한 노동을 마치고 잠시 쉴 수 있던 그 순간을 설탕이 달콤하게 만들어줬다. 설탕은 열량뿐 아니라 설탕이 지니는 상징성 때문에 바쁘고 힘들었던 삶을 실제보다 조금 더 나아 보이게 할 수 있었다. 설탕이 노동자 계급도 누리는 일상의 한 부분이 된 뒤에도 예전에는 부자들만이 누릴 수 있었다는 이미지가 남아 있었기 때문이다. 이런 상징성은 차에도 남아 있었다. 민츠는 설탕이 '출세 지향적인' 소비재 상품이라고 했다. 소비자들은 설탕을 사면서 지금과는 다른 삶을 살 수 있을 것이라는 믿음을 가질 수 있었다.[4] 즉, 계급의식이 강한 사회에서 설탕은 계급 상승의 환상을 심어줬다.

세계적 생산망과 유통망의 발전을 토대로 성공을 거둔 설탕 공급은 그 자체로 경제와 정치 체제 성장의 밑거름이 됐다. 설탕을 기초로 발전한 체제는 대중의 설탕 의존성이 높아질수록 발전

다른 방식으로 먹기

할 수 있었다. 실제로 영국 정부와 오스틴의 소설에 등장하는 버트램 같은 사업가들이 해외로는 식민지를 계속 늘리는 동시에 국내에서는 설탕에 대한 수요를 증가시키기 위해 노력했다. 식민지에서 수입해 온 차에 식민지에서 생산한 설탕을 더하면 습관적이면서 고정적인 수요가 늘어날 것이고, 그 덕분에 국가와 기업은 수익을 보장받을 터였다. 결국 설탕이 수백만 명의 노동자에게는 달콤한 지위 상승의 환상을 심어주면서, 소수 권력가에게는 세력 확장을 보장해 줬다. 마르크스주의 관점에서 정제된 설탕은 '대중에게 허락된 아편'이었고, '설탕 소비 양상은 설탕을 생산하고 공급하는 체제가 성공했다'는 것을 보여주었다.[5]

초콜릿

"초콜릿…… 최상의 코코아 품종이 번성하고 있는 저 먼 곳으로 떠나는 여행입니다. 고대의 유산을 지키며 코코아를 재배하는 이들과 친구이자 동료가 될 수 있습니다. 과거와 만나고 미래와 연결될 수 있는 경험을 선사합니다."

초콜릿 바 포장지에 쓰인 광고 문구다. 포장지 속에 들어 있는 내용물은 이탈리아 토스카나의 아메데이라는 초콜릿 제조업체가 베네수엘라에서 가지고 온 코코아로만 만든 70퍼센트 다크 초콜릿이었다. 조금 이상하게 들리는 문장이다. 하지만 과장법이 많이 쓰이는 마케팅용 문구라서 그런 것만은 아니다. 이 광고 문구는 무의식중에 초콜릿에 얽힌 어두운 역사를 떠올리게 한다. 문구만 보면 초콜릿의 뿌리와 카카오 재배 농부들의 꿈을 낭만적으로 보여주는 듯하지만, 사실 초콜릿은 식민주의와 강제 노동의 산물이었다. 차나 커피처럼 초콜릿도 삶의 근심 걱정을 일시적으로 완화시키는 약물 효과가 있었다. 또한 초콜릿의 긴 역사를 살펴보면 차와 커피처럼 사교 모임 중 마시던 음료로 활용되었다는 사실을 알 수 있다.

초콜릿의 주요 판매처는 커피처럼 재배되는 지역에서 멀리 떨어진 곳이었다. 멕시코가 원산지라고 알려진 카카오는 습한 열대 지역에서 잘 자라는 작물이다. 카카오의 큰 열매를 처음 음료로 만들어 마신 사람들은 멕시코의 올메크인이었다. 올메크인이 카카오 음료를 마시기 시작한 후 한참이 지난 서기 약 1,000년쯤에는 마야인들이 초콜릿 음료를 의식용 음료로 마셨다. 마야인들은 현재 멕시코에서 몰리닐로molinillo라고 불리는 목제 거품기로 초콜릿 음료에 거품을 냈다. 카카오 가루로 만든 음료를 마야인들은 '쇼콜라틀xocolatl'이라고 불렀다. '쓴맛이 나는 물'이라는 의미의 쇼콜라틀은 초콜릿의 어원이 된다. 마야인들은 카카오 열매나 그 열매의 가루는 결혼식 음료, 신에게 바치는 제물, 통치자에게 바치는 공물 등으로 사용했다. 카카오는 귀한 작물이었기 때문에 유럽에서 통후추와 육두구가 화폐 대용으로 쓰였던 것처럼 마야에서 화폐로 사용되기도 했다. 전사들은 전투에 나가기 전에 힘

다른 방식으로 먹기

을 얻기 위해 쇼콜라틀을 마셨다. 아즈텍인들이 살던 지역은 기후가 건조하고 시원해서 카카오를 재배하기에 적당하지 않았다. 하지만 아즈텍 제국이 성장하면서 새로운 농경지를 확보했고, 카카오 무역으로 부를 쌓기도 했다.

16세기 스페인 정복자들은 멕시코를 점령한 후 그곳에서 찾은 카카오를 유럽으로 가지고 돌아갔다. 유럽 국가들이 기후가 따뜻한 지역에 식민지를 확보하면서 카카오 생산도 전 세계로 퍼져나갔다. 1700년대에 카카오 생산이 급증했고, 비슷한 시기에 설탕 플랜테이션이 퍼지기 시작했다. 첫 커피하우스가 생긴 지 얼마 지나지 않은 1657년 최초의 초콜릿 하우스가 영국에서 문을 열었다. 그 뒤로 영국 곳곳에 초콜릿 하우스가 나타났다. 대부분의 가게에서 커피와 초콜릿을 모두 제공했다. 남성들이 사교 모임, 정보 교환, 정치 논쟁을 목적으로 모여 커피와 초콜릿을 마셨고, 점점 커피를 선택하는 사람이 초콜릿을 선택하는 사람보다 압도적으로 많아졌다.

18세기에 개발된 새로운 기술 덕분에 카카오 씨앗을 페이스트로 분쇄하는 방법이 더 효율적으로 개선됐다. 19세기 아프리카와 다른 따뜻한 지역의 식민지에서 카카오를 재배하던 프랑스와 네덜란드는 초콜릿에서 초콜릿 버터를 분리하는 기법을 개발했다. 제조업자들은 초콜릿 버터에서 초콜릿 가루를 얻을 수 있었고, 고체 초콜릿을 생산해 내기 시작했다. 마시는 초콜릿이 아닌

'먹는 초콜릿'이 탄생하는 데는 프라이Frys, 론트리Rowntrees, 캐드버리 Cadburys 등 영향력 있는 영국 퀘이커교도 가문의 활약이 컸다. 퀘이커 초콜릿이 산업화된 역사는 노동자 처우 혁신의 역사이기도 하다. 초기 퀘이커교도들이 노예무역으로 부를 쌓았던 것은 사실이지만, 19세기가 되면 대부분 퀘이커교도가 노예제도 폐지론자로 활동하며 영국 내 공장 노동자들이 누리던 삶의 질을 개선하기 위해 노력했다. 퀘이커교도들은 공장 노동자들을 위한 주거지역을 설립하고, 노동자들도 기업의 일원으로 여겼다. 물론 모든 초콜릿 생산 과정에 퀘이커교도들의 자비로운 손길이 닿았던 것은 아니다.

커피, 차, 설탕과 마찬가지로 초콜릿도 중산층이 감당할 수 있는 '저렴한 사치품'이 된다. 하지만 커피나 차와는 달리 초콜릿은 다른 명성을 추가로 얻게 된다. 1861년 리처드 캐드버리가 초콜릿을 빨간 하트 모양 상자에 담아 팔기 시작하면서 초콜릿과 로맨스가 한 쌍이 되어 사람들의 마음을 끌었다. 초콜릿과 로맨스를 연결 지은 혁신적인 마케팅은 19세기 후반 미국에 그대로 전해진다. 초콜릿은 퇴폐와 성적 유혹을 상징하기에 이르렀으며, 매년 2월 14일 밸런타인데이에는 하트와 꽃의 이미지에 초콜릿이 같이 등장하게 됐다. 제2차 세계대전이 끝난 직후 일본에서는 제과 업계가 초콜릿 판매를 위한 판촉 활동을 벌이면서 초콜릿과 밸런타인데이가 동의어처럼 사용됐다. 미국에서는 여성이 사랑하는 사람에게서 초콜릿을 받는 일이 일반적이었다. 그러나 일본에서는 미국과 반대로 여성이 남성을 위해 초콜릿을 구매해야 했다. 심지어 사랑하는 사이가 아닌 남성에게까지 초콜릿을 의무적으로 선물해야 했다. 이런 관행을 '의리 초코'라고 불렀는데, 밸런타인데이가 오면 사랑하는 사람뿐 아니라 직장 동료나 상사에게도 초콜릿을 선물하는 의무가 생겨버렸다. 제과 업계는 일본의 '답례' 전통을 이용해 받은 초콜릿을 되돌려 줄 수 있는 두 번째 기념일을 만들었다. 바로 3월 14일 화이트데이다. 화이트데이 때는 지난달 브라운 초콜릿을 선물로 받았던 남성이 여성에게 화이트 초콜릿을 답례로 사줘야 한다.

의리나 로맨스와는 상관없이 제2차 세계대전 당시 미군이 배급받았던 전투식량에는 초콜릿이 포함돼 있었다. 전투식량에 초콜릿을 처음으로 추가한 나라는 영국이었다. 1937년 미국 정부가 초콜릿 제조 회사 허쉬에 비상용 전투식량으로 활용할 수 있는 초콜릿 바를 제조해 달라고 의뢰했다. 구체적으로는 100그램 정도 크기에 열량이 높고 고온에서도 녹지 않아야 하며 아무런 맛이 없어야 한다고 강조했다. 군인들이 즐거움을 위해 초콜릿을 찾는 경우가 생기지 않기를 바랐기 때문이다. 결과물은 초콜릿, 설탕, 탈지유, 귀리 가루로 만든 'D-레이션 바'였다. 정부가 요구했던 모든 조건을 충족했기 때문에 전역 후에 그리워할 만한 그런 초콜릿 바는 아니었다. D-레이션 바 프로젝트를 계기로 허쉬는 미국 초콜릿 시장을 주도하는 최대 기업으로 성장한다. 대서양 건너 영국에서는 지금은 사라진 '벤딕의 스포츠 앤드 밀리터리 초콜릿'이 하트 모양 상자의 밸런타인 초콜릿과 반대되는 남성성과 근육질을 떠오르게 하는 초콜릿을 홍보했다. 1953년 에베레스트산 정상으로 원정을 떠난 에드먼드 힐러리 경Sir Edmund Hillary과 텐징 노르게이Tenzing Norgay가 레이크디스트릭트의 켄달 민트 케이크로 에너지를 보충한 이야기는 유명하다. 이때만 해도 영국에서는 초콜릿이 아직 전시 식량 배급 식품이었기 때문에 가져가기 힘들었지만, 전쟁이 끝난 후 탐험을 떠난 에베레스트 원정대들은 초콜릿을 꼭 챙겨 갔다. 우리도 네팔의 다울라기리와 안나푸르나 사이를 흐르는 칼리간다키강을 따라 트레킹을 하기 위해 초콜릿을 챙겨 간 적이 있다. 그런데 잠이 든 사이에 가이드가 초콜릿을 먹고 사라지는 바람에 에너지와 위안을 구할 방법 없이 강행군을 이어나가야 했다.

현대의 초콜릿은 설탕과 함께 즐기는 달콤한 식품이다. 하지만 초콜릿을 짠 음식의 재료로 활용할 수도 있다. 멕시코 몰레 소스가 가장 대표적인 예다. 몰레는 멕시코 남부 오악사카와 다른 여러 지역 음식에 들어가는 소스로 카카오의 원산지와 가까운 지역에서 주로 쓰인다. 몰레에는 여러 층의 맛이 존재한다. 보통 서른여 가지의 재료가 들어가는데 지역마다, 각 가정마다 고유의 비법이 있어 멕시코를 넘어서까지 사랑받는 소스다. 몰레에는 초콜

다른 방식으로 먹기

릿이 아닌 특정한 카카오가 들어간다.

초콜릿 광고 문구가 끔찍한 착취의 역사를 로맨틱하게 보이도록 꾸밀 수 있을지 몰라도 현재에 와서는 많은 기업이 노동환경 개선을 위해 노력하고 있다. 라틴아메리카의 초콜릿 대부분은 브라질, 페루, 에콰도르, 도미니카 공화국에서 생산되고 있다. 멕시코에서는 비교적 적은 양의 카카오가 생산되고 있지만, 고대 멕시코의 카카오 산업을 재건하려는 계획이 2019년부터 구체화되기 시작했다. 아프리카에서는 상황이 조금 다르다. 사하라사막 이남 아프리카의 카카오 농장에서 거의 노예에 가까운 상태로 노동에 시달리는 이들에 대한 우려가 소비자를 중심으로 퍼지기 시작했다. 이 지역은 더 이상 식민지가 아님에도 노동자들이 착취를 당하고 있는 실정이다. 시대의 요구에 발맞춰 일부 초콜릿 제조업체들이 제조 방식을 바꾸기 시작했다. 페어트레이드Fairtrade, 이퀄 익스체인지Equal Exchange 등 공정무역을 장려하기 위해 설립된 단체들은 환경 친화적이고 노동자 친화적인 초콜릿 기업들에게 인증마크를 부여한다. 차와 커피 생산에도 동일한 움직임이 일어나고 있다.

커피

커피는 어디에서나 볼 수 있다. 적어도 커피콩을 수입하는 나라에서는 그렇다. 하지만 커피를 생산하는 국가에는 커피를 마시는 사람이 거의 없다. 커피를 마시는 사람들의 삶과 생산하는 사람들의 삶 사이에는 어마어마한 경제적 불평등이 존재한다. 커피를 생산하면서 동시에 소비하는 국가는 브라질이 유일하다. 커피를 소비하는 지역에서는 사회계층에 상관없이 모든 사람이 커피를 마신다. 연령에는 제한이 있는 듯하다. 차와 커피는 보통 어른을 위한 음료로 여겨지기 때문이다. 차와 초콜릿처럼 커피도 적절한 환경에서만 재배할 수 있는 작물이다. 커피는 적도에서 북위 및 남위 25도 이내의 열대나 아열대 지역에서 가장 잘 자란다. 커피의 품질을 향상시키기 위해서는 딱 알맞은 고도와 습도가 필요하다. 전문가의 기준으로 최상의 커피콩은 해발 1킬로미터에서 2킬로미터 사이의 고지대 경사면에서 자란다. 최고의 커피로 인정받는 프리미엄 품종은 아라비카 커피다. 두 번째로 인정받는 품종은 베트남과 브라질에서 많이 재배하는 로부스타 커피다. 에스프레소나 아이스커피를 만들 때 빛을 발하는 로부스타는 아라비카보다 추위에 강한 특징이 있어서 고도가 낮은 지역에서도 잘 자란다. 이름 그대로 '튼튼한' 커피다. 로부스타는 커피 시들음병 등 병충해에도 더 강하다. 커피 시들음병은 곰팡이 때문에 커피 잎에 녹슨 듯한 얼룩이 생기는 병으로 커피를 생산하는 국가에서는 큰 위협이 되는 전염병이다.

커피의 원산지는 예멘과 에티오피아다. 전설에 따르면 칼디 Kaldi라는 염소지기가 덤불에서 빨간 체리를 먹은 염소들이 유난히 기운차다는 것을 발견했다. 칼디는 빨간 열매들을 따서 어떤 열매인지 물어보기 위해 마을 수도승에게 가지고 갔다. 수도승이 열매를 먹어봤더니 정말 기운이 나는 것을 느낄 수 있었다. 여러 차례 실험을 거친 후, 칼디의 마을에서는 커피 열매를 말리고 갈아서 끓는 물로 우려내는 기술을 터득하게 됐다. 수도승과 사제들은 커피콩을 우려낸 물을 마실 때마다 밤늦게까지 기도를 드릴 수 있었다. 칼디의 전설은 여기까지지만, 커피가 지닌 약물로서의 특징을 사람들이 아주 일찍부터 알고 있었음을 이 전설을 통해 알 수 있다.

6세기나 혹은 그 전부터 아프리카 동북부 지역에서는 커피를 재배했다. 커피가 유럽으로 들어온 것은 1500년대이다. 아랍 상인을 통해 아프리카 동북부 지역에서 몰타와 이베리아반도로 커피가 전해졌다. 그 뒤로 여기저기로 이동하는 유럽인들을 따라 커피가 유럽 북쪽과 서쪽으로 전파됐다. 1530년대에는 시칠리아와 베네치아에서도 커피를 볼 수 있었고, 얼마 지나지 않아 1500년대 중반에는 포르투갈 선교사들과 상인들이 커피를 일본으로까지 가지고 갔다. 일본인들은 커피를 특히 불면증에 효과가 있는 약으로 여겼다.

1600년대 초, 크레타섬 출신의 옥스포드대학교 학생 너새니얼 카노피우스Nathaniel Canopius가 커피를 학교로 가지고 와 자신의 방에서 끓여주기도 했다는 기록이 있다. 1652년에는 옥스포드에 커피숍이 생겼다. 같은 해 그리스 출신인지 아르메니아 출신인지 정확히 알려지지 않은 파스콰 로제Pasqua Rosee라는 사람은 현재 더 시티라고 불리는 지역에 런던 최초의 커피하우스를 열었다. 당시 상인들과 은행가들이 커피하우스에서 파는 음료에 큰 관심을 보였다. 수십 년 후 커피는 유럽 대륙을 장악했다. 빈과 그 외 여러 지역에서도 커피가 발전했지만, 자세한 내용은 알려지지 않았다. 역사적 사실은 신화처럼 들리는 다음 이야기에 가려져 버렸다. 오스만제국의 군대가 1683년 제2차 빈 공방전에서 패배한 후 짐을 가득 실은 낙타까지 오스트리아에 두고 도망갔다. 짐 속에는 오스트리아 사람들이 본 적 없는 이상한 콩도 있었다. 오스트리아에서 통역사로 일하던 폴란드인 게오르크 프란스 콜히트스키Georg Franz Kolchitzsky는 오스만제국과 관련된 경험 덕분에 그 콩이 커피라는 것을 바로 알아차렸고 커피콩을 챙겨 빈으로 가져가 1686년 유럽 대륙 최초의 커피하우스 블루보틀(푸른 병 아래의 집 Hof zur Blauen Flasche)을 열었다. 새로운 것은 저항에 부딪히기 마련이다. 17세기 초 교황 클레멘스 8세는 커피를 이슬람교와 반크리스트교의 영향으로 규정하고 금지해 달라는 요청을 받았다. 하지만 커피 맛을 본 교황은 "이 사탄의 음료는 참 맛있다. (……) 커피에 세례를 주고 크리스트교의 음료로 만들어 사탄을 속이겠다"라고 했다.[6]

곧 런던의 코코아하우스들은 커피하우스로 바뀌었고, 차가 우위를 차지하기 전까지 커피가 런던을 지배했다. 영국의 식민지에서는 커피를 재배하지 않았다. 17세기 중반이 되자 네덜란드가 당시 실론이라고 불린 현 스리랑카에서 커피를 재배하기 시작했고, 실론에서부터 커피가 자바와 동남아시아 지역으로 퍼져나갔다. 얼마 지나지 않아 국제무역 시장에서 네덜란드의 자바 커피가 예멘의 항구도시 이름을 딴 모카커피를 앞서 나갔고, 전 세계에서 자바와 커피가 서로 뗄 수 없는 단어가 됐다. 커피가 영국의 북아메리카 식민지에서는 차보다 더 인기가 있었다. 차 하면 영국이 떠오를 정도로 둘의 관계가 깊었기 때문에 영국의 착취에 시달리던 미국 시민들은 커피를 더 선호했다. 물론 영국이 미국을 착취한 방식은 카리브해의 노예들을 착취한 방식과는 아주 달랐다. 1773년 일어난 보스턴 차 사건 이후로 차가 식민 지배와 대표 없는 과세의 상징이 됐고, 미국 내 커피하우스들은 혁명의 온상이 됐다. 이때부터 커피가 정치를 떠오르게 하는 음료로 자리 잡았고, 이 흐름은 미국독립혁명 이후 뉴욕과 필라델피아에서도 이어진다.

차와 커피는 둘 다 금주와 맑은 정신을 상징하는 음료로 일찍부터 명성을 얻었다. 또한 사람들이 두 음료를 통해 자유롭고 진보적인 대화를 하는 분위기가 형성되다 보니 비평가, 반대편에 선 경쟁자, 통제 밖의 영역에서 모이는 백성 등을 두려워했던 지배자들이 커피에 관심을 가지게 됐다. 영국에서는 거의 추방당하다시피 했지만, 그렇다고 커피가 사회적 명성을 잃은 것은 아니었다. 사람들이 친구나 낯선 이들을 만나고, 정보를 교환하고, 일이나 가정에서의 압박에서 벗어나 위로를 찾을 수 있는 사회적 공간의 중심에는 여전히 커피가 있었다. 사회학자 위르겐 하버마스Jürgen Habermas는 17세기 중반 영국의 커피하우스가 '공공 영역'의 발전과 확산에 중요한 역할을 한 장소였다고 인정했다.[7] 공공 영역은 정부와 중산층을 구성하는 개인들이 대화를 나눌 수 있는 공간을 의미한다. 다양한 사회적 배경과 삶의 조건을 가진 사람들을 받아들였으며, 각자 처해 있는 정치적, 경제적 여건을 주제로 토론할 수 있는 기회를 제공했다. 커피하우스에서는 사업 계약을 성사시키기도 했고, 새로운 정보를 교환하기도 했으며, 정부에 관한 의견을 나누기도 했다. 커피하우스에서 일어나는 사교 모임은 그 종류가 다양했다. 한 가지 확실한 점은 커피하우스에서 진행된 사교 모임이 술집에서 술기운으로 하던 사교 활동과는 달리 맑은 정신을 유지한 채 진행됐다는 것이다. 비평가들은 시간 낭비나 하는 장소라고 비난했지만, 시간이 지날수록 커피하우스는 정보 교환의 장으로 인정받기 시작했다.

18세기에는 인도네시아를 점령한 네덜란드와 아프리카에 식민지를 뒀던 프랑스, 포르투갈 등의 국가가 커피로 큰 경제적 이익을 누리게 됐다. 포르투갈의 지배에서 벗어나 1822년부터 독립 국가로 존재했던 브라질은 19세기 후반부터 커피 생산에 뛰어들

다른 방식으로 먹기

었다. 커피 생산을 점차 늘리던 브라질은 결국 세계에서 가장 규모가 큰 커피 생산국이 되었다. 20세기 초 일본 농부들이 브라질 상파울루로 이주하여 커피 농장에서 일했다. 후에 브라질에서 일본으로 돌아온 누군가는 세계 최초 커피숍 체인인 카페 파울리스타Cafe Paulista를 도쿄에 설립했다.

　커피가 일본에서 성공적으로 정착한 일은 그 자체만으로도 흥미로운 이야기가 되었다.[8] 일본에 커피가 처음 전해진 때는 포르투갈 선교사들과 상인들이 커피를 가지고 일본에 도착했던 1549년이었다. 하지만 커피가 차를 제치고 일본인들이 일상에서 마시는 음료가 되기까지는 수백 년이 걸렸다. 미국과 독일의 뒤를 이어 세계에서 세 번째로 큰 커피 수입국인 일본은 수입한 커피 중 상당 부분을 시럽과 같은 '커피 제품' 생산에 활용한다. 일본에서 개발된 커피 관련 기술과 트렌드는 다시 전 세계로 수출돼 전파된다. 일본의 현대식 커피하우스인 키사喫茶에서는 커피콩을 간 것에 직접 물을 붓는 핸드드립 방식으로 커피를 내린다. 다도까지는 아니지만 그와 비슷한 환대의 의미를 지니는 핸드드립 커피 제조 퍼포먼스를 볼 수 있다. 일본 전역에서 에스프레소 머신을 쉽게 볼 수 있지만 키사에서는 핸드드립 커피를 마셔야 제맛이다. 핸드드립 커피를 제조하는 바리스타는 물이 끓다가 식기 시작하는 그 순간에 원두를 간다. 핸드드립 커피를 만들 때는 유리 주전자를 많이 사용한다. 목 부분이 나무로 되어 있기도 하다. 주전자 위에 필터를 고정해 핸드드립을 내릴 준비를 한다. 바리스타는 잘 갈린 원두를 필터에 두고 그 위로 물을 나선형으로 빙글빙글 돌려가며 천천히 붓는다. 오래된 커피하우스에서 볼 수 있는 이런 핸드드립 커피는 '수제' 커피라고 불린다. 수제 커피는 기계의 개입으로 만들어진 커피보다 문화적으로 우수하다고 여겨진다. 핸드드립 외에 사이폰 커피도 수제 커피로 분류된다. 사이폰 커피 제조법은 18세기에 네덜란드 상인을 통해 일본으로 들어왔다. 이탈리아인들 덕분에 일본에서 인기를 얻게 된 에스프레소는 20세기 미국 카페 체인점들이 들어오면서 더욱 널리 퍼져 일본 내에도 많은 애호가가 존재한다. 에스프레소 머신도 잘 사용하면 수제 커피가 될 수 있다. 한 일본 커피 장인은 "에스프레소 머신은 내 팔의 연장선이다"라고 이야기하기도 했다.[9]

사람들이 어디에서 커피를 마시는지는 상관없다. 커피가 있는 곳에는 늘 사교 모임이 뒤따라오기 마련이다. 에티오피아에는 커피 세리머니라고 불리는 전통 의식이 존재한다. 커피를 함께 마시는 것을 에티오피아의 암하라어로 '부나 테투buna tetu' 또는 '부나 이니빌라buna inibila'라고 부르는데 이는 '교제하다'의 의미를 지니고 있다. 에티오피아 남서부 지역에서 유래됐다고 전해지는 커피 세리머니가 지금은 에티오피아 각지에서 일상적으로 행해지고 있다. 의식을 이끄는 사람은 주로 여성이다. 커피 세리머니를 담당

다른 방식으로 먹기

하는 여성은 커피 생두를 불 위에 올린 팬에서 볶은 후 절구로 빻는다. 일본의 다도와 마찬가지로 커피 세리머니의 목적은 지인에게 대접할 맛있는 커피 한 잔을 정성이 가득한 긴 과정을 통해 만들어내는 것이다. 볶은 커피 생두를 빻아 만든 가루와 뜨거운 물을 도자기 주전자에 넣어 잘 저어야 한다. 잘 저은 커피는 여러 번 체에 거른다. 마지막으로 쟁반 위 모든 컵을 다 채울 때까지 커피를 붓는다. 커피 세리머니를 통해 만든 커피는 여러 잔에 걸쳐 마실 수 있으며 설탕, 소금, 버터를 추가해 마시기도 한다. 함께 나오는 다과도 중요하다. 커피에 곁들여 먹는 팝콘은 환대의 상징이다.

커피의 원산지가 에티오피아와 예멘이지만 에티오피아산 커피가 최상급의 품질을 인정받기까지는 오랜 세월이 걸렸다. 스페셜티 커피는 다양한 정체성과 특성을 보여준다. 특히 커피 원두는 생산 지역의 환경적 특성을 나타낸다고 여겨진다. 생산지의 환경에 영향을 받아 완성된 독특한 향미를 프랑스어로 '토양'을 의미하는 '테루아'라고 부른다. 에티오피아 커피 애호가들은 에티오피아 예가체프에서 '블루베리 향미'를 찾는 방법을 알고 있으며, 어떤 원두를 어느 정도로 볶아야 하는지도 잘 알고 있다. 바리스타와 맛 좋은 커피를 찾아다니는 여행객들 사이에서 에티오피아 커피에 대한 관심이 치솟자 현지인들은 많이 놀랐다. 에티오피아 사람들이 커피를 만들고 맛보는 방법은 '스페셜티 커피' 전문가들의 방식과는 아주 다르다. 하지만 에티오피아에서 생산되는 커피콩의 가치는 모두가 높게 평가하고 있다.

다른 방식으로 먹기

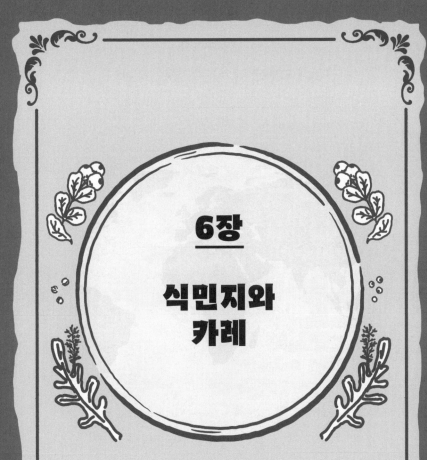

6장

식민지와
카레

파나마에서 찾은 정통 커피

환태평양 지역 고지대에 조성된 숲에서 나와 다른 언어를 쓰는 남자가 커피 열매 따는 방법을 알려줬다. 우리가 있던 곳은 그냥 숲이 아니었다. 나무와 덤불 사이로 커피나무가 자라도록 만들어 놓은 커피 농장 한중간이었다. 나무 그늘 아래서 햇빛을 피하고 있었지만, 목으로 내리쬐는 햇살까지 완전히 막을 수는 없었다. 커피 열매 수확 방법을 알려주던 사람은 그 지역 부족 출신인 내비Gnäbe였다. 영어 이름은 벤저민Benjamin이라고 했다. 내비는 커피 농장 구석구석을 속속들이 알고 있는 듯했다. 이 열매 저 열매를 가리키며 전체가 빨갛게 잘 익은 열매를 찾아야 한다고 알려줬다. 줄기 부분만 살짝 하얗게 남아 있는 빨간 열매는 조금만 비틀어도 쉽게 딸 수 있었다. 우리는 천천히 플라스틱 통을 채워갔다. 이곳에서 생산된 열매를 가공하고 나면 커피 로스터들에게 높은 값을 받고 팔 수 있다. 이곳에서 생산된 열매를 볶아 커피를 만들면 게이샤만의 향미를 음미할 줄 아는 커피 전문가들에게 좋은 평가를 받을 수 있기 때문이다. 파나마의 게이샤 커피는 세계 커피 시장에서 아주 빠르게 최상급 커피 타이틀을 거머쥐었다. 게이샤는 다른 커피나무보다 더 천천히,

더 적은 양의 열매를 생산하는 품종이다. 그래서 파나마의 저지대 지역이나 브라질 등 수출용 커피를 대량생산하는 곳에서 선호하는 품종은 아니다. 전 세계적으로 아주 적은 부분을 차지하는 스페셜티 커피 시장을 노리고 재배된다. 그리고 내가 바로 그 스페셜티 시장에서 커피를 소비하는 구매자 중 하나였으므로 이곳 파나마까지 오게 됐다. 나는 희귀한 뭔가를 찾고 있었다.

운이 좋게도 다른 음식 작가들과 함께 파나마 서부 고지대에 있는 치키리주 스페셜티 커피 농장에 초대받았다. 하와이에 있는 커피 플랜테이션 방문을 제외하면 '원산지'라고 불리는 곳에 가본 적이 한 번도 없었기 때문에 이번 기회를 놓치고 싶지 않았다. 초대에서 시작된 여행은 커피를 사랑하는 사람으로서 커피에 대한 의지를 증명할 수 있는 성지순례였다. 여러 농장을 오가며 생산자들과 직접 커피를 거래하는 전문가들은 단순히 커피를 마시기만 하는 소비자들이 절대 알 수 없는 커피 생산의 세계를 경험한다. 커피의 향미를 결정하는 생산지의 조건은 노동자, 환경, 가공 과정을 모두 포함하며 우리가 커피를 마시며 느끼는 행복은 다른 사람의 노동에서 오는 것이다. 커피가 생산되는 바로 그곳에서 커피 한 잔을 마셔보고 싶었다. 토양을 만져보고, 커피나무가 자라는 흙에 닿을 빗방울을 느껴보고 싶었다. 치키리주의 보케테에는 바하레크라고 불리는 아주 잔잔한 이슬비가 내린다. 일본어로는 '쌀겨 비'라는 의미의 누카아메라고 부르는 비다. 토양이 향미로 승화된다는 테루아의 개념이 실재하는 것인지 확인하고 싶었다. 내가 찾고 있던 것은 '정통' 커피였다.

정통은 정의하기 어렵다. 정통을 의미하는 영어 단어 'authenticity'의 어원은 고대 그리스어 authentikos까지 거슬러 올라간다. authentikos는 '진짜', '중요하다'라는 의미를 지닌 단어로 라틴어에 와서는 authenticus가 됐고, 현대에는 권한과 성경 정본이라는 의미가 더해졌다. 정통성이 있는 음식을 찾아다닌다는 것은 오리지널 카초에 페페 파스타, 공식적인 베샤멜 소스, 진짜 느억짬 소스를 찾아다니는 것과 같다. 파나마의 게이샤 커피를 예로 들어 정통성이라는 단어를 이해해 보면, 여러 게이샤 커피 열매 중 플라톤이 말한 '이상'에 더 가까운 열매가 존재한다는 것을 의미한다. 비슷함, 복제품, 모방, 가짜라는 개념이 존재하지 않거나, 어떤 물건을 논할 때 그런 꼬리표를 붙여 폄하하는 일이 없었다면 '정통성'이라는 단어도 존재하지 않았을 것이다. 정통성은 모조품이나 대용품에 대한 걱정과 두려움을 대변한다. 정통성은 가장 현지와 비슷한 음식을 찾아다니는 대식가들 사이에서 널리 사용되는 단어이기도 하다. 미국 로스앤젤레스 한인 타운에서 흑염소탕을 찾는다거나, 특정 피자가 왜 뉴욕 피자처럼 생겼는지 묻는다거나, 블루베리가 박힌 베이글이 왜 이렇게 가짜처럼 보이는지 물으면서 정통성이라는 단어를 사용한다. '가짜'가 순수주의자들이 경멸의 의도로 사용하는 용어이듯이, 정통성은 분류를 위한 기제며, 가치를 표현하기 위한 단어고, 칭찬을 위한 용어다. 극단적으로 가면 식재료나 음식이 탄생하는 사회적, 환경적 조건을 숭배하는 데까지 이르게 된다.

보케테에서 커피를 재배하는 사람들은 이슬비 바하레크가 커피나무에 매달린 열매의 성장을 지연시킨다는 사실을 알아냈다. 열매가 나무에 더 오래 매달려 있다 보니 성숙 과정에 쌓이는 당분의 양도 늘어난다고 분석했다. 그런 점에서 파나마의 게이샤 커피는 열매에 풍미를 더해주는 기후 환경에서 자란 덕분에 만들어진 아주 운이 좋은 결과물이다. 약하게 볶은 게이샤 커피에서는 이때까지 그 어느 커피에서도 느껴보지 못한 맛이 났다. 차에서 느낄 수 있는 쓴쓸함과 자몽 껍질에서 나는 상큼함을 동시에 맛볼 수 있었다. 커피에 대한 정의를 다시 내리게 한 맛이었다. 하지만 이 모든 맛과 맛을 느끼는 과정은 정통성과는 거리가 멀다. 정통성은 음식이나 음료를 포함한 특정 물질이나 물건에 우리가 부여하는 특징이지, 특정 물질이 원래 가지고 있는 특성이 아니기 때문이다.

음식과 음료를 논할 때 왜 그렇게 많은 사람이 정통이라는 단어에 집착하는지 궁금해졌다. 몇 가지 답안이 떠오르기는 했다. 지금은 식재료를 공장에서 가공된 상태로 구할 수 있는 시대다. 밀가루 포대마다 기계로 완벽하게 분쇄해 똑같은 특징을 지닌 빵을 만들 수 있는 밀가루가 들어 있다. 모두가 공장에서 찍어낸 동일한 재료를 쓸 때, 독특한 재료와 그에 얽힌 이야기가 매력적으로 다가올 수 있다. 보통 식재료가 생산되는 환경까지 알기란 쉽지 않지만, 유일무이한 식재료를 사용해 만든 요리를 맛보는 순간 우리가 소비하는 식재료가 생산되는 환경에 관해 알게 된다. 일부 사회에서는 독특한 식재료가 문화적으로도 더 큰 의미를 지닌다. 근대 이전 시대 농부의 삶을 보여주는 수제 나무 숟가락이 근대 공장의 금속판으로 찍어 만든 숟가락보다 더 귀하고 소중한 것과 같은 이치다. 상황만 잘 맞아떨어지면 공장에서 찍어낸 물건들도 문화적 가치를 지닐 수 있다. 정통 현대 음식을 나타낼 수 있는 것은 공장 기계로 찍어낸 음식뿐이기 때문이다. 샌프란시스코에서 각자 준비한 음식을 나눠 먹는 포트럭 식사에 참석한 적이 있다. 한 여성이 작은 가방을 들고 등장했고 그 가방에는 통조림 세 통이 들어 있었는데 각각 콩, 치즈, 튀긴 양파 통조림이었다. 그녀는 들고 온 재료를 초대해 준 집주인의 오븐으로 모두 구워낸 후 미국 중서부 지역의 찜 요리라고 소개했다. 인도 델리의 거리에서 사 먹었던 사모사보다도 낯선 음식이었지만 사모사나 찜 요리나 모두 각 지역의 정통 요리였다.

정통 음식이란 철학적으로 아무 의미 없는 개념이라고 생각한다. 그러나 많은 사람이 끊임없이 정통 음식을 찾는다. 정통 요리란 존재하지 않는다는 전제하에 정통 요리를 갈망하는 행위를 포기할 수도 있다. 하지만 사람들은 늘 정통 요리에 목말라 있을 것이다. 철학자이자 평론가였던 테오도르 아도르노Theodor Adorno는 '권력 중독'이라는 표현을 사용해 정통성을 갈구하는 사고방식을 묘사했다.[1] 어디서 피자를 먹어야 하고, 어디서 베이글을 사야 하고, 어디서 커피를 마셔야 하는지 정통성이라는 단어가 알려줄 것이다. 정통성은 존재하지 않는 개념이지만 존재의 유무는 실질적으로 아무런 의미가 없다. 정통성은 열렬한 신봉자들의 마음속에 믿음으로 계속 이어지기 때문에 누구도 그냥 무시해 버릴 수 없는 개념으로 남을 것이다. 옳든 그르든 지금 우리가 살고 있는 표준화된 산업화 시대, 모든 지역이 하나로 연결된 세계화 시대, 전례 없는 수준으로 요리사와 소비자가 만날 수 있는 시대에는 정통의 가치가 더 빛을 발한다. 정통성의 문제가 철학의 문제처럼 보이는 사회적 문제라는 점을 인식하고, 우리는 계속 '왜'라는 질문을 던져야 한다.

다음은 1861년 『비튼 부인의 살림법Mrs. Beeton's Book of Household Management』에 등장한 제국주의 시대 영국의 멀리거토니 수프 조리법이다.

○ **필요한 재료:** 카레가루 2큰술, 양파 6개, 마늘 1쪽, 아몬드 가루 30그램, 레몬절임이나 망고주스 약간, 새나 토끼 등의 가금 1마리, 저지방 베이컨 4장, 중급 육수 2리터, 원한다면 최상급 육수도 사용할 수 있음.

○ **방법:** 빛깔 좋은 양파를 얇게 썰어 튀긴다. 냄비에 베이컨을 넣는다. 토끼나 새를 잘게 잘라 살짝 갈색이 될 때까지 익힌다. 튀긴 양파, 마늘, 육수를 넣고 고기가 부드러워질 때까지 약불에 끓인다. 국물 위로 뜬 기름을 조심스럽게 걷어낸다. 고기가 충분히 익었을 때쯤 카레가루로 부드러운 반죽(루)을 만든다. 카레 반죽과 아몬드를 국에 넣는다. 아몬드는 미리 가루로 빻아서 약간의 육수와 섞어놓는다. 수프에 양념을 넣고 레몬절임이나 망고주스를 조금 더해 밥과 함께 차려 낸다.[1]

다른 방식으로 먹기

아래는 몇 년 후 소설가 윌리엄 새커리William Thackeray가 인도 음식을 처음 맛본 영국인을 묘사한 장면이다.

'조용히 있으면서 인도에 관심 있는 척해야겠다'고 리베카 샤프는 생각했다. (……) "여보, 샤프 양에게 카레 좀 내줘요." 세들리 씨가 말했다. (……) "인도에서 온 다른 것들만큼이나 마음에 드나요?" 세들리 씨가 물었다. (……) "와. 진짜 맛있어요." 카레에 든 고춧가루로 고문을 당하는 듯 괴로웠지만 샤프는 참고 대답했다. "샤프 양, 여기 고추랑 같이 먹어봐요." 조지프가 흥미로워하며 제안했다. "고추! 네, 주세요." 샤프가 숨을 헐떡이며 말했다. 고추라는 이름을 듣고 뭔가 시원한 음식이라고 생각했다. (……) "푸른 빛이 정말 싱싱해 보이네요." (……) 샤프는 포크를 내려놨다. "물, 세상에. 물 좀 주세요!"[2]

새커리가 1847년부터 1848년까지 연재한 소설 『허영의 시장 Vanity Fair』의 리베카 샤프가 먹은 매운 고추와, 빅토리아 시대의 요리 문화를 기록한 『비튼 부인의 살림법』에 소개된 순한 멀리거토니 수프는 아주 다른 음식이다. (멀리거토니는 타밀어에서 온 단어다. 타밀어로 몰라구molagu는 후추를 뜻하고, 타니thanni는 물을 의미한다.) 둘 사이의 간극은 영국 본토와 대영제국의 지배가 닿은 가장자리 사이의 거리라고 볼 수도 있다. 정복당한 이들의 '이국적인' 세계와 안전한 국내에 있는 내 집 사이의 거리다. 새커리는 자신의 소설에서 그 간극을 아이러니로 아주 명확하게 보여주고 있다. 출세하고 싶은 젊은 영국 여성 리베카 샤프가 영국령 인도에서 일하고 돌아온 남성을 유혹하려고 한다. 그와 결혼하면 리베카의 사회적 지위가 높아질 수 있기 때문이다. 그녀가 목표로 삼은 조 세들리는 라지Raj의 구성원이다. 라지는 인도 영토 대부분을 차지했던 대영제국의 통치를 의미하는 용어다. 1757년 영국 동인도회사의 도움으로 인도에 영향력을 행사하던 영국은 1858년부터 직접 통치를 시작했다. 하지만 리베카의 노력은 그녀의 열정으로 가득 찬 전략과 조의 국제적인 미식 경험을 따라갈 수 없는 비참한 무지를 동시에 드러낸다. 영국으로 캐시미어 숄, 코끼리 발 우산대, 아시아 남부 음식을 가지고 왔던 모든 '앵글로 인디언'(인도에서 오랜 기간 거주한 영국인)이 인도에서 완전히 현지화된 삶을 살았던 것은 아니다. 평범한 영국인들의 입맛에 맞을 정도로 연하면서도 어느 정도 아시아 남부 음식이라 불릴 만한 특징이 있는 비튼 부인의 멀리거토니 수프가 어떻게 탄생했는지 설명이 되는 부분이다. 멀리거토니 수프는 인도와 라지를 떠오르게 하면서도 영국인의 입이 불타오르거나 불쾌해지는 일이 없도록 만든 음식이었다.

'식민주의'와 '제국주의'는 종종 같은 의미로 사용된다. 하지만 각각의 용어는 정치적, 군사적으로 다른 현상을 가리킨다. 역사가들과 사회과학자들은 새로운 영토로 국가의 지배력을 확장하는 것을 제국주의라고 정의하기도 한다. 2장에서 살펴봤듯이, 영어로 제국주의를 의미하는 imperialism은 지배한다라는 뜻을 지닌 라틴어 imperium에서 유래했다. 농부를 뜻하는 라틴어 colonus에서 유래한 식민주의 colonialism은 농경지나 다른 자원을 확보하기 위해 새로운 영토에 정착지를 설립하는 것을 의미한다. 즉, 식민주의의 일차적 목표는 경제적 이익인 반면에 제국주의는 정치적 통제를 목표로 한다. 라지와 같은 식민주의는 제국주의로 이어졌고, 제국주의는 결국 그 자체가 국가의 정책으로 자리 잡았다. 영국 제국주의자 세실 로즈Cecil Rhodes는 "지도를 붉게 칠하고 싶다"라고 밝힌 바 있다. 19세기 후반 지도는 전 세계에 걸친 영국의 영토 확장을 나타내며 실제로 붉은 빛으로 칠해졌다. 영국 식민지 로디지아는 제국주의자 세실 로즈의 이름을 따서 만든 지명이다. 19세기 후반 '아프리카 분할'로 인해 아프리카에 대륙의 90퍼센트에 달하는 지역이 유럽 열강의 식민 지배를 받기에 이르렀다. 제국주의는 천연자원 확보를 위한 지배권을 얻으려고 유럽 열강들이 펼치는 경쟁전 양상을 띠었다. 6장에서는 근대 유럽의 제국주의와 식민지 확장이 세계의 식문화에 어떤 영향을 끼쳤는지 알아볼 것이다. 그러기 위해서 영국, 네덜란드, 프랑스의 상황을 차례대로 살펴보려 한다. 위 세 제국은 500년이 넘는 세월 동안 제국을 유지했던 고대 로마와는 대조적으로 고작 200년 정도로 역사가 아주 짧다. 하지만 새롭게 발전한 근대 기술은 유럽의 영토 확장을 도왔고, 그렇게 성립한 근대 제국은 세상의 식문화를 새로운 모습으로 바꾸어놓았다.

해가 지지 않는 영국 메뉴

인도 아대륙 대부분을 영국이 통치하기 시작한 것은 1600년대 동인도회사가 설립되고부터였다. 무역은 부를 가져다줬고, 그렇게 쌓인 부는 통치를 위한 군사력 확장에 도움이 됐다. 1757년 영국 동인도회사의 지배를 받던 인도는 1858년에 모든 통치권이 영국 왕실로 넘어가면서 영국 식민지가 됐다. 인도에서 활동하는 영국인 관료와 그들이 운영한 기관을 통해 영국 문화가 인도인들 사이에 퍼져나갔다. 인도 행정관청, 교육제도, 그 외 여러 기관 모두 영국 문화 확산에 일조했다. 공무원들이 애프터눈 티를 즐기는 것을 보고 영국의 사회 풍습과 식문화를 인도인들도 알게 됐다. '젠틀맨 렐리시'와 같은 영국풍 인도 퓨전 음식이 인도 일반 가정에 등장하기 시작했다. 젠틀맨 렐리시는 1828년 존 오스본John Osborn이 만든 페이스트다. 건조 멸치 가루, 버터, 허브, 향신료를 사용해서 19세기 영국에서 인정받던 영양과 맛을 반영해 만든 이 페이스트는 '파툼 페퍼리움'이라고 불리기도 했다. 예쁜 도자기 그릇에 넣어 먼 곳까지 들고 다니며 먹을 수도 있었고, 쉽게 상하지도 않았다. 토스트에 발라 식사 마지막에 짭짤하게 먹기 딱 좋은 음식이었다.

대영제국의 음식은 영국의 지배력이 닿았던 아메리카, 아프리카 동부 지역, 카리브해 섬들, 그 외 여러 식민지에서 건너온 식재료를 모두 포함했지만, 인도 음식만큼 영국 본토 식문화에 큰 영향을 준 것은 없었다. 인도 음식은 인도 안에서도 지역별로 천차만별이었다. 살림법 책을 쓴 비튼 부인은 빅토리아 시대 영국 가계 경영 분야에서는 가장 명망 높은 권위자였으므로 제국 여러 지역의 음식이 영국으로 전해 들어올 때 영국식으로 재해석하고 재창조할 수 있었다. 멀리거토니 수프는 엄밀히 말하면 인도 음식이 아니었지만, 앵글로 인디언과 영국 본토 국민이 인도의 맛을 시도해 봤다는 증거였다. 멀리커토니 수프에 들어가는 카레 가루는 현지 음식에 변화를 준 흔적이었다. 아몬드 가루로 걸쭉하게 만든 수프는 사실 인도 음식보다는 빅토리아 시대의 크림수프에 더 가까웠다.

인도에는 어느 정도 자치가 인정되는 토후국 형태의 섬들도 존재했지만, 영국의 인도 아대륙에 대한 지배는 오래도록 지속됐으며 규모도 광범위했다. 런던에 있던 인도 사무국에서는 인도 통치를 위한 체계를 기획했고, 인도 현지에서는 영국 정부 관리들이 파견돼 현지인과 가장 많이 접촉하며 방갈로에서 땀을 흘렸다. 영국 관리들은 천장에 달린 천을 당겨서 부채처럼 작동시켜 주는 하인인 푼카 왈라punkah-wallah도 거의 없이 일했다. 영국의 식민 지배가 이어지는 동안 영국 관리들은 인도 한쪽 구석에서 현지인들이 더위를 이겨내는 방법을 활용하고, 현지인들이 먹는 음식을 먹고, 때로는 현지 여성을 아내로 맞이하기까지 했다. 영국으로 돌아와서는 '진짜' 인도 음식을 맛봤다고 자랑하기도 했지만, 영국인들은 대체로 인도에 있는 중에도 영국 식문화를 최대한 지키려고 했다. 인도 요리사는 점심 식사로 갈비구이에 삶은 채소를 곁들여 영국식으로 준비하도록 배웠다. 앵글로 인디언들은 굉장히 영국적인 식사 자리에서 영국 본토에서처럼 옷을 차려입었다. 정장, 조끼, 넥타이, 코르셋, 목이 길게 올라온 드레스를 40도에 육박하는 인도의 더위 속에서도 고수했다. 여름이 되면 더 시원한 산간 피서지 마을로 떠나는 사람들도 있었지만, 모두에게 그런 행운이 허락된 것은 아니었다. 무더위가 이어지는 평지에서 벗어나지 못한 영국인들도 있었다. 본국 밖에서 영국 관습을 유지하려고 했던 눈물겨운 노력은 정치적인 의미를 지니고 있었다. 음식과 정장은 영국의 정체성을 표현하는 수단이었다. "우리는 영원히 영국인이다. 어떤 어려움이 닥쳐도 우리 방식을 지킬 것이다." 또한 영국인의 기질과 권력을 나타내기도 했다. "우리는 편안함을 포기하는 엄청난 일도 해낼 수 있다. 이 제국의 지배자가 될 만큼 강력하고 훌륭한 영국인이기 때문이다." 그들은 어떤 상황 속에서도 영국인으로 남아 있을 수 있는 능력이 영국 지배의 정당함을 증명한다고 여겼다. 게다가 영국인들은 자신들

다른 방식으로 먹기

이 먹고 마시는 문화가 문명화의 결과물이라고 믿었다. 영국 차 문화의 도입은 현지인 사이에서 진보의 상징으로 여겨질 것이라고 주장한 식민지 정부 요원도 있었다. "차를 마시기 시작하면 설탕과 찻잔이 필요할 것이다. 그리고 테이블도 필요하다. (……) 테이블에 둘러 앉을 의자도 필요하다. (……) 유럽의 문화는 단시간 내에 완전히 인도에 정착할 수 있을 것이다."[3]

식민지의 나이 든 영국 관리들은 인도인처럼 먹기가 현지화되는 것이나 자기편을 배신하는 것과 마찬가지라고 느꼈다. 한마디로 영국 문화에 대한 배신이었다. 영국 문명이 규정하는 바를 어겨 현지인처럼 행동하고, 현지인의 복장을 해 인도의 '무질서'를 받아들인 영국인을 '시장에 뛰어들었다'라고 표현하기도 했다. 여기서 시장은 무법 지대면서도 인도의 풍습으로 가득 찬 곳을 상징적으로 나타내는 장소다. 하지만 인도 음식이 아대륙뿐 아니라 영국 본토의 주방으로까지 침투하면서 천천히 반격을 시작했다. 당시 문화적으로 용납되는 구이 요리가 영국의 식탁을 장악하고 있었지만, 영국인 입맛에 맞게 만들어진 카레도 등장했다. 카레가루는 앵글로 인디언들이 만들어낸 발명품이다. 인도 요리사와 여성들은 카레가루처럼 정형화된 향신료 혼합물을 사용한 적이 없다. 인도 북부에는 가람 마살라, 인도 남부에는 타밀인이 많이 사용하는 삼바르와 같은 향신료 혼합 가루가 있기는 했지만, 인도 각 지역, 마을, 가정에서는 보통 자기만의 향신료 혼합 비법을 사용했다. 또한 요리마다 들어가는 향신료와 배합 방식이 모두 달랐다. 일고여덟 가지의 향신료를 굽고 빻아서 필요한 양념이나 페이스트로 만들어 먹었다. 영국의 카레가루는 그레이 소령Major Grey이 개발한 '처트니'처럼 인도의 혼합 향신료보다 균일하고 일반적이라는 특징이 있었다.

식민지로 파견 갔다가 영국으로 돌아온 정부 관리들이 사회적으로 고립되는 상황이 많이 발생했다. 현지인과 친밀감을 형성하거나 문화적 반역을 꾀하지 않았음에도 외국에 나가 살다 왔다는 사실 하나만으로 '망가졌다'는 낙인이 찍혔다. 귀국한 이들은 인도에서 부리던 하인들을 그리워했다. 특히 인도에서 요리를 해주던 요리사들의 부재가 크게 와닿았다. 그러다 영국 본국으로 하인들을 데리고 오는 사람들이 생기기 시작했다. 주인과 함께 영국에 도착한 인도인들은 주인들보다 사회적으로 훨씬 더 불편한 상황에 놓일 수밖에 없었다. 하지만 영국으로 들어오는 인도인의 수가 점점 늘어나기 시작했다. 특히 영국 식민 지배를 이끄는 데 도움을 주며 '영국화'된 인도인들이 영국 본토로 오는 경우가 많았다. 그와 동시에 멀리거토니 수프나 케저리와 같은 '인도풍 요리'가 영국에서 인기를 끌었다. 키추리나 키치리라고도 불리는 케저리는 작게 조각낸 대구를 훈제하고 조리한 음식이다. 향신료로 간을 한 밥과 함께 아침 식사로 먹는 영국 식민지 음식이었다. 음식을 여러 겹으로 올려 만드는 전통 인도식 점심 도시락 티핀

다른 방식으로 먹기

도 영국으로 들어왔다. 영국까지 전해진 인도풍 음식들은 인도에 대한 향수를 불러일으켰다. 마치 런던의 포트넘 앤드 메이슨에서 제이컵 비스킷, 잼 등의 식료품을 바구니에 한가득 넣어 인도로 보내줬을 때 느꼈던 향수와 비슷했다. 역사가 리지 콜링햄Lizzie Collingham은 식민지 시대의 영국 식탁을 "(변화하는) 영국 정체성을 보여주는 극장"과 같다고 표현했다.[4]

접시 위에 펼쳐진 네덜란드의 모험

대영제국의 해가 지지 않았던 것처럼 네덜란드 제국의 해도 지지 않았다. 대영제국과 네덜란드 제국은 전 세계로 뻗어나갔다. 네덜란드 제국의 기초도 무역 회사가 닦아놓았다. 네덜란드의 장사 수완에서 시작된 네덜란드 제국은 군사력의 지원으로 완성되어 1602년에는 네덜란드 동인도회사가, 1621년에는 서인도회사가 설립되며 네덜란드의 국외 세력을 제도화했다. 후에 네덜란드 공화국이 동인도회사와 서인도회사의 지분을 장악하면서 해상 무역과 금융업이 국가 권력의 핵심으로 자리 잡았다.

일찍부터 바다로 모험을 떠났던 스페인과 포르투갈에 네덜란드는 빠른 속도로 대항했다. 또한 포르투갈에서 상인과 금융업자가 안트베르펜과 암스테르담으로 대대적으로 이주하면서 네덜란드가 유럽 금융과 정보의 중심지가 됐다. 이주민 중 상당수는 1492년 포르투갈에서 강제로 쫓겨난 유대인이었다.[5] 향신료 무역으로 쌓은 부는 네덜란드 국내 발전의 원동력이 됐다. 특히 댐 건설과 간척 사업 등 유명한 대규모 지구공학적 프로젝트가 이때 이루어졌고 발트해, 대서양, 아시아 항로를 누비는 세계 최대 규모의 상선 함대가 조직되기도 했다. 네덜란드 동인도회사는 몰루카 제도와 그 외 동남아시아 식민지에서 향신료를 구하기 위한 대규모 원정도 지휘했다. 우선 육두구, 정향 등의 생산지로 가는 해로를 장악한 후, 포르투갈이 이미 선점했던 지역을 빼앗는 방식으로 향신료 생산지에 대한 지배권을 획득했다.

16세기 후반 네덜란드 국적 선원이 리스본에서 포르투갈의 무역로 지도를 훔쳤다. 그리고 그 지도는 장차 네덜란드가 전 세계 해로를 장악하는 데 큰 도움을 주었다. 당시 지도의 유무는 전략적으로 아주 중요했다. 지도에는 해안선, 깊은 해역, 불규칙한 조수의 흐름, 안전한 항구에 대한 정보가 모두 포함돼 있었다. 국가의 무역, 정치, 군사적 지배력이 모두 지도에 달려 있다고 해도 과언이 아니었기에, 여러 해양 국가에서는 사적으로 지도를 소유하는 행위 자체를 사형에 처할 수 있는 중죄로 간주했다. 향신료, 설탕, 차가 오가던 포르투갈의 무역로는 오랜 세월 동안 극비 사항으로 지켜졌다. 네덜란드는 포르투갈의 지도를 이용해 동남아시아, 아메리카, 아프리카에서 그들이 차지하고 있던 지역을 겨냥할 수 있었다. 결국 포르투갈 세력을 아시아에서 서서히 몰아내 그곳의 땅, 노예, 설탕 플랜테이션을 차지했다. 네덜란드가 포르투

다른 방식으로 먹기

갈에게서 빼앗은 지역 중에는 부유한 '콜롬보'를 수도로 했던 실론(현 스리랑카), 포모사(현 대만), 인도 서남부 지역의 코친, 모리셔스처럼 향신료와 차가 생산되는 곳도 있었다. 포르투갈이 처음 모리셔스를 발견했을 때 그곳은 섬 전체에 도도새밖에 없던 곳이었는데, 포르투갈 사람들이 도도새의 배설물을 활용해 모리셔스에 비옥한 농경지를 개척했다.

정치적, 경제적으로 포르투갈과 맞수였던 네덜란드는 얼마 지나지 않아 유럽에서 아시아 상품 시장을 독점하기에 이른다. 그와 함께 신트마르턴, 퀴라소, 아루바, 보네르와 같은 카리브해 섬도 점령한다. 사람들 식단의 가장 기본 요소인 소금을 기반으로 부를 축적한 네덜란드 상인들은 다양한 사치품을 고향으로 가지고 돌아왔다. 포르투갈인들이 그랬던 것처럼 네덜란드인들도 차를 기호식품이자 치료용 약으로 마셨다. 네덜란드 동인도회사에서 일하는 의사들은 환자들에게 차를 처방하기도 했다.

1575년에서 1675년까지 한 세기 동안 네덜란드의 황금시대가 이어졌다. 이 시기 네덜란드 경제가 크게 성장했고 전 세계에 식민지도 건설하며 전성기를 누렸다. 네덜란드 사람들은 문맹률이 낮았고, 예술적 소양도 높았다. 기술과 능력을 갖춘 이주민들이 네덜란드로 많이 유입되면서 국내 산업 발전에도 도움이 됐다. 네덜란드는 이베리아반도에서 건너온 세파르디 유대인, 프랑스에서 넘어온 신교도, 그 외 여러 지역에서 이주해 온 이민자들을 환영했다. 1815년에는 오랫동안 서로 동맹 관계로 이어져 있던 여러 지역이 네덜란드 왕국으로 하나가 돼 그 형태가 지금까지 이어져 오고 있다. 네덜란드는 식민지를 지배하는 과정에서 국가의 결속력을 다져 국내 정치 안정을 꾀하기도 했다. 하지만 '국가 대표 음식'이라고 부를 만한 요리가 거의 없었다. 어떤 대표 음식이 있는지, 다른 지역 음식과 어떤 차별적인 특징이 있는지 설명하기가 쉽지 않았다. 북유럽 스타일의 빵, 감자, 나무에서 나는 열매 위주의 채소를 중심으로 구성된 네덜란드 음식은 크게 화려하거나 복잡한 조리 과정 없이 가정에서 쉽게 만들어 먹을 수 있는 요리로 발전했다. 청어 어업은 '네덜란드 제국의 운명이 걸린' 산업이라고 불릴 정도로 네덜란드 경제에서 중요한 위치를 차지하고 있었다.[6] 청어는 식초나 소금에 절이거나 말려 오래 저장할 수 있었기 때문에 장거리 항해나 긴 겨울 동안 요긴한 식량이었다. 청어 자체보다 생선을 저장하는 네덜란드만의 방식이 여러 달 동안 이어지는 항해에서 선원들이 건강히 생존하는 데 큰 영향을 끼쳤다. 바다 위에서 긴 기간을 상하지 않고 버틸 수 있는 음식이 필요해지면서 네덜란드의 식문화에도 변화가 생겼다. 네덜란드의 음식 보존 방식은 캡틴 쿡Captain Cook과 같은 탐험가들에게 큰 도움이 됐다. 캡틴 쿡은 절인 양배추인 사워크라우트 등의 발효 식품들을 배에 싣고 항해를 해 선원들이 괴혈병에 걸리는 일을 막았다.

네덜란드에서는 단순한 요리법이 발달했지만, 상인들이 배

다른 방식으로 먹기

로 가져온 향신료를 요리에 적극 활용하기도 했다. 1669년 출간된 네덜란드 요리책 『센스있는 요리사De Verstandige Kok』에서 향신료가 얼마나 널리 활용됐는지 확인할 수 있다. 요리책은 강황과 마르멜로, 고수와 후추 등 네덜란드로 들어오는 이국적인 식재료를 십분 활용해 만든 요리들을 소개하고 있다. 하지만 19세기 네덜란드 요리사들은 자극적인 식재료를 삼가며 금욕적이고 검소한 요리 트렌드를 따르기 시작했다. 네덜란드에서는 '남아 있는 자'와 '떠나는 자'를 위한 요리가 따로 발전했다. 오늘날 네덜란드의 집밥 메뉴는 치즈, 감자, 양배추, 닭고기, 그 외 구운 음식들이 주를 이룬다. 반면 현재 식당이나 대형마트에서 찾아볼 수 있는 이국적 요리에는 양강근, 계피, 삼발올렉, 사테소스, 간장 소스 케첩이 포함돼 있다. 이국적 식재료들은 네덜란드에 '남아 있는 자'들도 흔히 즐겨 먹었다.

늘 그랬듯이 정복당한 지역의 음식은 정복자의 고국으로 전파됐다. 피지배인들의 식문화와 풍습이 투영된 식사가 지배자에게 바쳐졌기 때문이다. 여행자가 여행 중 먹던 음식은 그가 고국으로 돌아올 때 함께 들어왔다. 영국에 멀리거토니 수프와 치킨 티카 마살라가 있었다면, 네덜란드에는 쌀 요리 라이스트타펠이 있었다. 라이스트타펠은 인도네시아에서 영감을 받은 요리지만 인도네시아 현지 음식은 아니다. 라이스트타펠을 준비하고 차려내는 방식은 순전히 네덜란드의 권세를 보여주기 위한 한 편의 연극과 같았다. 인도네시아를 정복한 네덜란드인이 현지에서 즐겼던 호화로운 만찬에서 유래한 라이스트타펠은 주최자의 능력에 맞게 최대한 많은 가짓수의 요리로 구성됐다. 실제로 인도네시아에 거주하던 네덜란드 가정들은 하인 수만큼 요리를 준비해 하인 각각이 요리 하나를 내오도록 했다. 하인 마흔 명이 내오는 라이스트타펠도 드물지 않았다. 라이스트타펠은 수마트라 서부 지역에서 그 뿌리를 찾을 수 있지만 그곳에서도 이미 다문화적 요소가 반영된 식문화였다. 자바섬에서 먹는 사테, 수마트라에서 먹는 소고기 요리 렌당, 현지 중국 요리사가 달콤한 간장 소스로 간을 한 돼지고기 요리 바비 케찹 등의 요리를 수마트라 서부에서 만나 볼 수 있었다. 여기서 '케찹ketjap'은 나중에 미국에서 생산되는 토마토 케찹의 전신이다. 케찹은 간장 소스가 변형돼 탄생했다. 보통 발효 생선이나 새우젓갈을 넣어 만들었는데 타마린드를 추가하기도 하고, 영국에서는 호두나 버섯을 가미하기도 했다.

네덜란드인의 음식 사랑은 회화 작품에도 잘 나타나 있다. 제국의 권력이 정점에 달했던 네덜란드 황금시대에 그려진 정물화에는 네덜란드가 지녔던 부와 영향력에 대한 자부심이 그대로 나타나 있다. 화가들은 네덜란드의 지배력이 닿았던 넓은 영토를 상징하기 위해 이국적인 열대지방의 물건들을 정물화에 배치해 그렸다. 차분해 보이는 유럽 가정집의 방 안에 놓인 식탁이나 천으로 덮인 찬장에 이국적인 음식이 놓여 있는 식이었다. 그림 속

다른 방식으로 먹기

에 묘사된 작은 과도와 소용돌이치는 레몬 껍질은 제국이 식민지로 삼았던 영토의 범위를 예술적으로 보여줬다. 레몬은 카리브해 식민지에서 가져올 수 있는 아주 비싼 과일이었다. 화가들은 코르누코피아를 많이 그렸다. 뿔 모양의 용기인 코르누코피아에서 과일과 견과류가 풍성하다 못해 넘쳐흐르는 모습은 다 담지도 못할 정도의 부를 상징했다. 이 시기의 회화 작품들은 세밀한 부분까지 섬세하게 표현했고, 희귀한 식물들을 설명하는 책의 삽화로 활용되기도 했다. 바다에 의존하면서도 그 바다를 지배하던 네덜란드의 세력을 상징적으로 보여주는 그림도 많았다. 물고기 한 마리가 통째로 식탁 옆에 놓여 있고, 바로 근처에 굴과 조개가 가득 찬 바구니가 있는 모습을 묘사한 그림도 있었다. 사냥 솜씨를 뽐내려는 듯 토끼 한 쌍과 사냥새를 그린 그림도 찾아볼 수 있다. 하지만 이런 그림들이 단순히 제국을 찬양하기 위해서 그려진 것만은 아니었다. 탐욕, 죽음, 소유의 덧없음, 그리고 삶 그 자체에 관한 교훈도 담고 있었다. 잘 익은 과일을 담은 그릇에는 부패 중인 사과나 오렌지가 꼭 그려져 있었다. 썩거나 벌레가 먹고 있는 사과처럼 권력도 종말을 맞이할 수 있음을 예술적으로 표현한 것이었다. 정복한 세상을 상징하던 음식은 제국이 얼마나 덧없이 지나가 버릴 수도 있는지 보여줬다. 음식을 가질 수 있을 때 잘 지키라는 경고 메시지를 던지는 듯했다.

소시지와 찬란한 프랑스 요리

수년 전 프랑스 파리에서 열린 제임스 브라운James Brown의 야외 콘서트 현장 근처를 지나가던 길이었다. 갑자기 밀려드는 팬들 사이에 휩싸인 적이 있다. 그러다 이미 넘어져 있던 소시지 수레에 발이 걸리는 바람에 익히지 않은 빨간 소시지에 얼굴을 처박으며 넘어졌다. 얼굴은 기름진 붉은색 염료로 더럽혀졌고, 발목에는 찰과상을 입었다. 그 순간 넘어진 나를 어떤 사람이 일으켜 세웠다. 하지만 나는 소리를 질러버렸다.

"잠깐만요. 잠깐만! 안 보여요? 이거 메르게즈잖아요!"

알제리 출신 가수 제임스 브라운의 팬들을 피하는 일보다 소시지가 더 중요했다. 소시지는 파리로 전해 들어온 식민지 음식이다. 메르게즈 소시지는 양고기나 양고기와 돼지고기 혼합육을 쿠민과 고추로 양념해서 만든다. 메르게즈를 빨간 고추 소스인 하리사에 찍어 먹으면 북아프리카를 식민지로 삼았던 프랑스뿐 아니라 프랑스로 침투해 들어온 북아프리카의 문화가 저절로 떠오른다. 북아프리카 문화는 프랑스 식민지 주민들이 프랑스로 이주해 오면서 같이 넘어온 경우가 많다. 하지만 프랑스 내에서 메르게즈가 아직도 이국적인 음식으로 남아 있다는 사실은 프랑스 제국만의 식문화에 대한 자부심을 보여준다. 식민지를 마주하며 프랑스 본토의 식생활에도 변화가 생겼지만, 상당수 프랑스인은 자신의 식문화에 변화가 생기고 있다는 사실을 인정하는 것조차 거

다른 방식으로 먹기

부했다. 프랑스인들은 프랑스 문화와 문명이 순수하고 영원불변하다고 믿고 싶어 했다.

엄밀히 말해서 프랑스 제국은 연속적으로 나타난 두 시대를 가리킨다. 첫 번째 시대는 북아메리카에 식민지를 건설했던 16세기에 시작돼 나폴레옹 시대가 막을 내렸던 1815년 끝났다. 두 번째 시대는 알제리의 수도 알제를 정복했던 1830년에 시작됐다. 이 시기 프랑스는 아프리카 북서부 지역 대부분과 인도차이나, 그리고 그 너머로까지 세력을 넓히고 있었다. 프랑스 제국의 두 번째 시대는 20세기까지 이어졌다. 프랑스 제국주의자들은 식민 정책을 '문명을 전파하기 위한 사명'이라는 구호로 정당화했고 이 두 시대에 걸쳐서 프랑스 제국의 세력은 북아메리카에서 북아프리카까지, 그리고 서아프리카에서 폴리네시아까지 뻗어나갔다. 중동, 인도의 절반, 카리브해와 인도양의 주요 섬까지 프랑스의 지배력이 미쳤다. 인류학자 반 트로이 트란Van Troi Tran이 언급했듯이, 19세기 후반 프랑스 여러 도시에서 열린 대규모 박람회에서 프랑스는 식민지 원주민 퍼레이드를 기획해 제국의 세력 범위와 권력을 과시하기도 했다.[7] 식민지에서 데려온 원주민들에게 작은 모형 세트 위에서 자신들의 '일상생활'을 연기하게 시키기도 했다. 식민지 사람들을 박람회에서 보여준 목적 중 하나는 프랑스가 우월하다는 인식을 박람회 자리를 빌려 모두에게 심어주는 것이었다. 원주민들은 음식을 익히지 않고 먹을까? 혹시 식인 풍습을 가지고 있는 것은 아닐까? 원주민들은 삶의 모든 부문에서 문명화가 필요한 미개한 사람들이자 원주민들이 발전을 이루려면 특히 식생활에 변화가 있어야 한다고 여겨졌다.

프랑스는 1830년에서 1962년 사이에 북아프리카의 알제리, 모로코, 튀니지 등을 포함하는 마그레브 지역 대부분을 점령했다. 인도 음식이 영국인의 입맛을 바꿨듯이, 식민지에 거주하던 프랑스 관리들의 식단에 오르던 쿠스쿠스를 비롯한 북아프리카 음식들이 프랑스로 전해지기 시작했다. 그러나 프랑스인들이 프랑스 음식에 대해 가졌던 근본적인 생각은 무화과, 대추야자, 장미 추출액 등으로도 바꿀 수 없었다. 프랑스의 중심에는 파리가 있었고 지금도 마찬가지다. 파리의 식당에서 일하는 사람들과 주방장들은 프랑스의 음식 문명을 체계적으로 정리해 표현하는 이들이었으며, 이는 프랑스인이 느끼는 자부심의 원천이었다. 파리의 식당에서 일하는 사람들과 주방장들은 이미 18세기 때부터 문명을 수호하는 자들로서 그 지위를 인정받았다. (그전까지는 개개인의 요리사가 특별히 명성을 얻은 일은 없었다.) 여러 주방장과 요리 작가 중에서도 앙토냉 카렘Antonin Carême(1784~1833)과 오귀스트 에스코피에Auguste Escoffier(1846~1935)는 고급 요리를 대변하는 대표이자 프랑스 요리의 특별함을 결정하는 권위자의 위치에 서게 됐다. 지도상 육각형 모양의 프랑스 본토 내에서 프랑스 요리의 정체성은 획일적인 하나의 음식을 뜻하는 것이 아니었다. 프랑스 요리의 정체성은 '테루아'에 기반한 지역별 특징을 내포하고 있었다. 하지만 거기에 식민지는 포함되지 않았다. 프랑스 본토에 거주하는 프랑스인들의 서로 다른 삶만 프랑스 요리의 정체성에 영향을 줄 수 있었다. 육각형의 테두리를 벗어나는 순간, 그 정체성은 '보편적이고 세속적인 음식 문명을 전파하기 위한 사명'으로 대변됐다.[8] 프랑스 한 지역의 특정 음식이 아닌 '프랑스 음식'을 요리하고 대접하는 일은 식민지를 지배하기 위해 외국으로 나갔던 프랑스인들이 꼭 해야 하는 의무가 됐다. 영국이 인도에 가서 자신들의 음식을 강요했던 것과 같은 논리였다.

프랑스 식민지에서 재배된 작물들은 프랑스인들의 입맛을 반영하고 있었다. 어떤 작물을 재배할지 정하기 위해서는 그 지역의 생태와 기후도 고려해야 했지만, 그중에서도 프랑스의 식생활과 요리에 적합한 작물들이 선택됐다. 그로 인해 술을 마시지 않는 무슬림 인구가 많았던 알제리와 튀니지에서는 거대한 와인 산업을 지탱하기 충분할 만큼의 포도를 재배했다. 본국에서 아주 멀리 떨어진 프랑스군의 주둔 기지에서도 프랑스 방식으로 작물을 재배하고 음식을 먹도록 강요했다. 밥이나 카사바 대신 빵을 먹어야 했고, 고기와 야채도 프랑스 요리법으로 조리해야 했다. 주어진 환경에서 그런 요리를 하는 일이 얼마나 힘들고 비효율적인지는 상관없었다. 카리브해의 생바르텔르미와 같은 과거 프랑스 식민지였던 지역에서는 아직도 많은 식재료를 프랑스에서 수입해 쓰고 있는데, 여기에는 신선한 생선도 포함된다.

　1995년 6월 레퓌블리크 광장 보도에서 내가 온몸으로 깔아뭉 갰던 생 메르게즈는 이민자들의 길거리 음식이다. 하지만 마르세 유에서 열리는 축제에서 큰 찬사를 받았고, 미식가들 사이에서도 인기가 많은 민족 음식이기도 하다.⁹ 메르게즈 소시지는 마치 프 랑스 여권을 가진 것처럼 다시 해외로 전파됐다. 미국 버몬트주 와 위스콘신주에서는 고기를 다루는 장인들이 메르게즈를 만든 다. 그들은 메르게즈의 뿌리인 북아프리카의 맛은 물론 소시지를 받아들였던 프랑스스러운 맛까지 살려서 소시지를 만든다. 프랑 스인들은 여전히 '프랑스 요리'의 범위를 엄격하게 제한적으로 정 의한다. 하지만 일상에서 볼 수 있는 프랑스 요리와 식문화는 그 어느 때보다 포괄적이다. 메르게스나 쿠스쿠스와 같은 길거리 음 식, 인도차이나풍의 국수, 크리올 방식으로 만든 생선 스튜 모두 일상에서 볼 수 있는 프랑스 음식이다. 일본 요리처럼 프랑스 바 깥에서 전해지는 음식도 고급 프랑스 요리를 전문으로 하는 요리 사들에게 큰 영향을 주고 있는데, 이는 굉장히 제한적으로 문화 를 규제하던 기제가 갈수록 약해지고 있음을 의미한다. 이제 프 랑스 요리사들도 당당하게 전 세계 요리를 배우고, 다른 나라의 조리법을 적용하고, 새로운 식재료를 사용할 수 있다.

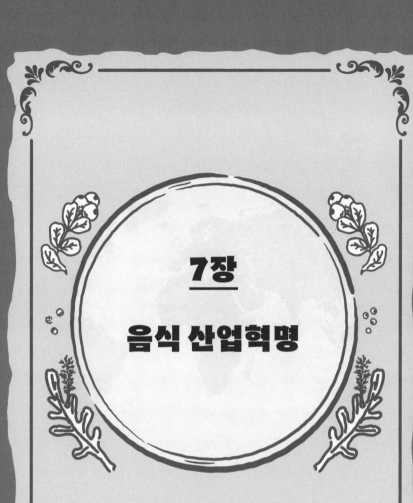

7장

음식 산업혁명

아이스박스

뒷문을 연 채 달리는 트럭 뒤를 쫓아갔다. 트럭에서 녹아내리는 물이 도로 위로 뚝뚝 떨어지고 있었다. 얼음 배달원이 목적지에 도착해 트럭을 세운 덕분에 간신히 따라잡았다. 그는 얼음용 송곳을 집어 들었다. 송곳의 나무 손잡이에는 흠집이 많이 나 있었다. 배달원이 큰 얼음덩어리를 작은 얼음 조각들로 깎아내서는 내 에나멜 머그잔에 담아주었다. 숨을 헐떡거리며 곧이어 도착한 사촌도 컵에 얼음 몇 조각을 받을 수 있었다.

얼음 배달원은 나흘에서 닷새에 한 번씩 우리가 지내던 미네소타 레이크의 시골집으로 얼음을 배달해 주었다. 얼음 배달원이 배달해 준 얼음은 주방 옆 작은 식료품 창고에 있던 아이스박스용이었다. 시골집에 있던 아이스박스는 부피가 크고 벽이 두꺼워 안쪽 마감은 아연으로, 단열 처리는 코르크로 했다. 우리는 가끔 바닥에 흩어진 코르크 조각들을 발견하기도 했다. 주방을 책임지는 사람은 우리 할머니였다. 할머니는 최신식 냉장고를 못마땅하게 여기셨다. 사위인 이모부가 미니애폴리스에서 전자 제품 매장을 운영하고 있었고 이모가 제발 냉장고를 들이라고 애원했지만 소용없었다. 할머니만의 음식 보관 방법이 있었기 때문이다. 병조림을 만들거나, 음식을 절이는 방식으로 식품을 오래도록 보관했다. 요리에서 음식을 맛있게 만드는 것만큼이나 중요한 것은 음식을 안전하게 유지하는 것이었다.

데이브 삼촌이 잡은 물고기는 그날 먹을 게 아니라면 바로 손질해야 했다. 먼저 생선을 깨끗이 씻은 후 집 뒤편 나무에 고정해 놓은 도마 위에서 손질하고 양동이에 넣어 얼렸다. 정원에서 딴 채소도 깨끗이 씻어 바로 그날 먹었다. 아이스박스는 우유, 치즈, 달걀, 버터를 신선하게 유지할 용도로 쓰였다.

마침내 할머니 댁에 냉장고가 들어왔을 때, 미니애폴리스와 세인트폴에서 사 온 햄류, 식사 후 남은 음식, 심지어 냉장 보관이 필요 없는 절인 청어까지 모두 냉장고 안에 저장할 수 있게 됐다. 몇 년 뒤 할머니께서 돌아가신 후에는 데이브 삼촌이 잡아 온 물고기를 보관하기 위한 냉동고도 생겼다.

할머니께서 만들어주셨던 딜피클의 맛과 아주 더운 날 아이스박스에서 새어 나오던 냉기는 감각에 의존한 기억이다. 그때 내가 느꼈던 감각은 어느 특정 역사의 흐름 속에 존재하던 우리 집만의 작은 경험을 떠오르게 한다. 추억을 역사적으로 신뢰하기는 어렵지만, 개인의 관점에서 보면 추억은 아주 큰 의미를 지니고 있다. 기쁨과 상실, 관용과 상처 등의 감정과 어우러져 추억만이 보여줄 수 있는 진실이 있다. 음식에 관한 추억으로 우리는 과거와 연결되고, 나아가 비슷한 추억이 있는 다른 사람의 과거와도 연결된다. 우리 가족 또는 같은 시대를 살아가는 사람들과 이야기를 나누다 보면 서로 비슷한 기억에 놀라기도 하고, 상충하는 기억과 맞닥뜨리기도 한다. 우리가 잘못 기억하는 과거가 있는 것일까? 우리 기억이 진실이라고 말한다고 해서 과거에 대한 조사가 필요 없어지는 것은 아니다.

식기세척기를 고집하는 어머니를 둔 친구와 이야기를 나눈 적 있다. 어머니가 믹서기 대신 수동 고기 분쇄기로 '진짜' 크랜베리 오렌지 소스를 만드는 친구와도 이야기를 나눠보았다. 우리는 모두 기술 발전의 측면에서 여러 세대를 오가며 살아가고 있다. 우리에게 주어진 기술 중 어떤 기술을 활용할지 결정해야 할 때, 때로는 추억에 젖어서, 때로는 효율적으로 일을 하기 위해서 일관성 없는 선택을 한다. 하루는 과일 케이크를 만들기 위해 어마어마한 양의 반죽을 만들고 있었다. 가정용 반죽기에 다 들어가지 않을 정도의 양이었다. 그때 관절염이 있던 할머니가 무릎을 꿇은 채로 반죽을 치대시던 것이 기억났다. 내 기억 속 할머니처럼 나도 바닥에 쪼그리고 앉아 뻑뻑한 과일 케이크 반죽을 직접 손으로 치대기 시작했다. 아기들 목욕시키던 대형 알루미늄 그릇에 반죽을 치대는 그 순간에는 나도 주방 도구 중 하나였다. 그리고 생각했다. '이게 바로 요리지!' 하며 뿌듯함을 느꼈다. 그런데 할머니가 정말 이런 방법으로 반죽을 만들었던 게 맞나?

　냉장고 덕분에 바로 먹을 양 이상으로 식재료를 사거나 생산할 수 있게 됐다. 이제는 음식을 힘들게 소금이나 식초에 절이거나 병조림으로 만들 필요 없이 비닐에 담아 얼리기만 하면 된다. 병조림을 만들 때는 병이 확실하게 밀봉되지 않으면 음식이 오염될 수 있기 때문에 주의를 기울여야 한다. 또한 냉장고 덕분에 매일매일 음식을 구하러 가던 수고도 덜게 됐다. 남은 음식을 급하게 처리할 필요도 없어졌다. 가정에서 요리할 때 안전한 음식보다 맛있는 음식에 집중할 수 있게 됐다. 식품 보존을 위한 노력이 덜 중요해지자 절임이나 병조림을 만드는 것이 향수를 불러일으키는 취미로 바뀌었다. 지금 이 글을 쓰는 순간에도 우리 집 난방기 위에서는 설탕에 절인 감귤 껍질이 말라가고 있다. 전혀 할 필요 없는 일이지만 하고 있으면 꽤 기분이 좋다. 설탕에 절인 감귤 껍질에서 나는 향은 시골집에서 음식을 보존하던 방법이 얼마나 좋았는지 상기시켜 준다. 할머니는 끝까지 냉장고에 저항하셨지만, 그렇다고 식료품 창고에 있던 젤로까지 싫어하셨던 것은 아니다. 마지막까지 할머니의 선택에 따라 사셨다. 그리고 그 선택을 '전통'이나 '진보' 같은 단어로 규정짓지 않으셨다.

*

40~60년 전만 해도 잉글랜드 북부와 서부 지역 전체를 비롯해 동부 지역 일부는 모두 양을 키우던 목장이었다……. 국토가 이렇게 바뀐 것은 고작 30년 전의 일이다. 이 모든 발전이 다음 상황 덕분에 가능했다.

첫 번째, 국회의 도움 없이 울타리를 쳤다.

두 번째, 비옥한 땅을 일구는 데 유리한 이회토와 점토 사용을 적극적으로 늘렸다.

세 번째, 우수한 작물 재배법을 도입했다.

네 번째, 호미로 순무를 재배했다.

다섯 번째, 토끼풀과 독보리를 재배했다.

여섯 번째, 지주들이 장기 임대를 허용했다.

일곱 번째, 국가 토지가 대부분 큰 농장으로 나뉘었다.

아서 영Arthur Young, 『어느 농부의 잉글랜드 동부 여행기The Farmer's Tour Through the East of England』(1771)

1770년, 영국 작가이자 농부였던 아서 영(1741~1820)이 잉글

다른 방식으로 먹기

랜드 시골을 여행하고 있었다. 여행 중 관찰한 농업 관련 내용을 『어느 농부의 잉글랜드 동부 여행기』에 기록했다. 영은 이 책 외에도 영국 농경의 변화를 주제로 책을 여러 권 집필했다. 특히 영의 이목을 끈 것은 '인클로저'였다. 인클로저는 잉글랜드와 웨일스 지역에서 이미 정착했지만 농업 발전을 위한 방법으로 지지자들 사이에서 꾸준히 언급되고 있었다. 지지자들은 인클로저를 통해 농업 생산량은 늘리고 노동에 의존하는 정도는 낮출 수 있다고 주장했다. 이전까지는 땅 소유권을 누가 가졌든지 상관없이 마을 공동체 전체의 합의를 통해 경작지를 활용했는데 인클로저가 진행되자 모든 관리가 지주 한 사람의 통제하에 놓이게 됐다. 인클로저 운동은 잉글랜드와 영국 전역에서 수십 년에 걸쳐 진행됐다.

유럽 대륙에서도 이와 비슷한 움직임이 있었다. 전 세계의 식생활이 경제, 문화, 사회적 차원에서 근본적인 변화를 겪고 있던 1700년과 1900년 사이에 인클로저 운동은 농업의 근대화에 큰 도움이 됐다. 가장 직접적으로는 영국의 농업 생산력을 향상시켰다. 1797년 출판된 『브리태니커 백과사전』에 적힌 '영국의 농업은 모든 근대국가를 앞선다'라는 문구가 전혀 과장된 것이 아니었다. 경제사학자 로버트 앨런Robert Allen은 그의 저서 『인클로저와 농민Enclosure and the Yeoman』에서 18세기 말 잉글랜드 농민 한 사람당 생산량이 유럽 대륙의 농민보다 50퍼센트 높았다고 했다.[1] 18세기에 들어와 유럽에서 가장 거대한 상업 강국으로 발돋움한 영국은 19세기에는 유럽 최대 산업국가의 위치에 서게 된다.

인클로저 단독으로 '산업혁명'이라고 불리는 1760년에서 1830년 사이의 극적인 기술, 사회, 경제적 변화를 촉진한 것은 아니었다. 하지만 농업 분야에서의 변화가 산업혁명을 이끌었던 가장 중요한 요소였던 것은 사실이며, 인클로저가 그 시작점에 있었다. 토지를 소수의 지주가 관리하게 되면서 농경 방식을 바꾸는 일이 수월해졌다. 새로운 작물을 시도하고, 이윤이 나지 않는 작물은 버리고, 새로운 농기구를 활용하는 결정을 하는 일이 쉬워졌다. 이에 농부들은 보수적 성향을 보일 수밖에 없었다. 너무 빠른 변화는 도박과도 같았기 때문이다. 예전 방식에서 벗어났다가 1년 치 농사를 망칠 수도 있었다. 인클로저 이전에는 마을 공동체가 모두 동의를 해야 농사짓는 방법에 변화를 줄 수 있었다. 하지만 인클로저 이후에는 개개인의 지주들이 마음대로 새로운 배수장치를 설치하거나 토지을 비옥하게 하기 위해 토끼풀을 재배할 수 있게 됐다. 농업이 더 빠르게 변화하기 시작한 것이다.

사실 인클로저는 1500년대부터 시작됐다. 당시 토지의 45퍼센트가 이미 예전 공동체 시스템에서 소수 지주가 관리하는 방식으로 바뀐 상태였다. 공동체가 관리하는 토지의 비율은 1700년이 되면서 29퍼센트, 그리고 1915년에는 5퍼센트까지로 떨어졌다. 영이 여행할 당시 인클로저는 대부분 지주의 요청으로 발행

246   다른 방식으로 먹기

된 의회 법령을 통해 이뤄졌다. 인클로저로 이익을 보던 지주들은 큰 농장 몇 개만 운영하는 방식이 이윤을 남기는 데 더 효율적이라고 믿고 있었다. 농업 관련 노동자들의 임금, 농부들의 수익, 지주들이 번 임대료를 합한 금액을 더 효율적으로 늘리기 위해서는 소수의 더 큰 농장을 운영하는 편이 낫다고 판단했기 때문이다. 농업혁명은 증기기관의 발명과 같은 기술 혁신으로 일어난 것이 아니라 의사 결정권을 더 소수의 사람에게 맡기는 제도의 혁신으로 발생했다고 볼 수 있다. 인클로저 운동은 땅을 가진 자와 그 땅을 경작하는 자 사이의 불평등을 심화시켰다. 앨런은 '19세기 지주들의 대저택은 호화로웠고, 농민들의 집은 소박했으며, 노동자들의 오두막은 가축우리 같았다'고 표현했다.[2]

잉글랜드에서 시작한 산업화는 곧 유럽 대륙으로 퍼져나갔다. 편의상 산업화를 농업 기반 경제가 제조업 기반 경제로 변화한 것으로 해두겠다. 산업화와 동일시되는 근대화는 더 넓은 의미를 지니고 있다. 도시화, 생산성을 목표로 하는 사회조직, 가정보다 개인을 사회 구성의 기본 단위로 중요시하는 경향, 사회학자 막스 베버가 '합리화'라고 부른 전통보다는 계산된 목표에 집중하는 사회 모습 등을 모두 이에 포함된다. 영국의 산업화는 여러 의미에서 성장과 진보를 이뤄냈지만, 노동자의 관점에서는 마냥 승리를 향한 도약이라고 보기 힘들었다. 영국 정부는 지주들, 1852년 국가 특허청 설립 이후 특허를 출원한 발명가들, 사업가들의 이익을 대변하는 법안들을 통과시키기에 바빴다. 영국의 산업화는 찰스 디킨스Charles Dickens의 소설에서 사회적 배경으로 등장하는 공장 노동자로 끌려가는 고아들이 넘쳐나는 사회를 만들었다. 또한 간접적으로는 여러 세대에 걸쳐 사회 비평가들이 등장하는 데 일조하기도 했다. 사회 비평가들은 산업화와 근대화가 사회 계급투쟁을 불러일으켰을 뿐 아니라, 거대한 도시의 일상에서 인간성을 말살시켰다고 비판했다. 근대화가 진행되면서 더 많은 사람이 더 많은 자원에 접근할 수 있는 세상으로 '발전'했음에도, 가난한 자와 부유한 자 사이의 거리는 오히려 멀어졌다. 이는 근대화의 가장 큰 모순이기도 하다.

산업화 시기는 부유한 사람들에게는 풍요의 시대였다. 도시화가 급속도로 진행되면서 오늘날까지 남아 있는 여러 사회적 변화가 발생하기도 한 시대였다. 먼저, 인력이 이전보다 더 전문적인 범주로 세분화되면서 현대 노동 분업의 시초가 됐다. 일을 하는 공간이 가정과 완전히 분리되면서 요리와 식사에도 변화가 생겼다. 일터가 가정에서 분리된 덕분에 가정 내부와 외부 두 개의 다른 영역에서 현대 식문화가 탄생했다. 상당수 남성과 여성이 아직 집에서 일했지만, 집에서 공장이나 일터로 출근하는 문화가 널리 퍼지기 시작했다. 출근했다가 점심 식사를 하러 다시 집에 돌아오는 사람도 아직 많았지만, 사회조직의 기본 단위였던 가족의 중요성이 점차 옅어졌다. 가정뿐 아니라 계절에 따라 하는 일

다른 방식으로 먹기

이 정해졌던 생활 방식도 사라지게 됐다. 농경 사회는 작물을 심고, 재배하고, 수확하던 주기에 따라 모두의 생활 모습이 결정되었지만, 공장은 자연의 주기와는 아무런 상관이 없었다. 자연의 시간뿐 아니라 인간의 시간까지 무시했다. 그러다 보니 노동자의 기본적인 휴식 시간마저 보장하지 않는 경우도 생겼다.

직장과 가정생활에 큰 변화를 불러온 산업화 시대의 노동 분화는 요리책의 출판과 판매에도 큰 영향을 미쳤다. 이전과 달리 18세기 후반부터 19세기 사이에 요리책을 구매한 독자들은 중산층 여성들이었다. 중산층 여성들은 가정을 책임지고 관리하는 사람들이었다. 이전까지 요리를 해주던 요리사나 하인들이 전부 공장으로 가버리자 중산층 여성들에게 요리하고, 청소하고, 간단한 응급처치를 하는 법을 가르쳐줄 설명서가 필요하게 됐다. 누군가의 집에는 분명 요리할 줄 아는 할머니가 있었을 테지만, '과학적'이거나 '최신' 요리는 아니었기 때문에 할머니를 요리 권위자라고 할 수는 없었다. 결국 그 권위자의 역할을 바로 요리책이 차지했다. 그와 동시에 집 밖에서 일하는 여성들이 전례 없던 규모로 늘어났다. 여성들이 밖에서 일을 하게 되자 매일매일 집의 청결을 유지하고 음식을 준비하는 일에 새로운 전략이 필요하게 됐다. 식당에 가서 식사하는 문화 자체는 산업화의 산물이 아니지만, 산업화로 인해 가정과 일터에서 보내는 시간이 분리되면서 식당에서 식사하는 빈도도 많이 늘어나게 된 것은 사실이다.[3] 식당은 요리할 시간이 없는 사람들에게 음식을 제공하는 순전히 실용적인 기능을 하기도 했으나 역사가들이 '미식 기능'이라고 부르는 역할을 하기도 했다. 식당에서 나오는 음식은 변화하는 요리의 기준이 됐다. 식당에서 식사하는 손님들은 최신 요리 트렌드를 알 수 있었고, 음식의 질에 대한 기대치도 점점 더 높아졌다. 이런 현상이 상류층 사회에 국한됐던 것은 아니다. 소박한 식당과 길거리 좌판에서도 식생활의 변화를 보여주는 음식을 맛보며 새로운 요리나 인기 있는 요리를 배울 수 있었다. 사실 식당이 새로운 식문화에 영향을 끼치는 현상이 근대에 들어와 처음 생겨난 것은 아니다. 지중해를 중심으로 발전한 유럽에서는 이미 로마제국 시기부터 수 세기 동안 길거리 노점들이 다양한 음식과 맛에 영향을 주고 있었다.

음식을 공장에서 생산하고 보존하는 방법이 새롭게 개발되면서 이 역시 식문화 변화를 이끌었다. 기본적인 소스 만드는 일을 포함한 요리의 개별 요소들을 전문 생산 공장에 위탁할 수 있게 됐다. 전통적으로 '음식 다루는 장인의 손길'이 필요하다고 여겨졌던 양조, 제빵, 도축 등의 분야를 대규모 생산 공장에서 담당하며 시장이 새롭게 개척되었다. 예전에는 아주 부자들만 접할 수 있었던 흰 밀가루가 이제는 흔한 식재료가 됐다. 또한 1809년 나폴레옹 전쟁 중 캔 통조림이 개발되면서 서양 어디에서나 보존 음식을 구할 수 있게 됐다. 기술의 근대화는 우리가 구할 수 있는

다른 방식으로 먹기

음식의 범위를 크게 확대시켰다. 기술이 발전할수록 식재료가 생산되는 곳과 그 식재료가 소비되는 곳의 거리는 점점 더 멀어졌다.

많은 지역에서 철도가 건설되면서 식생활에도 큰 변화가 생겼다. 상인들이 식재료를 멀리까지 보낼 수 있었기 때문이다. 프랑스 전국이 철도로 연결되자 파리에서 해산물을 먹는 일이 더 쉽고 흔해졌다. 증기선 또한 바다와 국경을 넘어 생산자와 소비자를 연결하면서 식재료와 음식의 교환이 더욱 빨라지고 활발해졌다. 유럽의 대도시에서는 가스등이, 얼마 지나지 않아서는 전등이 밤을 밝히면서 집 밖에서 늦은 시간에도 식사를 할 수 있게 됐고 일본에서는 19세기 후반 철도가 등장하면서 생선이 전국적으로 흔한 음식이 됐다. 그전까지만 해도 신선한 생선이나 회는 해안가 마을이나 해변을 따라 형성된 도시에서나 먹을 수 있는 음식이었다.

이 장에서 소개한 농경의 발전과 더불어 인공 질소고정 기술은 20세기의 대규모 인구 증가를 가능하게 했다. 20세기와 21세기에는 인구 증가와 함께 영양실조와 기아의 위기도 발생했는데, 이는 기근 때문이 아니라 불평등한 식량 분배 때문이었다. 근대화는 기술의 발전과 더불어 식량 생산과 공급이 시장의 원리로 결정되는 새로운 세상이 시작됐음을 의미했다. 산업화를 겪던 18세기 영국의 마을과 도시에서 식량 폭동이 일어나곤 했는데,

이는 모든 공동체의 구성원이 빵과 여러 식료품을 받을 수 있던 전통적 배급 제도의 붕괴로 발생했다. 시장의 원리가 상품의 분배 기준이 되자 수급과 안정의 원천이었던 공동체가 위협받기 시작했다. 식량 공급에 대한 불만으로 일어난 폭동들은 단순히 '배에서 나는 꼬르륵 소리'가 아니었다. 당시 사회 모습은 후에 극단적인 불평등으로 치닫게 될 식량 분배의 예고편과 같았다. 부유한 서구 선진국들도 분배의 불평등에서 벗어날 수 없었다.[4] 농부들은 시장 원리에 더욱 취약한 계층이었다. 과거 농업이 생계 수단이자 공동체 유지를 위한 복지 정책의 실질적 전략이었던 시절과 비교하면 전례 없는 위기를 피할 수 없게 됐다.

농업혁명과 산업혁명

초기에는 영국 산업혁명을 갑작스러운 '기기 혁신의 물결'이 휘몰아치면서 시작된 기술적 진보와 경제적 발전이라고 보던 시각이 우세했다. 하지만 지금은 조금 더 세밀하게 당시 상황을 바라보는 관점이 존재한다. 오늘날 역사가들은 산업혁명을 이해하기 위해 영향력 있던 발명품들, 새로운 노동조직, 정부 규제, 변화하던 경제 환경 등을 분석하고 각각의 요소가 어떻게 조화롭게 작용했는지 살펴본다. 당시 경제적 지표를 증거로 산업화 과정이 빠르게 전개된 '혁명'이라기보다 천천히 불타오르던 변화라고 주장하는 학자도 있다. 또한 사람들의 일상생활이 질적 변화를 가

　　　　　　　　　　　　　　다른 방식으로 먹기

져오기도 했고, 경제의 특정 부분에는 큰 영향을 미치기도 했지만, 거시적으로 보면 산업혁명이 이때까지 생각해 오던 것보다 영국 경제에 깊이 있는 영향을 끼치지는 못했다고 주장하는 학자도 있다. 특히 경제사학자들은 여러 사료를 증거로 채택해 18세기 중반부터 19세기 중반까지 영국에서 일어났던 일을 다양한 방식으로 해석하고 있다. 사회 비평가들이 근대 사회를 비판하듯이 산업혁명의 특징을 진보가 아닌 계급 간의 투쟁이라고 이야기하기도 하고, 영국인의 삶에 일어났던 구조적 변화가 경제적 성장을 의미하지는 않았다고 강조하기도 한다. 심지어 산업혁명 초기에는 기술 발전보다 급증했던 농업 생산성이 더 큰 영향을 미쳤다고 주장하는 학자들도 있다. 1700년과 1850년 사이, 농업에 종사하는 남성 비율이 급격히 줄어들면서 많은 노동자가 새로운 산업 현장의 공장과 일터로 유입됐다. 농업혁명이 없었다면 산업혁명을 이끌 노동력을 구하기가 어려웠을 것이다.

'기기 혁신의 물결'에는 증기기관, 철도, 가스등, 리처드 아크라이트Richard Arkwright의 '워터 프레임'이라고 불리는 수력 방적기, 제스로 툴Jethro Tull의 파종기 등이 포함된다. 특히 툴의 파종기는 말이 끄는 기계로, 손을 써서 직접 일할 때보다 훨씬 고르게 씨앗을 심을 수 있게 해주어 농업에 직접적 변화를 불러왔다. 영국 전역에 공장이 들어섰고, 증기기관으로 광산에서 물을 퍼낼 수 있게 되면서 광산업이 호황을 누렸으며, 철도를 통해 원자재는 공장으로,

완성된 제품은 도시와 시장으로 운송됐다. 생산 속도가 빨라지면서 화석 연료의 수요가 늘어나자 석탄이 묻혀 있던 땅은 모두 채굴돼 황무지로 변했다.

공장들이 성장하면서 공장에서 생산된 상품에 대한 소비자들의 관심도 높아졌다. 현대 소비문화가 산업화의 직접적 결과물이라고 해도 과언이 아니다. 경제사의 관점에서 볼 때, 산업혁명은 이전까지 경제성장의 핵심 동력이었던 농업이 다른 산업 분야에 그 자리를 빼앗겼음을 의미했다. 여러 산업이 농업을 앞지르면서 영국의 토양보다 다양한 기기가 경제성장에 더 중요한 역할을 하게 됐다. 하지만 앞에서도 언급했듯이, 농업혁명이 없었다면 시골의 노동력이 도시의 공장으로 이동하는 일도 없었을 것이다.

18세기 후반 여행기를 남겼던 영은 토지를 개량하기 위해 노력하던 농부들을 칭찬했다. 특히 새로운 농업 기술이었던 '노퍽 윤작 체계Norfolk System'에 관한 기록을 자세하게 남겼다. 노퍽 윤작 체계라는 이름은 17세기 말 이 기술이 처음으로 도입됐던 곳이자 18세기에 점점 인기를 얻었던 곳의 지명을 따서 만들었다. "노퍽의 농민들만큼 위대한 성과를 낸 이들은 없었다"라고 영은 기록했다. 노퍽 윤작 체계의 핵심은 모래 알갱이가 굵어 농사에 적합하지 않은 토양에 점토와 이회토를 섞는 것과 들판에 방목하던 가축의 배설물을 비료로 사용하는 것인데, 무엇보다 이는 소작농이 진행한 제도였다. 새로운 농사 기술을 적용한 사람들은 지

다른 방식으로 먹기

주가 아니라 농지를 임차해 경작하는 소작농들이었다. 그리고 소작농들이 농사를 지어 생긴 수익 대부분은 인클로저 운동의 최대 수혜자였던 지주들이 차지했다. 노퍽 윤작 체계는 휴한기 없이 4년 주기로 운영됐다. 첫 번째 해에는 밀을 심었고, 그다음 해에는 순무를, 세 번째 해에는 보리, 토끼풀, 호밀을 심었다. 마지막 네 번째 해에는 가축들이 토끼풀과 호밀을 뜯어 먹었고, 추운 겨울이 되면 순무를 가축용 사료로 썼다. 노퍽 윤작 체계는 휴한기를 배제해 생산성을 향상시켰다. 또한 순무와 토끼풀을 작물 사이에 끼워 넣어 가축들 사료를 생산하는 것도 잊지 않았다. 순무와 토끼풀을 먹고 자란 가축들의 배설물은 다시 비료로 활용했고, 토끼풀은 질소를 공급해 토양을 다시 비옥하게 만드는 역할을 했다.

노퍽 윤작 체계와 다른 관련 혁신들 덕분에 농업 생산성이 향상되었고 이는 가파른 인구 증가로 이어졌다. 그리고 인구 증가율이 높아지자 농업 생산성 향상이 더욱 중요해졌다. 영국 경제사학자 T. S. 애슈턴T.S. Ashton은 '이전보다 너무 많아진 아이들 세대를 어떻게 먹이고, 입히고, 고용할까'가 18세기의 사회적 문제였다고 말하고 있다.[5] 영국에서뿐 아니라 서유럽과 중부 유럽에서도 같은 시기 '자원을 얻기 위한 러시' 현상이 일어났다. 습지대의 물을 빼서 농경지로 활용하는 방법이 당시 근대 국가로 떠오르고 있던 이탈리아와 독일 등에서 흔하게 시행됐다. 1831년 완성된 괴테의 위대한 희곡 『파우스트』에도 자연의 정복이 하나의 주제로 등장하며 주인공 파우스트는 바다와 땅을 정복해 인간이 지닌 힘의 원천으로 자연을 이용하려고 한다. 괴테는 파우스트가 착취하려 했던 땅에 살던 주민들에게 저지른 범죄도 묘사하고 있다.

영국을 포함해 여러 지역에서는 곡물 재배에 너무 집중한 나머지 목축이 상대적으로 등한시되기도 했다. 결국 많은 사람의 식단에서 곡물이 차지하는 비중은 높아지고 고기의 비중은 줄어들었다. 중세에서 근대로 넘어가던 시기 유럽에서는 1인당 평균 고기 소비량이 오히려 줄어드는 현상이 나타났다. 18세기 후반부터 19세기 초반까지 곡물 위주의 식사를 하던 유럽인들의 신장이 줄어들었으며, 유럽의 곡물 소비량은 19세기 마지막 30여 년 동안 정점을 찍었다.[6] 유럽 인구가 한 가지 작물이나 같은 종의 작물에 의존하는 비율이 높아질수록 한 해 농사 실패로 인한 기근이나 식량 부족 등에 더욱 취약해질 수밖에 없었다. 곡물 생산을 중요시하는 현상은 유럽 전역에서 나타났다. 빵은 생계유지를 위한 상징적인 음식이자 식단의 질을 측정하는 기본 단위가 됐다.[7]

근대 초기 유럽은 아직 농경을 기반으로 하는 사회였고, 주민들의 생활 방식도 수확 주기에 따라 결정되던 때였다. 유럽의 도시들은 지금처럼 인구밀도가 높지 않았다. 유럽 대륙에 살던 사람 중 80~90퍼센트 정도는 여전히 지방 시골 지역에 거주했다. 그러다 1500년과 1800년 사이에 영국을 포함한 유럽 전체 인구가 8,000만 명에서 1억 8,000만 명으로 두 배 이상 늘어나면서 도시화가 급작스럽게 진행됐다. 데이비드 클라크David Clark는 세계사에 두 번의 주요 '도시 혁명'이 있었다고 주장했다. 첫 번째는 농경의 발전과 동시에 일어났고, 두 번째는 산업혁명과 시기를 같이 했다.[8] 앞서 언급했듯이 인구 증가의 원인 중 하나는 농업 생산량의 증가였다. 또 다른 원인은 고용률의 증가였다. 취업이 되자 사람들은 더 일찍 결혼해 아이를 낳았고, 평생 더 많은 자녀를 가지는 일이 가능해졌다. 사람들이 도시로 이동한 것은 공장 때문이었다. 인클로저 때문에 더 이상 농사를 지을 수 없던 사람들이 일할 공장을 찾아 도시로 이동했다. 산업화는 잉글랜드 중부 지방의 발전을 이끌었고, 18세기만 해도 시골 지역이었던 맨체스터, 버밍엄, 리즈가 잉글랜드 산업 중심지로 성장했다.

생산과 무역 속도가 빨라지면서 도시가 경제성장의 중요한 사회적 기반으로 자리 잡았다. 도시는 노동자, 사업가, 상인이 모두 상대적으로 가깝게 지내며 필요할 때면 언제든지 소통할 수 있는 공간이었다. 이런 특징은 근대에서만 볼 수 있는 현상은 아니었다. 중세 봉건사회에서도 상인들이 과도한 간섭 없이 활동할 수 있던 장소는 유럽의 도시들이었다. 산업혁명의 엔진이 작동하기 훨씬 전부터 유럽 도시는 경제 발전의 동력을 제공했다. 도시화 현상은 산업혁명의 산물이기도 하지만, 동시에 산업혁명이 진행되는 데 도움을 줬다고 할 수 있다. 사람들이 복잡한 사회관계속에서 혁신을 끌어낸 장소가 바로 도시이기 때문이다. 18세기와 19세기의 영국에서 기계 중심 문화와 혁신적 변화가 발생한 곳은 공장과 노동자 단체가 있는 도시였다. 여기서 말하는 기계와 혁신은 과학계 일원이나 학식 있는 엘리트만의 전유물이 아니었다. 모든 기술과 발전은 일상에서 기계를 만지고 다루는 기술자와 작업자의 것이기도 했고, 그들의 하루하루 노력이 모여 혁명이 가능해졌다. 기술 발전은 다시 도시화를 가속화시켰고, 21세기 현재까지도 그 흐름은 진행 중이다.

요리의 근대화

사회가 근대화 과정을 겪자 변화하는 소비자의 입맛을 맞추기 위해 요리도 근대화 과정을 거쳐야 했다. 프랑스 요리가 그 흐름의 선두에 서 있었다. 19세기까지 유럽 요리에 지대한 영향력을 발휘하던 프랑스 요리가 근대화의 변화를 받아들이자, 그 여파는 클 수밖에 없었다. 17세기 후반에서 18세기 초반 사이에 런던의 흔한 여인숙에서도 요리사는 프랑스 사람인 경우가 많았다.

당시 채소가 새로운 주목을 받으며 많은 이들의 식단에서 중요한 부분을 차지하게 됐다. 그와 동시에 식용으로 적합하다고 여겨지는 동물의 범위가 줄어들었다. 만찬 자리에서 왜가리, 공작, 백조를 더 이상 찾아볼 수 없었다. 염소와 양도 부유층의 식단에서는 사라졌다. 가난한 이들은 여전히 염소와 양을 고기로 섭취했다. 근대 초기에 등장한 프랑스 요리책은 고기로 적당한 동물 뿐 아니라, 요리에 적합한 특정 부위까지 구체적으로 언급하기 시작했다. 고기의 특정 부위를 따로 요리한다는 개념은 요리계의 혁신이었다. 요리사들은 혀, 엉덩이, 콩팥, 내장, 살코기를 각각의 요리로 제공하기 시작했다. 조리법에 적힌 식재료는 점점 구체적으로 변했고, 정확한 양도 명시되었다. 요리에 적합한 동물의 수처럼, 요리에 적절하다고 여겨지는 향신료의 범위도 줄어들었다. 단 음식을 식사 마지막에 먹는 등 현대 서양 음식의 눈에 띄는 경향은 모두 프랑스 요리의 근대화로 나타난 특징이다. 프랑스 요리의 근대화 이전에는 고기, 수프, 그 외 여러 요리에도 설탕을 넣는 경우가 흔했다. 하지만 근대화를 거치며 단맛과 짠맛이 서로 대립 관계를 형성했다.[9] 프랑스 요리가 유럽 전체에 미친 영향은 넓고 깊었다. 하지만 17세기와 18세기 유럽 여타 지역의 요리책을 보면 알 수 있듯이, 국가별 요리법 중 고유한 특징 일부는 자연스럽게 지속됐다. 예를 들어, 영국은 소고기 요리로, 이탈리아와 프랑스는 빵의 품질로 요리를 평가했다.

조리법 모음집은 1450년 요하네스 구텐베르크Johannes Gutenberg의 활판 인쇄술이 등장하기 전에도 존재했다. 13세기와 14세기 유럽에서는 전문 요리사들이 조리법을 정리했다. 그들이 정리한 조리법은 아피키우스와 그 외 고대 작가들의 요리 관련 작품보다 실용적이고 직접적으로 도움이 되는 글이었다. 인쇄술이 발전하면서 조리법 관련 책이 기술적으로 더 빠른 속도로 출판되고 더 다양한 독자층을 만날 수 있었다. 음식에 관련된 초기 출판물 중에는 비토리오 란셀로티Vittorio Lancelotti가 1627년에 쓴 『고기를 다루는 실용적인 방법Lo Scalco Prattico』과 피에르 드 륀Pierre de Lune이 1662년에 쓴 『새롭고 완벽한 호텔 경영법Le Nouveau et Parfait Maître d'hôtel』 등이 있다. 초기 요리책은 대부분 부유층의 후원을 받은 요리사들이 썼다. 요리사들을 후원한 부유층 인사들 덕분에 세련된 음식은 물론 그음식 조리법을 설명하는 출판물이 탄생할 수 있었다.

근대 요리책이 처음부터 하나의 독립된 장르로 발전했던 것은 아니다. 초기에는 의학적 조언이 포함된 식단 관련 저서에 조리법이 등장했다. 그래서 부유층 여성을 독자로 삼았던 초기 요리책을 보면 사탕 만드는 법이나 화장품 만드는 법 등이 함께 실려 있다. 16세기에는 프랑스의 『잼에 관한 책Livres de Confitures』처럼 피클부터 꿀과 설탕으로 만든 잼까지 다양한 보존 음식 조리법을 체계적으로 정리하기 위해 쓴 요리책도 등장한다. 프랑스에서 최초로 발간된 요리책인 『비앙디에』(3장 참고)는 1486년에서 1615년 사이에 스물세 번이나 재인쇄됐다.[10] 다른 초기 요리책과 마찬가지로 재인쇄된 『비앙디에』는 중세 시대 조리법을 포함해 이전에 나온 조리법의 요약판이었다. 영어로 쓰인 첫 요리책은 1747년 영국에서 출간된 해나 글라세Hannah Glasse의 『요리의 예술The Art of Cookery』이었다. 글라세의 요리책에 기록된 제빵 조리법을 통해 당시 설탕이 일부 부유층의 전유물이 아닌 모든 사람이 일상에서 사용하는 필수품이었다는 사실을 알 수 있다. 요리책 시장이 성장했다는 사실에서 가장 흥미로운 점은 바로 사람들이 음식을 즐기는 데 읽고 쓰는 방식도 활용하기 시작했다는 것이다. 이는 음식 관련 정보가 요리책 작가끼리 교환할 수 있는 상품처럼 소비됐을 뿐 아니라, 식탁 위의 즐거움을 문학적 형태로 누릴 수 있게 했다는 점을 시사하고 있다. 하지만 유럽에서는 중산층이 성장하면서부터 글을 읽을 수 있는 요리사가 대거 등장했다는 사실도 잊지 말아야 한다. 그전까지는 실제로 요리하는 사람들이 요리책을 읽을 수 있는 경우가 거의 없었다.

요리 후 정리 정돈은 당연히 해야 할 일이다. 효율적인 부엌일에 대한 기대치가 높아지면서 가정에서 하는 음식 준비와 청결 유지의 기준도 높아졌다. 18세기 후반에서 19세기 초반 사이에 나온 요리책에는 가정의 여성과 그 여성이 부리던 하인(보통 글을 읽는 데 제한이 있었다)을 위한 비누와 세제 만드는 방법도 있었다. 유럽 국가들은 식민지에서 차, 커피, 초콜릿, 설탕 등 식료품 외에도 비누를 만들기 위한 지방을 수입하기 시작했다. 프랑스는 세네갈에서 땅콩기름을, 영국은 인도에서 야자유를 가지고 왔다. 유럽 시장에서 비누와 세제 수요가 늘어나자, 그 요구에 맞춰 공급량을 조절하려는 조치였다. 19세기 잉글랜드에서는 연간 비누 소비량이 2만 4,100톤에서 8만 5,000톤으로 세 배나 늘었다. 이전까지 비누 산업에 공급되던 동물성 지방 공급원은 더 이상 비누 생산 규모를 따라갈 수 없었다. 그 외의 지역에서도 유럽은 올리브 오일과 같은 식물성 기름을 더 많이 수입했다. 이후로 많은 유럽인이 식물성 오일을 샐러드 등에 뿌려 날것으로 섭취하기 시작했다.

질소와 새로운 세계

아서 영이 살펴봤던 농업 분야 개선으로 영국 농지의 생산성이 높아진 것은 사실이지만 토양이 가진 비옥함의 자연적 한계를 극복하기에는 역부족이었다. 인류 역사상 농사를 짓는 곳이라면 세계 어디든 휴경, 천연 또는 인공 비료 사용, 윤작 등의 방법을 연계해서 활용해 왔다. 마야에서는 한 계절 동안 경작한 밭은 다음 계절에는 휴경해 다시 비옥해질 수 있는 시간을 주었다. 남아 있는 작물을 모두 깨끗이 없애버리기 위해 베어내고 불태우기도 했다. 중국 한나라에서는 밭을 세 고랑으로 나눈 뒤, 고랑 사이사이 불룩 올라온 두둑에는 작물을 심지 않고 휴경을 해 흙이 생산력을 회복하게 했다. 휴경뿐 아니라 작물을 통해 토양을 회복시키는 방법도 수천 년 동안 시행됐다. 특히 토끼풀과 여러 콩류 작물을 활용한 토양 개선은 전 세계 거의 모든 농경 사회에서 찾아볼 수 있었다. 1세기 로마에서 농업 관련 저서를 남긴 콜루멜라는 농부들에게 토끼풀과 비슷한 자주개자리를 심어 가축용 사료로 쓰라고 조언하기도 했다. 또한 중국 농부들은 윤작할 작물에 아주 오래전부터 콩을 포함해 왔다.

근대 화학이 발전하고 나서야 농부들이 먼 옛날부터 유지하던 농사 기술을 과학적으로 이해할 수 있었다. 휴경, 콩 심기, 거름주기는 모두 질소고정이라고 불리는 과정의 중요한 부분이었다.[11] 생물을 이루는 기본 성분(탄소, 산소, 수소, 황, 인 등) 중 하나인 질소는 단백질을 구성하는 아미노산뿐 아니라 핵산 형성에도 꼭 필요한 핵심 요소다.[12] 질소고정이 중요한 이유는 대규모 질소고정 과정이 없다면 현재 지구상의 농경지로는 지금 수준의 인구를 지탱할 만큼 충분한 식량을 생산할 수 없기 때문이다.

질소(엄밀히 말하면 이질소 가스)는 대기의 약 80퍼센트를 차지하지만, 기체 형태일 때는 식물이나 동물이 흡수하거나 처리할 수 없다. 식물이 토양에서 질소를 흡수하고 사용하기 위해서는 우선 이질소 가스 분자의 분자 결합이 끊어져야 한다. 두 개의 질소 원자 사이의 분자 결합이 끊어지면 '고정된' 형태의 질소가 생성된다. 인간의 개입 없이 일어나는 질소고정을 '생물학적 고정'이라고 부르는데, 이는 작물이 아니라 토양에 서식하는 미생물들이 이질소를 암모니아로 전환할 때 일어난다. 생물학적 고정과 농업에서 가장 중요한 역할을 하는 요소가 식물의 뿌리에 붙어 공생하는 근류균이며, 근류균이 가장 좋아하는 식물이 바로 콩과 토끼풀 등의 콩과 식물이다.

영국의 신학자이자 자연과학자이며 산소를 발견한 것으로 유명한 조지프 프리스틀리Joseph Priestley가 1774년에서 1775년 사이에 이질소 가스를 발견하면서 질소고정의 산업적 방식이 발전하기 시작했다. 1772년 질소를 따로 분리해 발견한 사람은 스코틀랜드 출신인 대니얼 러더퍼드Daniel Rutherford였다. 질소의 발견이 농업 혁명에 얼마나 중요한 사건이었는지 명확해진 것은 한 세기가 지난 19세기 후반에 가서야 과학자들이 드디어 이질소 가스를 암모니아로 바꾸는 데 성공하면서였다.

놀랍게도 19세기 유럽에서는 고정 질소를 새 배설물인 구아노의 형태로 수입해 왔다. 구아노는 페루를 비롯해 새가 많이 모이는 곳에서 배로 실어 왔다. 라틴아메리카에서는 구아노가 비료로 효능이 좋다는 사실을 오래전부터 알고 있었으며, 스페인 정복자들 역시 이와 관련해 글을 남기기도 했다. 프로이센 출신 자연과학자 알렉산더 폰 훔볼트Alexander von Humboldt는 1804년 유럽으로 들어온 구아노 샘플을 연구해 구아노에 질소와 인이 풍부하다는 사실을 알아냈다. 이는 스페인이 남아메리카를 침략할 당시 구아노가 비료로 적합하다고 남겼던 기록이 정확했음을 증명했다. 곧 구아노가 페루 경제의 대들보가 됐다. 영국의 구아노 수입은 1820년 시작돼 19세기 중반에 정점을 찍었으며, 이는 미국도 마찬가지였다. 구아노 수입이 정점에 달했을 때 영국 농업도 실제로 개선된 것처럼 보였다. 하지만 하나의 자원에 과하게 의존한 결과는 처참했다. 페루에서 공급되던 구아노 양이 점차 줄어들다

　　　　　　　다른 방식으로 먹기

1880년대에 바닥을 찍은 것이다. 영국은 칠레에서 질산염인 초석을 대체물로 수입할 수 있었지만 페루의 경제는 파탄에 이르렀다. 유럽 과학자들은 농업용 질소를 차질 없이 공급하기 위한 방법을 찾기 시작했다. 화학자 윌리엄 크룩스William Crookes는 1898년에 쓴 그의 저서 『밀 생산 문제The Wheat Problem』에서 당시 만연했던 경각심을 생생히 기록했다. "문명화된 인류의 진보를 위해 질소 고정이 꼭 필요하다."[13]

'문명화된 인류'를 이야기하던 크룩스가 의미했던 '인류'의 범주는 근대화된 선진국뿐이었지만, 산업적 방식으로 질소고정 과정을 가능하게 한 일은 전 세계에 영향을 주었다. 우리가 일반적으로 하버-보슈법이라고 부르는 공정은 독일 출신 유대인 화학자 프리츠 하버Fritz Haber가 1909년 처음 실험으로 시연했고, 1913년부터 독일 화학 회사 BASF에 의해 대규모로 생산되기 시작했다. 하버-보슈법은 이질소와 이수소를 촉매와 함께 고온 고압의 환경에서 반응시켜 암모니아를 합성하는 방법이었다. 제1차 세계대전 중에는 이 방법으로 만들어진 암모니아가 폭발물 재료로 활용되는 질산을 만드는 데 사용되기도 했다. 하버는 실제로 무기 설계자가 되어 당시 머스터드가스 등 독가스 개발을 불러온 화학무기계의 군비 확장 경쟁을 가속화하는 역할을 했다. 하버-보슈법이 개발되고 100년이 흐른 후 암모니아 생산 공장들은 연간 1억 톤의 질소를 고정하는 수준에 이르렀고, 이는 자연에서 생물학적으로 고정되는 질소와 맞먹는 양이었다. 산업형 농업은 점점 더 많은 양의 인공 비료를 소비하고 있다. 1960년 전 세계적으로 사용된 비료가 대략 1,000만 톤이었다면, 2001년에는 8,000만 톤으로 늘어났다. 이러한 비료 사용량의 증가는 1960년 약 30억 명에서 2001년 60억 명으로 늘어난 세계 인구 증가율보다 빨랐다. 이 글을 쓰고 있는 지금은 대략 80억 명의 사람이 지구상에 존재하고 있다.

산업화와 근대화를 통해 음식 식품 공급망은 길어졌고, 농업 생산력은 향상됐다. 또한 서양의 대도시에 거주하는 사람들의 경우 전 세계에서 구할 수 있는 음식의 종류가 늘어났음에도 주식으로 섭취하는 식품의 범위는 더 좁아지는 현상이 일어났다. 미국으로 많은 이민자가 모이면서 미국은 다양한 음식과 새로운 재료가 섞이는 커다란 사회적 실험실이 됐다. 또한 선진국 사람들의 생활 환경이 빠른 속도로 변화하면서 음식도 대중의 변화하는 요구에 맞춰 바뀌기 시작했다. 서양에서의 가장 대표적인 예는 공장에서 만든 흰 식빵이다. 식빵은 유선형 모양에 미리 잘려 있기까지 해 간편하게 먹을 수 있도록 만들어졌다. 편리함을 우선으로 만든 빵을 보면서 이 책 마지막 장에서 생각해 볼 문제들을 구체화할 수 있다. 중세 잉글랜드에서는 대다수 노동자가 하루 섭취 열량 중 70~80퍼센트 정도를 빵으로 채웠고, 빵에 늘 따라오는 맥주가 중요한 보충제 역할을 했다. 19세기와 20세기에 들어와 사람들의 식단에서 빵이 차지하는 비율이 줄어들기는 했지만, 여전히 하루 섭취 열량의 상당 부분을 빵에 의존하고 있었기 때문에 공장에서 대량으로 빵 굽는 일을 맡아야 했다. 산업 공정을 통한 정제된 밀가루를 사용해 공장에서 만든 표준화된 빵을 많은 사람이 진보라고 여겼다. 제빵사들은 자연에서 얻을 수 있던 효모를 길들여 공장 생산 라인에서 관리할 수 있는 물질로 바꾸는 방법을 터득했다. 그러면서 한때는 부자들만 먹을 수 있던 부드럽고 푹신한 빵을 이제 노동자들도 즐길 수 있게 됐고 흰 식빵은 곧 풍요의 상징이 됐다.

산업혁명을 겪으며 풍요를 상징하던 흰 식빵이 20세기 후반부터는 어떻게 가난과 질병을 상징하는 음식으로 전락했을까? 이 현대적 질문에 대한 답은 다음 장에서 찾아볼 것이다.

8장

20세기 식습관,
또는 불만족스러운
대용량 식품

브리콜라주

페이스트리를 반으로 잘라보면 오븐에서 어떤 일이 있었는지 짐작해 볼 수 있다. 도쿄의 베이커리 카페 브리콜라주Bricolage에서 크루아상을 뜯어보면 버터와 반죽이 번갈아 가며 겹겹이 쌓인 층에 오븐의 열이 닿아 만들어진 라미네이션을 볼 수 있다. 얇은 층 사이의 수분이 증발해 생긴 증기가 페이스트리를 잘 부풀렸다. 파티시에는 이런 효과를 내기 위해서 얇은 페이스트리 반죽과 버터를 겹쳐서 미는 과정을 반복한다. 라미네이션은 페이스트리에서 흔히 사용되는 기술인데, 항상 크루아상에서처럼 얇은 층을 만드는 효과를 내는 것은 아니다. 포르투갈식 에그타르트인 파스텔 드 나타에서는 라미네이션 과정을 통해 얇고 바삭한 타르트 밑면 가장자리를 만든다. 예전에는 일본을 여행하는 사람들이 '프랑스 크루아상보다 더 프랑스적'일 정도로 수준 높은 일본 크루아상에 놀라곤 했지만 일본 셰프들이 전 세계 기술을 마스터하기 위해 노력한다는 사실은 이제 상식처럼 받아들여지고 있다. 브리콜라주에서 조금만 걸어가면 이탈리아 나폴리 피자 협회의 아주 높은 기준에 부합하는 피자를 만드는 프레이스Frey's라는 가게가 나온다. 실제로 이탈리아 나폴리 피자 협회에서 인증한 피자는 세계 어느 도시보다 도쿄에서 가장 많이 찾아볼 수 있다.

크루아상이 일본 페이스트리일까? '그렇다'라고 답하기는 힘들지만, 브리콜라주의 파티시에가 만든 크루아상은 이때까지 먹어본 어떤 페이스트리에도 뒤지지 않았다. 그렇다면 크루아상은 프랑스 페이스트리인가? '아니다'라고 답할 수는 없지만 사실 오스트리아 빈에서 크루아상의 뿌리를 찾을 수 있다. 빈에서는 킵펠이라고 불리는 층이 없는 반죽으로 만든 초승달 모양의 빵을 13세기 때부터 만들어 먹었다. 초승달 모양은 19세기에 프랑스로 건너왔고, 페이스트리 반죽은 산업화 덕분에 대량생산될 수 있었다. 크루아상과 여러 페이스트리를 대량으로 생산하기 위해서는 표준화된 재료가 안정적으로 공급될 수 있어야 했다. 어떤 음식이 특정 장소나 문화를 대표한다고 가정하기도 하지만 그 가정이 영원하거나 절대적일 수는 없다. 개념과 재료가 어딘가에서 온 것이기는 할 테지만, 그곳이 꼭 음식과 가장 밀접한 장소가 아닐 수도 있다. 피자는 이탈리아 음식인가? 맞지만, 토마토는 16세기까지 이탈리아에 없던 재료다.

브리콜라주는 '가진 것으로 만들기'를 뜻한다. 이것저것 만들기를 잘하는 사람을 의미하는 프랑스어 브리콜뢰르bricoleur에서 유래했지만, 무엇이든 손에 잡히는 것으로 짜맞추고 작업할 수 있는 사람을 시사하는 단어로 쓰인다. 예술 분야에서 흔히 사용되는 용어로 이탈리아에서 미국으로 이주한 건설 노동자 사바토 로디아Sabato Rodia가 로스앤젤레스에 세운 첨탑 와츠 타워가 가장 대표적인 예시다. 그렇게 보면 피자도 냉장고에 있는 재료들을 얹어 만든 요리라고 할 수 있다.

클로드 레비스트로스가 1962년에 쓴 『야생의 사고La Pensée sauvage』에서 신화를 설명하기 위해 브리콜라주라는 단어를 사용하면서 이 말이 여러 분야에서 폭넓게 쓰이기 시작했다. 신화의 문화 체계는 다른 문화나 이전의 문화에서 빌려온 여러 요소를 포함하고 있을 수 있다. 레비스트로스는 브리콜뢰르와 장인을 나란히 두고 비교하면서 브리콜뢰르가 '임시방편'으로 목적을 달성하는 사람이라고 말한다. 반면 장인은 예측 가능한 전통적 기술을 사용하는 사람이다. 하지만 숙련된 작업과 브리콜라주 사이의 경계가 늘 명확한 것은 아니다. 숙련된 작업에 필요한 안정적이고 전통적인 기술은 항상 변화하며, 그 변화는 브리콜라주라고 불리는 임시변통을 통해 일어날 수도 있기 때문이다.

크루아상 자체는 한 명의 브리콜뢰르가 아닌 여러 세대에 걸친 브리콜뢰르들이 이뤄낸 브리콜라주였다. 프랑스 전통 페이스트리는 페이스트리 반죽과 기원을 정확히 알 수 없는 모양이 합쳐져 만들어진 결과물이다. 크루아상의 모양이 1683년 빈을 포위했던 오스만제국을 격파한 기념으로 만들어진 것이라고 이야기하는 사람들도 있다. 오스만제국의 깃발에 있는 초승달 모양을 따서 만든 빵을 씹어 먹을 때마다 승리를 기념할 수 있었기 때문이다. 하지만 초승달 모양의 빵은 유럽 여러 지역에서 찾아볼 수 있다. 그래서 이교도의 축제에서 사용되던 달 모양을 모방한 것이라고 주장하는 사람들도 있다. 파티시에는 브리콜뢰르처럼 여러 층을 만든다.

브리꼴라주에서는 비둘기 몇 마리가 우리가 무엇을 떨어뜨릴지 기대하며 배회하고 있었다.

가난한 나라에서 막 건너온 이민자들에게 20세기 초 서양의 시장은 번영의 상징처럼 보였다. 뉴욕의 로어이스트사이드에 사는 러시아 출신 유대인들은 손수레에 놓고 파는 다양한 상품에 놀라곤 했다. 거의 100년 후 탄생하게 된 대형마트는 손수레에 비하면 경이로움 그 자체지만 너무 흔해서 아무에게도 인정받지 못하고 있다. 대형마트 중앙 쪽 통로마다 통조림, 소스, 시리얼, 밀가루, 설탕, 가공된 식재료, 과자, 냉동식품이 가득하다. 부패를 막기 위해 방부제로 채워진 식품도 많아서 진열된 식품들 사이로는 시간이 다르게 흐르는 것처럼 느껴질 정도다. 마트 가장자리에는 신선한 과일과 채소가 피라미드 모양으로 쌓여 있거나 기계로 안개를 뿌리고 있는 진열대에 놓여 있다. 휘발유, 인건비, 탄소 배출 등을 고려했을 때 상당한 비용과 대가를 치러가며 저 멀리 농장에서 운송해 온 상품들이다. 유럽연합에 소속된 국가의 대형마트였다면 과일과 채소에 유전자 변형 종자로 재배했다는 경고 라벨이 붙어 있을 수도 있고, 아예 처음부터 판매 자체가 금지됐을 수도 있다. 유럽과 북아메리카 시장에서는 '유기농'으로 재배된 식

다른 방식으로 먹기

품에 라벨을 붙여 '기존 방식'으로 재배된 상품과 구분짓는다. 식품에 유기농 라벨을 붙이고자 하는 농장은 비용이 만만치 않은 다년간의 검증 과정을 거쳐야 하지만, 일단 검증 과정을 통과하고 나면 더 비싼 가격에 농산물을 판매할 수 있다. 대형마트는 선진국에 살고 있는 소비자 위주의 시장이지만 미식 현대화의 상징처럼 여겨지고 있다. 20세기 농업 분야에서 일어난 대대적인 변화를 기록해 놓은 곳이라고 볼 수도 있다.

대형마트 진열대에 놓인 상품들은 각자 저마다의 이야기를 들려준다. 공장에서 만든 흰 식빵처럼 죽순 통조림도 다양한 이야기를 간직하고 있다. 죽순 통조림은 단순히 캔 통조림을 만들 수 있는 기술 발전으로 탄생한 식품이 아니다. 죽순을 요리에 사용하는 아시아계 이민자가 선진국으로 많이 유입되면서 그 수요에 의해 탄생한 결과물이다. 인도 향신료를 사용해 맛을 낸 감자칩처럼 세계화의 영향을 받아 만들어진 제품도 있다. 맛과 모양이 서로 다른 음식 문화권에서 유래한 식품들은 개개인의 취향에 따라 좋은 영향으로 평가받을 때도 있고 그 반대일 때도 있다. 당뇨병과 서양식 식단이 유발하는 여러 질병의 원흉이라고 알려진 정제된 설탕과 밀가루는 산업화가 진행되지 않았다면 존재하지도 않았을 식재료다. ('서양식 식단'은 일반적으로 탄수화물, 정제된 설탕, 동물성 지방의 비율이 높은 식생활을 두루뭉술하게 표현하는 용어다.) 개인 차원에서 대형마트의 각 상품이 어떤 경로를 통해 진열장까지 도착하며, 그 과정 중에 경제와 환경에 어떤 영향을 미치는지 알아내기란 불가능하다. 대형마트도 결국 현대화가 창조해 낸 거대한 식품 유통망에 존재하는 하나의 지점일 뿐이다. 그리고 전 세계 대형마트가 현대적인 것은 맞지만 모두 서양 방식만을 따르고 있는 것은 아니다. 진열장 위 제품들은 서양식 식단 이외의 식생활에 관련된 농업 형태와 공급망에 대한 이야기도 들려주고 있다.

대형마트가 산업화 시대에 유럽과 북아메리카에서 꿈꾸던 식품의 미래 모습을 실현했다고 볼 수도 있다. 오늘날 서양의 대형마트에는 풍족한 식품이 있고, 각각의 식품은 세심하게 통제된 수단을 통해 생산, 운송, 저장, 판매된다. 모든 식료품은 표준화됐다. 심지어 효모로 만든 빵이나 치즈처럼 미생물의 활동과 성장 과정의 차이로 인하여 분명히 제각각이어야 할 식품들도 모양, 맛, 질감이 예상 범위를 벗어나지 않는다.[1] 공장에서 생산된 빵은 일란성 쌍둥이라고 봐도 무방할 정도다. 식료품이 표준화됐다고 해서 다양성이 무시당한 것도 아니다. 공장에서는 정형화된 모양의 식빵을 유기농 밀, 호밀, 정제된 흰 밀가루, 쌀가루, 글루텐 없는 밀가루 등 다양한 종류로 만들어낸다. 고객이 선택할 권리가 그 어느 때보다 폭넓게 보장된다. 또한 생산업체들은 고객들이 이전에 선택한 제품을 다시 선택할 때 똑같은 품질이 보장되도록 늘 신경 쓰고 있다. 고객들은 이전까지 찾아볼 수 없던 수준의 예측 가능성을 지닌 세상에서 먹고, 쇼핑하고, 생활한다. 게다가 마

다른 방식으로 먹기

트 진열장 위의 빵, 번, 베이글은 사프란 핫 크로스 번이나 크랜베리 베이글처럼 전 세계의 맛을 합쳐놓기까지 한다.

식품을 포장하는 방식 역시 현대화 그 자체다. 1970년, 건축사학자 레이너 밴험Reyner Banham은 논문 한 편을 통째로 감자칩과 포장의 관계를 논하는 데 바쳤다.[2] 밴험이 깨우친 바는 감자칩과 포장이 하나의 단일체로 디자인되어 기능한다는 것이다. 감자칩 포장은 비닐을 찢어내고 내용물을 바삭바삭 소리 내며 먹는 방식으로 작동한다. "포장을 뜯어 열면 내용물에 닿을 수 있다. 감자칩을 먹다가 구석에 모여 있는 과자를 집기 위해 포장을 더 크게 찢는다. 그리고는 주먹으로 감자칩 포장 비닐을 납작하게 찌그러뜨려 버린다." 이 모든 과정에는 감정적 결과도 뒤따라온다. "최초이자 가장 익숙한 '완전 파괴'를 위한 제품이다. 그 어떤 극적인 카타르시스보다 더 많은 공격성을 건전한 방향으로 승화시키도록 도와줄 것이다."

밴험은 산업화가 제품 디자이너라는 직업에 새로운 세상을 열어주었다는 것을 정확히 이해하고 있었다. 또한 간식과 식사가 대기업 사무실과 실험실에서 구성해 놓은 신체적 행동과 청각적 경험으로부터 시작된다는 점도 알고 있었다. 타다닥, 바사삭 소리처럼 대기업에서 설정해 놓은 행동과 경험은 음식에서 얻는 쾌감의 일부분이 되고, 중독성 있는 간식의 한 요소가 된다. 고대 그리스 선원이 가지고 있던 노나 19세기 영국 농민이 들고 있던 도끼와 쟁기처럼 20세기 후반의 식품 포장이 현대적 생활 방식과 삶의 가치를 표현하는 기술이 됐다고 밴험은 주장했다.

1916년 셀프서비스로 운영되는 대형마트가 처음으로 등장했다. 대형마트와 패스트푸드점은 전 세계에서 풍요의 아이콘으로 떠올랐다. 패스트푸드 음식점의 등장은 역사적으로 고속도로와 현대 세계의 다양한 교통망의 발전과 함께했다. 차가 지나다니는 길가에서 가벼운 음식을 팔던 식당이 패스트푸드점의 시초였다.[3] 하지만 대형마트와 패스트푸드 체인점 모두 현대 사회의 칼로리 과잉을 초래한다는 비난을 꾸준히 받고 있다. 선진국에 살고 있는 대다수 소비자가 선조들보다 하루 평균 훨씬 많은 열량을 섭취할 수 있다. 칼로리 과잉 때문에 사람들의 허리둘레가 늘어났고, 사회적으로 '질병 부담'에 시달리게 됐다. 전근대 사회에서 가장 심각했던 질병이 외부에서 신체로 침투하는 전염병이었다면, 21세기 초반 서양에서 가장 심각한 질병으로는 우리 몸 내부에서 우리를 공격하는 당뇨병과 심장병을 꼽을 수 있다. 당뇨병과 심장병 모두 산업화된 사회 환경과도 연관이 있는 질병이다. 맥도날드에서 팔리는 수십억 개의 햄버거와 감자튀김이 현대 사회의 질병 부담에 큰 영향을 미쳤음은 분명하다. 전 세계적으로 연간 수확되는 감자의 50퍼센트는 실제로 감자튀김용으로 활용된다. 아이러니하게도 맥도날드 같은 패스트푸드점은 저소득층 소비자가 유일하게 자주 방문할 수 있는 식당이다. 정부 보

　　　　　　　　　　　　　　다른 방식으로 먹기

조금의 도움을 받아 생산되는 값싸고 품질 낮은 식재료를 사들여 저소득층 소비자들도 사 먹을 수 있을 정도로 싸게 음식을 팔기 때문이다.

인기 있는 음식 전문 작가 마이클 폴란Michael Pollan은 소비자들에게 대형마트의 중앙에 있는 통로는 가지 말라고 이야기한다. 대형마트 중앙 진열대에는 산업혁명 때 개발된 기계나 그 파생물로 가공한 식품이 자리 잡고 있기 때문이다.[4] 공장 가공 과정은 식품의 표준화, 다양화, 유통기한 연장 측면에서 좋은 결과물을 만들 수 있었고, 식품에 더 많은 열량을 채워 넣을 수 있었다. 고도로 가공된 곡물은 덜 가공된 곡물보다 더 빨리 몸속에서 소화되어 에너지로 활용될 수 있다. 탈공업화 사회에서 대부분 자리에 앉은 채 일하는 직업을 가지고 있는 우리는 필요 이상으로 많은 열량을 섭취하고 있다. 실제로 우리 대부분은 영양 불균형 상태를 겪는다. 물론 산업화 이전 사회의 영양 불균형과는 다른 종류의 불균형이다.

패스트푸드와 서양식 식단은 개발도상국에서 더욱 확고한 성장 발판을 마련했다. 중국과 인도에서 맥도날드 햄버거가 날개 돋친 듯 팔렸다. 특히 인도에서는 채식이나 닭고기 패티로 햄버거를 만들기도 했다. 다른 지역에서도 맥도날드와 유사한 패스트푸드 체인점이 급성장했다. 이란에는 맥도날드와 이름이 비슷한 매쉬도날드MashDonalds와 맥마샬라McMashallah가 문을 열었다. 일본에 맥도날드가 들어온 것은 1971년이었다. '경제적 기적'이라고 불릴 정도로 일본 경제가 고도로 성장하던 시기였지만 일본 고객들에게 '마쿠도나르도'는 간식을 파는 곳이지 식사하는 곳이 아니었다. 일본인에게 식사는 밥을 포함하는 것이어야 했다. 이에 맥도날드의 경쟁사였던 모스버거는 밥버거를 개발해 이 문제를 해결할 수 있었다.[5] 일본의 경제성장은 서양의 제품과 음식을 수입하거나 서양의 사업 모델을 기반으로 한 것이 아니었지만 패스트푸드점이 보여준 효율성에 감탄한 일본인들이 늘어나기 시작했다. 맥도날드의 일본 진출은 세계적 사업 확장의 일환이었다. 1971년 맥도날드는 호주, 독일, 괌, 네덜란드, 파나마에도 지점을 열었다. 중국에서는 맥도날드와 여러 패스트푸드 체인점이 소아 비만 증가세를 가속화해서 문제가 되고 있다. 중국의 '한 가정, 한 자녀 정책'으로 외동아이를 키우는 부모들이 자녀가 원하는 것이라면 무엇이든 들어주면서 생긴 사회현상이다.

폴란은 상대적으로 영양가는 낮으면서 열량만 높은 식품이 모여 있는 대형마트 중앙 진열대 대신에 신선한 과일과 채소가 진열되어 있는 가장자리로 가라고 조언한다. 폴란의 조언대로만 장을 본다면 탄수화물이나 육식 위주 식단에서 벗어나 신선한 채소 위주의 식사로 마침내 더 건강해질 것이다. 하지만 21세기 서양에서 채식 위주의 식사를 한다는 것은 19세기 소비자들은 생각해본 적도 없는 문제에 대해 고민한다는 뜻이다. '기존 방식'으로 생

다른 방식으로 먹기

산된 식품 말고 '유기농'을 선택할 것인가? (오해하기 쉬운 이 라벨은 또 어떻게 해석할 것인가?) 농약을 사용해 재배한 채소는 피해야 하는가? '유전자 변형 농산물, GMO 식품'은 인간이나 주변 환경에 안 좋을 것 같으니 피해야 하는가? '자연적'이라는 단어가 인간의 손에 의해 변형되지 않은 농산물을 뜻하는 것이라면, 사실 농경이 시작된 이후로 자연적인 음식은 존재한 적이 없었다고 볼 수 있다. 그럼에도 수 세대에 걸쳐 고도로 가공된 식품을 먹던 소비자들 사이에 '자연적이지 않은' 식품, 또는 '프랑켄푸드'에 대한 두려움이 생겨나기 시작했다. 추위에 강한 작물을 만들거나 작물의 비타민 함유량을 높이는 것도 유전자 변형에 포함된다. 그리고 이런 유전자 변형이 인간이나 주변 환경에 해로운 영향을 준다는 증거가 발견된 적은 없다. 하지만 유럽연합 국가 소비자들과 몇몇 미국 시장은 GMO 식품을 유난히 비판적으로 받아들이고 거부하는 추세다. 대중이 GMO 식품에 가지는 인식은 몬산토Monsanto와 같은 농업 기업들의 관행과 완전히 분리해 생각할 수 없다. 이러한 기업들은 GMO 종자에 대한 특허로 수익을 내고 있는데, 이는 생명이 특허를 낼 수 있는 대상인가에 관해 윤리적으로 복잡하고 민감한 문제를 제기하게 만든다.

대형마트와 패스트푸드에 대한 비판은 대부분 현대성을 비판하는 일로 이어진다. 목양업자, 전직 철학도, 환경운동가, 프랑스에서 가장 큰 농민 연합 단체 회원 등의 명함을 가진 조제 보베

Jose Bove가 1998년 프랑스 남부 미요에서 공사 중이던 맥도날드 건물을 공격해 파손시키는 사건이 발생했다. 보베는 이 일로 재판을 받고 3개월 형을 선고받았지만, 지지자 약 4만 명이 그의 재판에 나타났다. 보베가 받은 유죄판결과 수감 기간은 오히려 그를 더 매력적인 사회운동 지도자로 만들었다. 지역 영농과 지역 농산물을 지지하는 유럽인들 사이에 반패스트푸드 정서가 흔하긴 했지만, 보베가 맥도날드를 공격했던 진짜 이유는 세계무역기구, WTO의 결정에 반대했기 때문이다. 당시 WTO는 소 성장 호르몬을 사용해 생산한 소고기를 유럽으로 수출하려는 미국을 지지했다. 소고기의 세계화, 나아가 '미국화'는 유럽의 상업과 소비자를 위협하고 있었다. 유럽이 미국의 소고기 수출에 저항하자 미국은 유럽에서 들어오는 사치품에 보복 관세를 부과하는 방식으로 대응했다. 관세 폭탄을 맞게 된 상품에는 보베가 자신의 농장에서 생산하던 로크포르 치즈도 포함돼 있었다. 그는 이후로 반세계화 운동을 이끌며 자유시장을 기반으로 하는 자본주의가 세계로 뻗어나가는 것에 반대했다. 또한 다국적 기업이 국내외 정치에 영향력을 행사해 시장규제를 완화하려고 하는 행태를 극렬히 비난했다.

보베가 맥도날드 공사장을 공격하기 10년 전, 맥도날드의 로마 진출에 반대하는 시위가 새로운 단체 '슬로푸드Slow Food'의 관심을 끌었다. 슬로푸드는 지역주의 장려, 음식의 유래 홍보, 현대화

　　　　　　　　다른 방식으로 먹기

사회가 요구하는 속도보다 느린 요리와 삶 추구 등을 목적으로 하는 단체였다. 슬로푸드의 상징은 아주 적절하게도 달팽이다. 다양한 품종의 '토종 씨앗'을 저장할 수 있는 종자 은행 설립하기, 동식물의 다양한 품종 유지하기, 단일 작물 재배에 의존하려는 대규모 기업식 농업에 맞서 싸우기 등이 슬로푸드가 내세우는 활동 목표에 포함된다. 모순돼 보일 수도 있지만, 슬로푸드가 강조하는 지역주의가 전 세계로 퍼지다 보니 세계 여러 지역에 슬로푸드의 지부가 개설됐다.[6]

냉장 기술과 현대 공급망

대형마트의 가장 중심에는 모두의 일상에 스며들어 있는 한 가지 기술이 있는데, 바로 냉장 보관 기술이다. 니콜라 트윌리Nicola Twilley는 현재 식량 시스템이 존재할 수 있는 이유는 '거대한 인공 겨울이 널리 퍼뜨려졌기 때문'이라고 설명한다. 인공 겨울은 음식을 부자연스러울 정도로 신선하게 유지해 준다. 덕분에 현대 식량 시스템을 통해 북아메리카 전역으로 바나나와 오렌지 주스가 유통될 수 있고, 유럽과 아시아의 내륙 지역에서 회를 먹을 수 있으며, 그보다 더한 일도 가능하게 만들 수 있다.[7] 인공 질소고정법이 식량 생산에 큰 변화를 불러왔듯이, 냉장 기술은 식품 유통에 큰 변화를 불러왔다. 냉장 기술이 개발된 이후의 식량 시스템은 19세기의 시스템과는 비교할 수도 없을 정도로 달라졌다.

기계식 냉장 기술은 1851년 특허를 받았지만 널리 보급되기 시작한 것은 1890년대 들어와서였다. 아직은 비교적 짧은 거리로 식품을 운반할 때 얼음을 사용하는 일이 더 흔했고, 얼음 배달원도 쉽게 볼 수 있었던 시기다. 지금도 몇몇 가정집에 남아있는 오래된 아이스박스가 당시 식품 운반 방식을 증명해 주고있다. 디트로이트에서 출발했던 최초의 냉장 화물 열차(기계식이 아닌 얼음을 사용한 냉장 방식이었다)는 고기 판매상 조지 해먼드 George Hammond가 개발한 것이었다. 1879년에는 프랭클린 스위프트 Franklin Swift가 개량된 냉장 열차를 만든 덕분에 소비자들은 냉동 고기와 냉동식품의 시대를 맞이할 준비를 할 수 있었다. 1950년대에 개발된 이후 개선을 거듭한 냉동 선적 컨테이너, 비행기로 초밥용 횟감을 운송할 때 쓰이는 스티로폼 박스, 1870년대 대서양과 태평양을 건너 유럽 시장까지 육류를 운반했던 최초의 냉동선 등이 모두 스위프트의 냉장 열차 기술에서 시작됐다고 볼 수있다. 냉장 기술이 이뤄낸 여러 성과 중에서도 바나나 산업을 빼놓을 수 없다. 바나나는 아주 빨리 숙성되는 과일이기 때문에 열매가 아직 초록빛을 띨 때 따서 시장까지 냉장 보관한 상태로 운송해야 한다. 목적지에 도착한 바나나는 에틸렌 가스로 가득 찬 숙성실에서 후숙시킨다. 커피를 즐기는 사람 중에 커피나무를 직접 본 사람이 거의 없는 것처럼, 북아메리카와 유럽에서 바나나를 구매하는 소비자 중에 나무에서 다 익은 바나나를 먹어

다른 방식으로 먹기

본 사람은 거의 없을 것이다. 바나나는 20세기 현대인의 식생활에 일어난 변화의 또 다른 면을 보여준다. 20세기 중반 세계에서 가장 인기 있는 과일로 각광받던 바나나지만, 고작 50년 전인 1899년만 하더라도 대중 과학 잡지 《사이언티픽 아메리칸》에서 바나나 먹는 방법을 지침으로 소개해야 할 정도였다. 우리가 전통적이라거나 영구적으로 존재했다고 믿는 식생활의 단편들은 사실은 아주 최근에 나타난 특징들이다. 음식 문화는 끊임없이 변화하지만 아주 빠른 속도로 삶에 스며들어 마치 처음부터 그렇게 존재해 왔던 것 같은 인상을 심어준다.

늘 가까운 곳에서 신선한 고기를 사 먹던 소비자들이 최초의 냉동육을 접했을 때는 불신이 가득할 수밖에 없었다. 미국에서는 제1차 세계대전이 터지고 나서야 냉동육을 먹는 행위가 애국의 길이라고 인정받기 시작했다. 전시 상황에서 냉동육을 먹는 것이 국가의 가용 자원을 극대화하는 방법이라고 여겼기 때문이다. 1930년대에는 가정용 냉장고가 널리 보급되기 시작하면서 소비자들은 사계절 내내 다양한 지역에서 가져온 음식을 즐기는 데 점점 익숙해졌다. 20세기 중반쯤 미국인이 섭취한 냉동식품은 이전보다 세 배가 늘어난 양이었고, 그에 따라 가공식품 관련 사업이 번창했다. 오렌지를 주요 작물로 재배하는 플로리다와 브라질에 설치된 거대한 저장용 냉장 탱크는 오렌지 주스를 세계적 음료로 만들었다. 현재는 전 세계 오렌지 주스 대부분이 브라질에서 생산되고 있다. 냉장 기술과 운송 인프라가 만나면 브라질의 오렌지 주스처럼 특정 지역에서 생산되는 식품이 다른 많은 지역으로 판매될 수 있다. 미국에서 소비자가 먹는 냉동 채소와 과일의 절반은 캘리포니아에서 생산된 것이고, 소비자가 먹는 전체 음식의 75퍼센트는 생산과 운송 과정 중 한 번은 냉장 보관된 적이 있다. 냉장 및 냉동 기술은 단순한 생산과 소비의 차원을 넘어서는 경제적 효과를 가져오기도 했다. 식품을 오래 보관할 수 있다 보니 1961년에는 삼겹살이, 1997년에는 체더 치즈 상품이 주식시장에서 선물로 거래되기 시작했다. 냉장 및 냉동 기술의 사회적 영향력도 상당했다. 가정용 냉장고가 도입되면서 이제 일주일에 한 번만 장을 봐도 괜찮으며, 장 보는 시간이 줄어들자 남는 시간에 다른 일을 할 수 있게 됐다. 이처럼 냉장 기술의 효과는 놀라웠지만 눈에 크게 띄지는 않았기 때문에 고속도로, 트럭, 철도, 비행기, 선박 컨테이너와 같은 식량 시스템에 존재하는 다른 인프라와 마찬가지로 그 중요성이 쉽게 잊혔다.

영양학의 시대

대형마트 진열대에서 볼 수 있는 모든 식품 포장에는 영양 정보가 표기되어 있다. 물론 일반인이 알아들을 수 있는 단어로만 적혀 있는 것은 아니다. 냉장 기술처럼 식품의 영양 정보마저도 너무나 일상적인 일이 돼버려서 간과할 때가 많다. 우리는 식품

다른 방식으로 먹기

을 구성 성분과 구성 영양소로 분해해 바라보는 일에 익숙한 세상에 살고 있다. 그리고 자격을 갖춘 전문가(또는 유행하는 식단을 선도하는 돌팔이)에게서 식이요법 조언을 받는 일에도 익숙하다. 이제는 냉장 기술이 없는 세상을 상상하기 어려운 것처럼 열량, 섬유질, 비타민 등의 식품 영양 정보를 볼 수 없는 세상 역시 상상하기 쉽지 않다.

사실 '영양학'이 제대로 성장하기 시작한 것은 1890년대에 들어와서였다. 영양학은 실험실에서도 성과를 냈지만, 전쟁 중 최전방에서처럼 인구의 식단을 통제해야 할 필요성이 요구되던 상황에서 크게 발전했다. 오늘날 우리는 '열량'이라는 단어와 자주 마주치면서도 그 원래 의미를 잊을 때가 많다. 연소 됐을 때 1킬로그램의 물을 1도 올릴 수 있는 만큼의 에너지를 생성하는 물질의 양을 열량이라고 한다. 열량을 측정하는 단위인 '칼로리'는 영양학이 아닌 열역학 에너지를 연구하던 프랑스 연구자들이 만든 용어다. 음식을 구성하는 요소 중 가장 처음 발견된 영양소는 단백질, 지방, 탄수화물이었다. 음식이 연소될 때 생성되는 열의 양을 측정하는 열량계도 널리 사용되기 시작했다. 초기 영양학자들은 인간이 생존하는 데 필요한 최소한의 영양분을 알아내는 데 관심이 많았다. 생존에 필요한 최소 영양분을 알아내면 가난한 사람들에게 지원해야 할 음식의 최소 기준을 정량화할 수도 있고, 가정의 영양을 담당하는 여성들을 교육시켜 노동력을 효율적으로 관리할 수도 있었다. 초기 영양학자들은 인간의 신체를 기계에 비유하기도 했다. 경제학자 J. A. 홉슨J. A. Hobson은 1890년대부터 이미 '식품 과학'이 곧 정식 과학 분야로 인정받아 식품 섭취에 관한 법칙들을 제공해 줄 것이라 예측했다.

20세기 초에는 비타민이 발견됐다. 비타민 부족은 각기병, 펠라그라, 괴혈병과 같은 '결핍병'을 일으킨다. 비타민이 발견되면서 식품 과학 분야의 실험에도 새로운 바람이 불었다. 비타민 발견 이전의 영양학에서는 신진대사의 열역학적 이론에서 핵심 개념인 열량에 초점을 두고 연구가 진행됐다. 음식은 곧 에너지였고 사람의 신체는 영양을 공급받아 에너지를 노동으로 승화시키는 매개였다.

비타민이 발견된 후 영양학자들은 두 부류로 나뉘어 경쟁하기 시작했다. 한쪽은 식품에서 얻을 수 있는 에너지를 연구하는 영양학자들이었고, 한쪽은 비타민 등 식품의 생화학적 요소를 연구하는 영양학자들이었다. 이제는 음식의 질이 양만큼이나 중요하게 여겨지고, '충분하다'는 개념이 바뀌었다. 영국과 미국의 영양학자들은 여전히 가정주부를 중심으로 식품을 연구했다. 가정주부는 19세기 중반부터 여러 세대에 걸쳐 위생과 가정과학 전문가들의 연구 대상이기도 했다. 이제는 주부들의 주방이 실험실이 됐다. 가족 구성원들이 번성하기 위해서는 주부들이 각 식품의 영양학적 가치를 완벽하게 이해하고 있어야 했고, 그에 따라 주부의 역할이 전문화되기 시작했다. 가족을 중심으로 요리와 식생활에 변화가 일어남과 동시에 개인적 차원의 신체적 웰빙에 대한 관심도 증가했다. 19세기부터 현재까지 식이요법과 건강 전문가들이 수없이 등장하며 비만과 각종 건강 문제에서 벗어나고자 하는 개개인의 욕구를 충족시켜 주었다. 비타민이 발견된 지 얼마 지나지 않아 영국과 미국 매장에서 비타민 보충제가 판매되기 시작했다. 1928년에는 최초의 비타민 강화 분유가 시장에 나왔다. 같은 시기였던 1930년대에는 코카콜라와 담배처럼 지금은 해로운 것으로 알려진 제품들이 건강 보조제로 홍보되며 고객들의 관심을 끌었다. 그때도 지금처럼 건강을 내세운 마케팅이 광고주와 기업식 농업 운영자들의 주머니를 두둑하게 채웠다.

혼란, 전통, 요리책

펑크 밴드 더 클래시The Clash의 원년 멤버 조 스트러머Joe Strummer는 영국 대도시의 도로변에서 먹을 수 있는 모든 음식(빈디, 달, 오크라, 붐베이덕, 베이글, 엠파나다, 라씨, 치킨 티카, 파스트라미)에 관해 노래한 적이 있다. 음식 목록에는 20세기 영국 이민 역사의 패턴이 그대로 드러날 정도로 아시아 음식이 많다. 그런데 생각해 보면 세계 어느 주요 도시에서든 찾아볼 수 있는 음식들이기도 하다. 나는 1960년대 초반 파리에서 추수감사절 칠면조 요리와 함께 낼 크랜베리를 구하기 위해 몇 시간이나 고생한 적이 있다. 결국 고급스러운 잡화점에서 먼지에 뒤덮인 아주 비싼 크랜베리 통조림 하나를 찾을 수 있었다. 지금은 아무리 이국적인 음식이라도 훨씬 쉽게 구할 수 있다.

20세기 선진국에서는 전례 없는 수준으로 다양한 식문화를 만날 수 있었고, 21세기인 지금도 마찬가지다. 자원이 풍부한 지역에 사는 사람들은 선조들이 꿈꿨던 것보다 훨씬 다양한 음식을 맛보며 살아가고 있다. 세계 대도시로 이주하는 많은 사람이 다양한 요리를 한곳으로 모았고, 또 새로운 음식에 영감을 주기도 했다. 21세기 로스엔젤레스의 푸드트럭에서는 한국식 불고기가 들어간 타코와 부리토를 판다. 토론토에서는 치킨 티카 마살라 피자를 먹을 수 있고, 도쿄에서는 캘리포니아에서 인기를 끌어 역수입된 캘리포니아 롤을 맛볼 수 있다. 미국식 레스토랑 체인 베니하나의 창업주인 로키 아오키Rocky Aoki는 일본에 식당을 내고 뉴욕의 베니하나라고 홍보했다. 미국인들은 '일본식' 음식이라고 생각했지만 베니하나는 일본인들에게 '외국' 음식을 선보여 인기를 끌었다. 베니하나의 음식은 현대 식문화에 존재하는 수많은 아이러니를 단편적으로 보여주고 있다.

사람이 이주할 때 기억이나 요리책의 형태로 조리법도 함께 따라간다. 중국인 노동자들은 대륙횡단철도를 건설하기 위해 미국으로 이주하면서 그들의 음식 문화도 함께 가지고 왔다. 그들이 만들어 먹은 춥 수이와 차우멘은 중국 요리가 아니다. 북아메리카에서 구할 수 있는 값싼 재료로 노동자들이 중국 음식을 흉내 내 만든 요리들이다. 튀르키예 노동자들은 독일에 도착해 되네르케밥을 하나의 상징적인 음식으로 만들었다. 이제 꼬챙이에 고기를 꿰어 익히는 로티세리를 베를린 거리에서 흔하게 볼 수 있다. 1960년대 이민법 개혁만큼 미국의 20세기 후반 식당 문화에 큰 영향을 준 것은 없다. 당시 이민법은 더 많은 이민자와 그들의 가족이 함께 미국에 정착할 수 있도록 해줬다. 이민법 개혁이 있기 전까지는 가족 전체 이주가 허락되지 않았으며 독신 남성이 미국에서 충분히 돈을 벌고 나면 다시 본국으로 돌아가도록 장려했다. 가족 전체가 미국에 정착할 수 있게 되자 식당 창업에 뛰어드는 사람이 늘어났다. 가족들이 노동력을 제공할 수 있고 다른 사업보다 창업 비용이 적게 들었기 때문에 미국 내 기반이 부족했던 이민자 가족들이 쉽게 접근할 수 있었다. 운이 좋으면 성공한 식당을 다음 세대에 물려줄 수도 있었다.

스튜어트 홀Stuart Hall은 권력을 가진 자들의 관점에서 보면 세계화가 세상을 훌륭한 뷔페로 변화시켰다고 했다. "현대 자본주의의 최전선에 있다는 것은 한 주 동안 열다섯 가지 다른 요리를 맛볼 수 있다는 것을 의미한다. 일요일마다 삶은 소고기, 당근, 요크셔 푸딩을 먹는 삶은 더 이상 중요하지 않다. 그런 삶이 필요한 사람이 어디 있을까? 비행기를 타고 도쿄에서 하라레를 거쳐 들어올 때면 '모두 똑같구나'가 아니라 '하나하나 모두 다른 세상은 정말 아름답구나'라는 깨달음을 얻게 될 것이다."[9] 하지만 여러 언어를 구사하고 다양한 음식을 구할 능력이 있는 현대인도 안정적인 식문화 정체성을 갈구할 수 있다. 한 주에 열다섯 개의 다른 요리를 맛보는 일이 즐거울 수도 있겠지만 과하게 느껴지는 것이 사실이다. 세계화된 식문화를 만끽할 수 있는 조금 더 안정적인 방법은 요리책을 펴보는 것이다. 요리책은 특정 문화의 정통 요리를 들여다볼 수 있는 창문과 같다. 소박한 문학 장르로 등장한 요리책은 유럽의 다양한 국가별 전통 요리를 체계적으로 정리하는 데 큰 역할을 했다. 또한 고급 요리와 일반 요리 문화를 확립했고, 궁정과 마을을 하나로 묶어서 둘 사이의 연결 고리 역할을 하기도 했다.

요리책은 전 세계 각국의 전통 요리 공동체를 공고히 하는 도구가 되기도 했다. 인류학자 아르준 아파두라이Arjun Appadurai는 20세기 후반 인도 독자에게 요리책이 어떤 존재인지 설명했다. 인도에서 영어로 출판되는 요리책은 중산층 독자들이 한 번에 두 가지 일을 할 수 있도록 도왔다. 하나는 사회적 지위를 상징하는 전문화된 주방 문화를 습득하는 것이고, 하나는 현대화된 일상을 누리면서도 전통을 잊지 않는 것이었다.[10] 아파두라이는 전통 음식에 관한 요리책에서 찾을 수 있는 두 가지 상충하는 특징도 지적했다. 전통 요리법을 소개하는 요리책은 지역 요리들만

다른 방식으로 먹기

의 독특한 특징을 부각하는 동시에 국가 전통 요리의 통일성도 강조한다. 요리책에서 강조되는 고유성과 통일성은 다양한 민족, 문화, 종교로 구성된 인도 같은 국가에서는 특히 중요한 가치다.

요리책은 음식을 재창조하기 위한 지침이라고 정의할 수 있지만, 사실 그 이상의 의미를 지닌다. 개인적 여담, 식생활 에티켓, 건강 유지를 위한 조언, 집 안 청소, 손님 대접 등 조리법 이상의 내용을 유럽의 요리책에서 쉽게 찾아볼 수 있다. 또한 요리책은 특정 요리에 포함돼야 할 것과 포함되지 말아야 할 것을 정해주는 역할도 한다. 시간이 흐르면 모든 규칙은 변하겠지만, 요리책에 남아 있는 기록을 통해 요리에 어떤 변화가 생겼는지 추적해 볼 수 있다. 예를 들어 멕시코 원주민의 옥수수 토르티야와 스페인의 돼지가 만나서 완성된 돼지고기 타코는 어떻게 탄생한 것인지 과거의 요리책을 통해 알아볼 수 있다.[11] 흥미롭게도 대부분의 요리책에서 정통 음식, 전통 요리에 어떤 재료를 쓰는지보다 어떤 향신료나 소스를 쓰는지를 중심으로 다루고 있다. 그래서 새로운 육류나 채소도 '전통 음식화'될 수 있으며, 같은 재료를 구할 수 없는 지역에서도 전통 요리를 재창조할 수 있다. 일본처럼 식문화의 정체성이 재료보다 조리 기술로 결정되는 곳도 있다. 일본의 요리 연구가 노부 마츠히사는 "나에게 어떤 현지 식재료를 줘도 세계 어디서든 일본 조리법으로 일본 요리를 만들 수 있다"라고 말하곤 했다. 그렇지만 요리책에 나온 지침을 통해 특정 문화가 어떤 식재료를 허용하는지, 또는 어떤 식재료를 절대 받아들일 수 없는지 살펴볼 수 있다.

20세기와 21세기의 현대 요리책 중에는 세계화 시대를 살고 있는 독자들에게 요리의 정통성과 전통성을 홍보 전략으로 내세우는 책들도 많다. 물론 전통 요리를 향한 향수를 불러일으키는 낭만적 전략이 늘 인기 있던 것은 아니다. 요리책은 미래에 대한 다양한 전망을 시사하기도 한다. 어떤 요리책은 미래에는 전통이 보존되는 것이 아니라 오히려 확대되어 나타날 것이라고 이야기한다. 예를 들어 이탈리아계 미국 요리책에서는 실제 이탈리아 농부들이 먹는 고기와 치즈보다 훨씬 더 많은 양의 고기와 치즈를 소개한다. 또한 미래 식문화에서는 영양과 효율성이 최고의 미덕으로 여겨질 것이라고 보는 요리책도 있다. 미국에서 전자레인지가 널리 보급된 것은 1970년대의 일이지만, 이미 1960년대 미국 요리책들은 전자레인지로 할 수 있는 요리들을 중점적으로 다루기 시작했다. 현대식 주방 용품이 나오기 전부터 강판, 마늘 압착기 등 새로운 주방 도구 사용법을 가르치고 있었다.

20세기 초반 요리책 중 가장 미래지향적인 내용으로 유명했던 책은 실제로 요리책이 아니라 젊은 이탈리아 예술가 '미래파'의 예술 프로젝트였다. (미래파가 정치에서는 보수적이라는 점이 흥미롭다.) '미래파의 요리책'은 부엌에서 전혀 유용하지 않다. 하지만 요리책이 식문화 전통 속에서 어떤 위치에 설 수 있는지 보여준다.

이탈리아의 미래파 예술가 필리포 마리네티^{Filippo Marinetti}는 밀을 인간의 신체로 전달하는 가장 이탈리아스러운 방식인 파스타를 비난하며 이탈리아 전통을 완전히 바꿔버리려고 했다. 그는 파스타가 이탈리아인들을 짓누르고 남성들을 나약하게 만든다고 주장하면서 남근 모양의 소시지를 먹을 것을 권장했다.

이탈리아 음식에 일어난 실제 혁신들에는 지정학적 의미가 부여됐다. 예를 들어 에스프레소 머신은 커피 생산지를 식민지화하려는 욕구와 알루미늄이 생산되는 북아프리카 식민지를 향한 야욕을 보여주고 있다. (유명한 비알레티 에스프레소 커피 머신은 실제로 주조 알루미늄으로 제작됐다.)[12] 미래파 예술가들이 파스타를 거부하던 행위도 파시즘이 부상하던 정치 풍조와 맞물려 나타났다. 파스타를 더 적게 먹으면 밀가루를 지금처럼 많이 수입할 필요가 없기 때문에 이탈리아가 자급자족할 수 있는 국가로 성장할 수 있을 것이라는 논리로 해석된다. 게다가 파스타를 줄이면 더 날씬하고 날쌘 이탈리아인들이 세계 무대에서 더 효율적으로 경쟁할 수 있을 것이라고 했다. 미래 식생활에 대한 수많은 추측과 마찬가지로, 미래파가 출간한 요리책은 사람들이 현재 상황에 느끼는 불안을 강렬한 방식으로 표현한 것으로 이해할 수 있다.

요리책에서는 요리들을 흔히 정통 요리라고 소개하면서도 정통성이 역사적으로 지역 고유의 음식만을 뜻하는 것은 아니라는 설명을 덧붙인다. 현대 베트남 요리책에 자주 등장하는 쌀가루 반죽 음식인 반쎄오에는 코코넛 밀크가 들어가지만 파리 길거리에서 흔히 볼 수 있는 철판 위에서 요리된다. 베트남의 철판에서와는 달리 파리의 철판 위에서는 반쎄오와 비슷한 크레이프를 밀가루 반죽, 버터, 설탕, 누텔라로 만든다. 베트남 식문화에서 볼 수 있는 볶음 요리, 국수, 두부, 젓가락은 중국 남부 지역에서 영향을 받았다. 또한 버터, 바게트, 커피는 프랑스 식민 지배 중에 베트남 식생활에 스며들었으며 땅콩, 토마토는 유럽 무역상들에 의해 베트남으로 전파된 콜럼버스 교환의 기념품 같은 식재료다. 대규모 베트남계 커뮤니티가 조성된 오렌지 카운티 같은 캘리포니아 남부 지역 쇼핑몰에서 현대 베트남 식당을 방문하면 바로 근처에서 버블티 가게를 발견할 수 있을 것이다. 대만에서 온 버블티는 베트남 음식은 물론 중국 음식과도 잘 어울리는 음료다.

'미국' 맛

20세기 후반 전 세계가 겪은 식단의 서구화는 단순히 '미국화'였다고 해도 지나치지 않음을 맥도날드가 증명하고 있다. 전 세계 식단의 미국화는 제국주의의 연장선상에서 이해할 수 있다. 미국 원주민의 땅을 뺏은 것에서 시작한 미국의 제국주의가 산업화 이후에는 무력을 동원한 강압적인 '포함외교'와 불평등조약으로 이어졌다. 미국은 '명백한 운명'이라는 구호를 외치며 아메리

다른 방식으로 먹기

카 대륙 서부와 남부로 계속되던 영토 확장을 정당화하기도 했다. 미국 제국의 지도는 푸에르토리코와 필리핀까지 포함하며 완성됐다.

하지만 도대체 '미국 음식'이 무엇인지에 관한 질문에는 답하기가 쉽지 않다. 토르티야, 셰이브아이스, 스키야키 모두 미국 음식이다. 이게 무슨 뜻일까? 서로 기원이 달라도 모두 현재 미국 음식이라고 이야기할 수 있는 세 요리를 통해 복잡한 미국의 음식 역사를 엿볼 수 있다. 유럽인들은 자신의 음식뿐 아니라 아프리카의 노예까지 신대륙으로 들여왔다. 그리고 아프리카 노예들과 함께 아프리카의 음식 문화도 대서양을 건너왔다. 미국 남부에서 볼 수 있는 수수, 기장, 땅콩, 오크라, 강낭콩, 참깨 모두 아프리카에서 건너온 작물이다. 스코틀랜드와 아일랜드에서 미국으로 건너온 계약 노동자들은 영국식 빵과 케이크를 만드는 일을 했지만 자신들은 동물 내장, 감자, 뿌리채소를 요리해 먹었다. 펜실베이니아에 정착한 메노나이트와 아미시 이민자들은 다진 돼지고기와 옥수수 가루를 바삭하게 튀겨 만든 스크래플을 들고 왔다. 스코틀랜드 이민자들의 고향 음식이었던 돼지고기 푸딩과 비슷한 요리였다.

서로 다른 지역에서 건너온 음식 문화가 미국 본토에서 어떻게 서로 섞여왔는지가 미국 음식 역사 연구의 주안점이었다. 미국의 영토 확장을 통해 전체적인 음식 문화가 변화를 겪었고 점점 더 풍부해졌다. 미국은 1898년 일어난 미국-스페인 전쟁의 결과로 태평양과 카리브해에서 스페인 식민지를 해방시키며 영토 확장의 기회를 잡을 수 있었다. 필리핀은 1898년부터 1946년까지 미국 지배를 받게 됐으며, 파리조약으로 푸에르토리코도 미국 영토로 편입됐고, 아직도 미국 자치령으로 남아 있다. 미국이 획득한 영토에는 설탕, 바나나, 파인애플 등을 생산하는 플랜테이션이 설립됐다. (필리핀에서는 아랍 상인들이 사탕수수 나뭇가지를 가져와 심은 이후로 계속 설탕을 생산하고 있었다.)

푸에르토리코와 필리핀을 지배하기 시작한 해에 미국은 하와이까지 차지했다. 하와이는 미국에서 식문화가 가장 복잡한 주다. 해조류, 토란(하와이 대표 지역 축제인 루아우 때 먹는 포이의 재료), 생선, 빵나무, 열대 과일(3,500년 전부터 폴리네시아에서 건너온 여러 종류의 과일) 등 하와이의 음식은 아주 다양하다. 하지만 외부와의 접촉 이전에 먹던 이런 음식들은 오늘날 하와이의 축제, 종교의식, 헤이하우(영적인 장소)에 바치는 음식으로나 가끔 만나볼 수 있다.[13] 하와이에서 일상적으로 먹는 음식은 중국, 일본, 필리핀, 포르투갈, 미국 본토(하울레)의 영향을 받은 것들이다.

하와이의 '플레이트 런치'만큼 다양한 식문화의 영향을 잘 보여주는 음식도 없다. 하와이에 가면 특히 공원이나 해변 근처에서 음식을 파는 밴이나 푸드트럭에서 꼭 플레이트 런치를 먹어봐야 한다. 식사는 밥, 감자 샐러드, 마카로니 샐러드 등 여러 탄수화물로 시작된다. 포르투갈 소시지 초리소, 일본에서보다 훨씬 달달한 치킨 데리야키, 필리핀의 룸피아, 중국식 당면, 폴리네시아의 라우라우(돼지고기나 생선을 바나나 루아우처럼 큰 나뭇잎에 싸서 찐 요리), 칼루아 피그, 로미로미 연어, 아히 포케, 하우피아(코코넛 젤라틴으로 만든 디저트) 등도 플레이트 런치에 올라올 수 있는 음식들이다. 하우피아를 제외하고는 모두 종이 접시 위에 마구잡이로 쌓아줄 것이다. 현지인들은 접시 위 음식을 모두 손으로 먹겠지만 관광객이라면 플라스틱 포크를 받을 수도 있다. 플레이트 런치는 지난 300년간 하와이섬에 어떤 일이 있었는지 그대로 보여주고 있다. 19세기 후반에서 20세기 초 사이에 설탕이나 파인애플 플랜테이션 노동자로 하와이에 끌려온 사람들은 쉬는 시간마다 서로의 점심 식사를 함께 나눠 먹었다. 노동자들은 모든 음식이 녹아 들어가는 '용광로'가 아닌 '뷔페'식 식문화를 만들어 냈다. 뷔페식 문화 속에서 서로 다른 음식이 모두 함께 존재할 수 있었고, 가끔 새로운 요리를 통해 서로의 식재료나 조리법을 활용해 볼 수도 있었다. 그렇다고 이 요리들이 하와이로 건너와서도 원래 모습을 그대로 유지한 것은 아니었다. 하와이 어디에서나 구할 수 있는 설탕 덕분에 대부분의 요리가 원래 지역에서보다 단맛이 더 강해졌다. 하와이 스타일의 치킨 데리야키는 애플파이 같은 디저트만큼이나 달다.

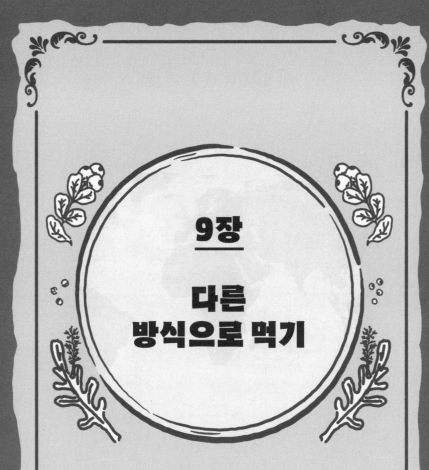

9장

다른
방식으로 먹기

메뉴판에서 만난 냄

내가 어렸을 때는 식당에 가는 일이 흔하지 않았다. 우리 가족은 늘 집에서 식사했다. 1940년대와 1950년대 미국 중서부 지역에서는 평범한 일이었다. 당시 우리는 다른 사람이 만든 음식을 먹어본 적이 없었고, 다른 문화권의 음식은 상상할 수도 없었다. 1950년대 어린 시절 내가 맛봤던 가장 이국적인 요리는 포도 잎에 음식을 채운 그리스 요리였다. 미네소타주 박람회에 갔다가 노점상에서 그리스 사람들을 위해 그리스인이 만들어 파는 음식을 먹어봤다. 그리스인이 아니면서 그 음식을 먹는 사람은 나를 포함해 얼마 되지 않았다. 성인이 되어 중국, 인도, 페르시아 음식점에 가보고 나서야 여러 민족 음식에도 쓰촨식, 마드라스식, 페르시아풍 미국식처럼 더 세분화된 범주가 있다는 사실을 알게 됐다. 메뉴판은 풀어야 할 퍼즐이 가득한 학습용 문제집처럼 느껴졌다. '전채 요리가 뭘까?' '내장은 어디를 말하는 것일까?' 디저트가 무엇인지는 알았다. 하지만 '쿨피'가 뭔지는 몰랐다. 메뉴판에서 새로운 항목을 알아내는 일이 강박증처럼 습관이 됐다. '다른 민족의 음식'에 대해 배우기 시작했고, 내가 직접 만들어 먹어보기도 했다.

인류학자가 되기 위해 공부하던 중 식당이 현장 조사를 하기에 완벽한 장소라는 사실을 깨달았다. 배가 고프면 식사를 해야 했기 때문에 아주 자연스럽게 식당에 갈 수 있었다. 식사하는 가족들의 모습, 사람들의 옷차림, 식사하며 나누는 야구 관련 대화, 정치 이야기, 자녀의 성적 이야기 등 식당에는 관찰할 요소가 아주 많다. 유명한 야구 선수 요기 베라Yogi Berra는 식당을 두고 "보기만 해도 많은 것을 관찰할 수 있다"라는 말을 남겼다. 이는 "듣기만 해도 많은 정보를 얻을 수 있다"로 바꿔 말할 수 있으며, 모든 감각으로 주변 세상과 음식을 인식하는 상황에 적용할 수 있다. 즉, 선입견 없이 주의를 기울이면 많은 것을 관찰할 수 있다는 뜻이다. 식당의 메뉴판은 대화를 시작하기 아주 좋은 아이템이다. 특히 처음 현장 조사를 나서던 때의 나처럼 수줍음이 많은 성격이라면 메뉴판이 더욱 유용하다. 너무 붐비지 않는 식당이라면 메뉴판을 두고 종업원에게 질문을 할 수도 있다. 질문에 흥미를 느낀 종업원이 시식할 수 있는 음식을 가져다주기도 하는데, 이는 현장 조사 중 얻을 수 있는 쏠쏠한 보너스다.

매사추세츠주 보스턴에 있는 한 세네갈 식당에 갔다가 메뉴판 전채 요리 파트에 '넴'이 있는 것을 보고 놀란 적이 있다. 종업원에게 여기에 있는 넴이 베트남의 그 튀김 요리와 같은 음식인지 물었다. 그 넴이 어떻게 서아프리카 식당 메뉴판에 등장하게 됐을까? 종업원은 매니저를 불러줬고, 그는 친절하게 자리에 앉아 넴의 이야기를 들려줬다. 프랑스가 베트남(동남아시아 지역의 일부였으며 인도차이나라고 불렸다)을 식민지화했을 때, 프랑스인들은 또 다른 식민지였던 세네갈에서 군인들을 데리고 왔고 세네갈 보병들이 현지인보다 더 충성스럽고 객관적인 자세로 베트남 치안을 담당하길 바랐다. 그러나 결국에는 베트남인들이 자국민을 감시하는 체계가 완성되면서 세네갈 보병들은 서아프리카의 고향으로 돌아갔다. 세네갈인들은 본국으로 돌아가는 길에 넴의 맛과 베트남 부인들도 함께 데리고 갔다. 베트남에서 보병들이 맛본 넴은 세네갈에서 세네갈식 음식으로 재탄생됐고, 수년 후 세네갈 이민자들이 미국에 식당을 차리기 시작했을 때, 세네갈의 넴이 메뉴에 포함됐다. 식민지 교류, 탐험, 여행 등을 통한 음식과 정체성의 이동 이야기는 이렇게 반전에 반전을 보여줄 때도 있다. 일본의 튀김 요리 덴푸라는 포르투갈의 영향을 받은 음식이고, 초밥은 동남아시아의 영향을 받은 음식이다. 영국 해군이 카레를 선원들의 정규 식사로 채택하자 일본 해군도 이를 따라서 일본식 버전인 카레라이스를 만들었다. 영국 버전의 카레가 대영제국 선원 전체의 음식이 됐듯이, 일본 버전의 카레라이스는 일본 여러 지역에서 활동하는 선원들의 음식이 됐다.

보스턴의 이민자가 많이 거주하는 한 지역에는 베트남 이민자들의 취향을 저격해 빵을 만드는 베이커리가 있다. 그곳에서는 반미 샌드위치에 사용하는 바게트를 만들어 판다. 반미 샌드위치에는 베트남식 파테, 샐러드, 마요네즈, 식초와 피클로 양념한 햄이 꼭 들어가는 것으로 알려져 있다. 이 베이커리에는 베트남계 이민자들뿐 아니라 알제리, 라오스, 튀니지, 세네갈, 말리, 세이셸 등 한때 프랑스 식민지였던 국가 출신 이민자들도 찾아온다. 프랑스의 지배는 끝났지만, 프랑스 빵의 소프트 파워는 여전히 사람들을 하나로 결속시키고 있다. 실제로 베트남 반미에 사용되는 빵은 파리에서 파는 딱딱한 바게트보다 훨씬 부드럽다. 베트남식 프랑스 빵은 전혀 프랑스스럽지 않은 소스를 흡수할 수 있을 정도로 폭신폭신하다. 넴처럼 베트남의 바게트도 식민 지배의 비극, 눈물, 학살 이야기를 간직하고 있다. 이야기만 들으면 맛이 없어야 할 빵이지만, 실상은 정말 맛있는 음식이다.

세네갈에서 넴을 먹어본 적은 없다. 세네갈 여행 중 초대받은 집에서는 티에부디엔과 같은 세네갈 토속 음식들을 대접받았다. 티에부디엔은 쌀, 생선, 토마토를 한 냄비에 같이 요리해 먹는 세네갈 국민 음식이다. 넴이 분명 세네갈 음식 중 하나임에도 세네갈에 있는 동안 넴을 언급하는 사람은 한 번도 보지 못했다. 아마도 아직 완전히 세네갈 음식이라고 인식되지 않을 수도 있겠다. 집으로 돌아와서 내가 일하는 도시의 이민자 식당에 와서야 세네갈의 넴을 맛볼 수 있었다. 이곳에서 먹은 넴은 세네갈 출신 요리사가 자신만의 방식으로 만든 요리였다. 모든 것이 변할 수 있다는 사실을 알고 있지만 갑작스럽게 그 변화와 마주치면 놀라기도 한다. 음식의 기원이나 변화된 모습으로 그 요리의 정체성을 파악하는 일은 쉽지 않다. 그렇다고 이 음식이 여기 오기까지 거친 과정 때문에 음식의 정체성에 문제가 생기는 것은 아니다. 오히려 그 과정은 음식의 정체성을 흥미롭게 만들어준다. 바게트는 베트남인들의 일상에 없어서는 안 될 음식이 됐지만, 그 모양과 특징이 아주 많이 현지화되는 과정을 거쳤다. 식민지에서 다른 식민지로 건너갔던 넴은 세네갈에서 현지화됐다. 베트남의 흔적을 지녔던 세네갈 음식은 다시 세 번째 장소인 보스턴으로 이동했다. 이곳에서 세네갈의 넴은 이민자의 손길에 의해 다시 태어났다. 메뉴판의 메뉴들을 다시 분류하고, 이름 짓고, 지리적으로 정리해야 하지 않을까 생각해 본다.

·

천장이 높은 창고의 넓은 내부가 어둡다. 벽돌로 만든 작은 가마 세 개에서 새어 나오는 불빛으로만 내부를 조금 볼 수 있는 정도다. 돔 모양의 가마 옆으로는 석탄이 가득 든 통이 있고, 짧은 삽이 비스듬히 세워져 있다. 가마 근처에는 대장장이가 일본 전통 방석인 자부톤 위에 무릎을 꿇고 앉아 있다. 가마 입구 너비는 50센티미터 정도 되는 듯하다. 가마 입구를 통해 붉게 타오르고 있는 석탄 더미를 볼 수 있다. 가마 앞에 앉아 있는 칼 장인 도이는 아무런 안전 장비 없이 손목까지 오는 장갑, 야구모자, 평범한 안경만 착용하고 있을 뿐이다. 그의 기술만이 그를 보호해 주고 있다.

도이 이츠오의 작업장은 오사카 근처 사카이시에 있다. 사카이는 장인의 손길을 거쳐 탄생하는 수제 칼로 유명한 지역이다. 최근 은퇴한 도이의 아버지는 전설적인 대장장이였다. 도이는 아버지에게 수련받으면서 40년 넘게 그의 밑에서 일했다. 아버지처럼 도이도 칼날 제작을 전문으로 하고 있기 때문에 손잡이를 만들고 칼날을 연마하는 일은 다른 이들에게 맡긴다. 우리는 사카

다른 방식으로 먹기

이까지 오는 데 정말 먼 길을 돌아왔다. 이 모든 일은 음식을 입에 넣는 행위를 문화적, 도덕적, 현실적 차원에서 연구해 보고자 하는 데서 시작됐다. 말 그대로 '다른 방식으로 먹기'를 주제로 연구하고 싶었다. 음식을 먹는 과정에는 음식을 입으로 유도하는 식사 용 도구가 있기 마련이고, 그 시작에는 음식을 조리할 때 사용되는 칼이 있다.

사카이는 아주 오랫동안 칼의 도시로 명성을 유지해 왔다. 15세기와 16세기에는 위치상 이점을 살려 해상무역으로 크게 번성했다. 사무라이와 귀족들이 사용하는 일본도도 사카이에서 많이 만들어졌다. 16세기 중반 포르투갈 선교사와 상인들이 사카이로 들어왔을 때부터는 총기 제조가 시작됐고 사카이는 곧 일본 최대 총기 생산지로 부상했다. 하지만 일본 사람들의 칼에 대한 애착을 이기지 못하고 다시 칼을 만드는 도시로 돌아섰다. 16세기 일본 통일을 꿈꿨던 오다 노부나가가 사카이를 장악했지만, 사카이 사람들은 끝까지 자치권만은 포기하지 않았다. 결국 도요토미 히데요시가 정권을 잡은 후 독립까지는 아니지만 경제적 부는 되찾았다. 에도막부 시대(1600~1868)에는 오랫동안 평화가 유지되면서 일본도에 대한 수요가 많이 줄었다. 메이지 시대(1868~1912)에는 정부가 사무라이의 무장을 불법으로 규정했고 그에 따라 일본도 생산도 멈출 수밖에 없었다. 행사나 의식에 사용되는 무늬가 있는 칼날을 만드는 목적으로만 칼 제작의 명맥

을 이을 수 있는 정도였다. 그러다 제2차 세계대전 이후 사카이는
일본 최대 조리용 칼 생산지로 자리매김했다. 칼 장인들은 일본
도를 만드는 데 사용됐던 금속 처리 기술을 조리용 칼에 적합하
도록 개선했다. 장인들의 손길에서 탄생한 날카로운 칼날 덕분에
일본 요리사들이 정확한 칼질에 중점을 두고 요리를 예술의 경지
로까지 발전시킬 수 있었다. 오늘날 가족 중심으로 운영되는 칼
명인들의 대장간은 훌륭한 칼 한 자루를 완성하기 위해 각각 칼
날 제작, 칼날 연마, 칼 손잡이 제작 등 전문화된 영역을 중심으로
운영되고 있다.

　도이가 금속을 두드려 칼날을 만드는 모습을 안전한 거리에서
몸을 숙여 보고 있었다. 칼날은 부드럽고 탄력 있는 지가네(철이
더 많이 함유돼 있고 강철이 더 적다) 사이에 고탄소강인 하가네가 끼
워진 구조로 이루어져 있었다. 칼날이 완성되자 도이는 근처 칼
날 연마를 전문으로 하는 동료의 작업장으로 향했고 우리도 뒤따
랐다. 도이의 동료는 나무 받침에 칼날을 끼우고 연마 프레임을
설치했다. 프레임 앞 의자에 앉아 칼날을 빠르게 회전하는 휠 위
로 가져갔다. 스파크가 튀었다. 연마 작업 중에 물줄기가 계속 바
퀴 위로 흘러내리며 떨어져 나오는 금속 가루들을 잡아주었다.
금속 가루와 물이 걸쭉하게 뭉쳐져서 벽으로 튀었다. 물을 만나
걸쭉해진 금속 찌꺼기들은 바닥에 두껍게 쌓여서 유화물감처럼
보였다. 공기 중에서 금속이 산화되어 초록색으로 변했기 때문이

다. 연마 과정을 거칠수록 날카로운 칼날의 모습이 완성돼 가는 것이 보였다. 제2차 세계대전 때는 칼 만드는 작업이 이만큼 분업화되어 있지 않았다. 대장간 한곳에서 시작되고 완성되는 것이 보통이었다. 하지만 지금은 다르다. 우리는 세 번째이자 마지막 작업장으로 향했다. 마지막 작업장의 장인은 칼날을 손잡이에 정확하게 끼우는 작업을 했다. 목련 나무로 만들어진 손잡이는 물소 뿔로 마감 처리가 되어 있었다.

사카이의 전통 장인들이 칼 한 자루를 만드는 데는 보통 최소 나흘이 걸린다. 모든 과정은 장인의 손을 거친다. 도이가 금속을 두드려서 펴주는 작업을 대신 해줄 장치를 발명한 적도 있었지만 그의 아버지가 사용을 허락하지 않았다. 도이가 발명한 장치는 페달을 밟으면 연결된 망치가 뜨겁게 달궈진 쇳덩이를 내리치는 아주 단순한 기계였다. 하지만 칼과 사람 사이에 기계가 끼어드는 일을 아버지는 언짢아하셨다. 도이의 아버지는 '수제'의 의미를 굉장히 엄격하게 받아들이고 있었다. 이제는 아버지가 은퇴하셔서 도이는 기계를 사용할 수 있다. 물론 약간의 죄책감은 느낀다. 칼은 요리사 손의 일부분과 같다. 그런 칼을 만드는 과정이 장인의 손에서 시작돼야 한다는 옛 사고방식을 도이는 충분히 이해하고 있다.

도이의 작업장에서 약 2만 킬로미터 떨어진 곳에 있는 또 다른 작업장에서는 칼 제작 수업이 진행되고 있었다. 그곳에서는 가마를 찾아볼 수 없었다. 우리에게 칼 제작 방법을 가르쳐 주던 아담 심하Adam Simha는 가마에서 금속가공하는 법을 배웠지만 강판에서 모양을 자르고 다듬고 열처리해 칼을 만드는 '절삭'법에 집중하기로 했다. 심하는 금속을 벨트식 연마기로 다듬는 절삭의 달인이다. 벨트식 연마기에는 금속이 칼날 모양을 찾을 때까지 금속을 갈아내 버릴 수 있는 세라믹 조각들이 박혀 있다. 이곳에서 칼을 만드는 모든 과정은 기계로 진행되지만, 움직이는 연마기 위에서 금속을 정확하게 조작할 수 있는 손, 다리, 엉덩이, 코어가 필요한 장인의 작업이기도 하다. 절삭 작업에서는 연마기에 닿는 칼날의 각도가 아주 중요하다. 조금만 힘을 달리 줘도 칼날의 모양이나 성능에 차이가 생길 수 있다. 도이 아버지의 작업장에서와는 달리 이곳에서는 기계와 손이 함께 일하는 데 모순됨이 없다. 여기서 기계는 장인의 작업이 이루어지는 손의 일부분과 같다.

벨트식 연마기, 드릴 머신, 띠톱 등의 대형 기계는 심하의 작업장에 없어서는 안 될 도구들이다. 작업장에 도착해서 처음 느낀 점은 '작은 물건 하나 만드는 데 이렇게 큰 기계들이 필요하구나!' 였다. 하지만 칼날을 연마하기 위해 기계들을 작동시키는 심하에게서 느껴지는 장인의 모습이 도이의 모습과 놀랍도록 겹쳐 보였다. 벨트식 연마기에 금속을 고정하는 방법을 보여주던 심하는 우리에게 신체의 미세한 움직임이 어떻게 칼날에 그대로 반영되는지 알려주었다. 우리는 곧 이 기계들을 다루는 일이 마치 춤을

　　　　　　　　　　　　다른 방식으로 먹기

추는 것과 같다는 것을 깨달았다. 함께 춤을 추는 파트너가 우리와 함께 움직이지는 못하지만 어떻게 나올지 예측 가능했고 굉장히 힘이 넘쳤다. 이곳에서의 작업은 나와 기계가 함께 춤추는 것과 같았다. 기계에 바짝 가까이 붙어서 작업을 해야 하는 점은 매우 놀라웠다. 연마기 바로 아래 놓여 있는 물통에 다리를 바짝 대고 서 있어야 할 정도였다. 한 손으로는 금속 손잡이를 잡아 손가락으로 금속을 지탱하고, 한 손으로는 금속 아래쪽을 잡아 금속이 연마기와 십자형이 되도록 만들어야 했다. 심하를 따라서 팔은 몸 쪽으로 바짝 붙이고 다리는 넓게 벌리고 섰다. 상체는 거의 고정한 채 엉덩이를 양옆으로 움직여가며 금속을 움직였다. 초보자의 몸에서는 뻣뻣함과 유연함의 이상한 조합이 만들어졌다. 우리는 연마기를 점점 더 고운 입자로 바꿔가며 정밀도도 높여보았다. 칼날이 얇아질수록 금속이 뜨거워졌다. 엄지손가락이 불에 타는 듯했다. 연마기 바로 아래 있는 물통은 작업 중 뜨거워진 칼날을 식히기 위해 필요한 것이었다.

다음 단계에서는 손으로 직접 사포질을 해야 했다. 미세한 사포와 윤활유 스프레이를 사용했다. 그리고 다시 벨트식 연마기를 사용해 칼날의 표면을 정리하는 작업을 거쳤다. 마지막은 적당한 손잡이를 찾는 작업이었다. 심하가 가볍지만 가장 약한 아크릴, 가장 전통적이고 관리만 잘하면 오래가는 나무, 무겁지만 떨어뜨려도 부서지지 않을 정도로 단단한 섬유 유리 등을 보여주었다.

심하는 자전거 핸들을 칼 손잡이로 사용해 볼 정도로 창의적인 사람이었다. 우리는 회색 섬유 유리를 선택해 평범한 칼 모양으로 다듬었다. 목표했던 것은 유럽식 굴 까는 칼을 모델로 한 작은 도구였는데, 단단한 손잡이에 두껍고 짧은 칼날을 고정시켜 음식을 자르기도 하고 찍어내기도 하는 도구를 만들고자 했다.

일본에서는 칼로 자르는 사람, 즉 요리사인 '호초닌'의 자세를 아주 중요하게 여긴다. 심하가 칼 주인이 될 사람에게 던지는 질문은 신체에 대한 비슷한 인식을 보여준다. "음식을 자를 때 어떤 자세로 서 있나요? 테이블의 높이가 어느 정도인가요? 무엇을 자르려고 하나요? 칼을 어떻게 잡는지 보여주세요." 심하는 내게 너무 높은 테이블에서 칼을 사용하는 것 같다고 이야기해 주었다. 그리고 지속되는 허리 통증이 아마도 그런 테이블에서 너무 무딘 칼을 써서 생긴 것이라고 덧붙였다. 나는 집에 돌아오자마자 사용하던 칼을 갈고 테이블 밑에 두꺼운 매트를 깔았다.

일본의 올바른 칼 사용에 대한 교과서적 묘사는 매우 정밀하고 격식에 갇힌 느낌이다. 일본 요리의 거장 노자키 히로미츠는 칼을 사용하는 자세를 다음과 같이 설명했다. "칼을 사용할 때 요리사의 자세가 가장 중요하다. 오른팔은 가지런히 하고, 왼팔을 반원으로 구부려야 한다. 한쪽 발은 다른 쪽 발 뒤에서 조리대와 45도 각도가 되도록 놓아야 한다. 이 자세를 유지해야 움직임이 자유로워져 정확한 커팅이 가능하다."[1] 이 글을 다른 요리사에게

다른 방식으로 먹기

보여준 적이 있는데 그는 무시하듯 웃어넘겼다. 여러 요리사를 관찰해 봤지만, 이런 자세를 본 적은 거의 없다. 주방에서는 요리사가 너무 빨리 움직이거나, 조리대 높이가 적당하지 않거나, 누군가가 가로막는 상황이 연속된다.

칼을 사용할 사람에게 물어봐야 할 가장 중요한 질문은 '이 칼로 무엇을 자르려고 하나요?'일 것이다. 무처럼 단단한 채소를 자르려고 하는가? 구름처럼 부드러운 두부를 자르려고 하는가? 근육과 지방이 포함된 고기를 자를 것인가? 대답에 따라 칼이 달라진다. 일본 칼 중에 가장 다양한 용도로 활용될 수 있는 것은 '세 가지 목적'이라는 의미의 산토쿠도다. 산토쿠도로는 생선, 채소, 고기를 모두 잘 자를 수 있다. 일본 칼은 대부분 한쪽 면만 연마하는 반면에 산토쿠도는 칼날 양면을 모두 연마해서 만든다. 칼날의 특징만 생각하면 서양 요리사들이 사용하는 칼과 비슷하다. 조리용 칼을 선택하는 데 절대적인 기준은 없지만 지역 문화도 영향을 끼친다는 점이 흥미롭다. 가장 놀라운 예는 장어를 자르는 데 사용하는 우나기보초다. 우나기보초는 나고야, 도쿄, 오사카 어디에서든 장어를 자르는 데 쓰인다. 하지만 지역마다 장어 자르는 스타일이 다르기 때문에 칼 모양도 아주 다르다. 도쿄에서 장어 가게를 운영하는 가정 출신의 한 여성은 간사이 지방의 우나기보초를 보고 '장어는 똑같은데 칼은 어떻게 이렇게나 다를 수 있죠?'라며 놀랐다. 음식을 자르는 데도 지역만의 특징이 존재한다. 도쿄 지역에서는 생선을 배가 아니라 등뼈 쪽에서부터 잘라낸다. 생선 배를 가르는 것이 사무라이가 할복해서 자결하는 세푸쿠를 떠오르게 하기 때문이다. 교토에서는 요리사들이 생선을 예쁘게 자르기 위해 배부터 가른다. 교토는 한때 도쿄 지역을 장악했던 사무라이 문화에 영향을 덜 받은 편이며, 오히려 교토에 자리 잡았던 황실 문화에 더 큰 영향을 받고 있다.

칼에 대해 알아볼수록 기술 변화와 요리 변화 사이에 복잡하고 상호적인 연결 고리가 있다는 사실을 이해하게 됐다. 기술은 역사를 이끄는 엔진이 아니라 인간의 필요에 대응해 행동으로 나타나는 기능이므로 요리와도 상호적 관계를 맺고 있다고 볼 수 있다. 중국 식칼이 기술과 요리의 상호적 관계를 잘 보여준다. 음식 전문 저술가 비 윌슨Bee Wilson은 조리용 도구를 다룬 책『포크를 생각하다Consider the Fork』에서 중국 식칼이 칼을 만들 때 사용되는 재료와 최종적으로 완성된 요리 사이의 실속 있는 관계를 잘 보여준다고 했다.[2] 용도에 따라 세분화된 일본 칼과는 달리 중국 식칼은 한 자루만으로도 많은 작업을 할 수 있는 다재다능한 칼이다. 비교적 적은 양의 금속으로 직사각형 모양의 칼 한 자루를 만들 수 있으며, 그렇게 완성된 칼은 경험 많은 요리사의 손에서 아주 섬세하고 정교한 작업도 해낼 수 있다. 요리사는 적은 양의 연료로도 빠르게 음식을 익힐 수 있는 웍에 넣을 식재료를 커다란 중국 식칼을 휘둘러 토막 낸다. 늘 땔감용 나무와 석탄이 부족했던 중

다른 방식으로 먹기

국에서는 식재료를 재빨리 볶을 수 있는 크기로 토막 내는 일이 중요했다. 작은 크기로 잘린 고기와 채소는 양념과도 잘 섞여 훌륭한 차이(반찬)가 돼 밥, 빵, 국수 등의 판(밥)과 먹기 좋아진다. 젓가락은 주방과 식탁 두 곳에서 모두 유용하게 사용되는 유일한 도구다. 큰 조각보다 작은 조각의 음식을 다루는 데는 젓가락이 활용도가 높다. 반면에 전통 유럽 주방에는 용도마다 모두 다른 전문적인 칼들이 자랑스럽게 걸려 있다. 마지막에 다 익힌 고기를 자르기 위해 쓰는 칼은 식사하는 사람이 있는 식탁 위에 놓여 있다. 현대식 스테이크용 칼은 개인이 칼을 들고 식사하는 전근대적 전통에서 유래된 것이다. 음식을 자르는 방식이 요리 전체의 모습을 좌우한다.

일본 음식이 지역마다 다 다르듯, 일본 칼도 지역마다 특징이 다르다. 피렌체 북부의 스카르페리아를 방문한 후 이탈리아의 칼도 마찬가지라는 사실을 알게 됐다. 스카르페리아는 1306년에 세워진 중세 마을로 칼 장인이 많은 곳으로 유명하다. 16세기 중반 유럽에서 탄소강과 철로 칼을 만들기 시작하면서 스카르페리아의 대장간들이 길드를 조직해 칼의 품질을 관리하고 장인들의 기술을 보호했다. 하지만 이탈리아는 각기 다른 파스타 모양이 보여주듯 마을마다 지역색 강한 요리가 존재했고 칼도 지역의 특징을 고스란히 반영할 수밖에 없었다. 과거 스카르페리아의 칼 장인들은 피렌체의 특별 요리인 비스테카 피오렌티나에 사용되는 키아나나 품종의 소를 자르는 데 적합한 칼을 만들었다. 지역 음식의 조리법이 세대를 거쳐 전해오면서 전통 칼과 칼날을 만드는 방법도 여러 세대를 거쳐 전수됐다.

스카르페리아 마을을 거닐다 보면 대장간 작업장과 칼을 파는 곳으로 연결되는 작은 문들을 볼 수 있다. 곳곳에 걸려 있는 칼 사진을 통해 칼날, 손잡이, 뿔이나 금속으로 만든 손잡이 마감 등의 모양과 스타일이 어떻게 변해 왔는지 그 긴 역사를 한눈에 볼 수 있다. 어느 칼 판매점에서는 한 여성이 손님들에게 다양한 칼을 열심히 소개하고 있었다. "무슨 용도로 칼을 사용할 건가요? 손 좀 보여주시겠어요? 칼을 잘 건조시켜서 청결하게 보관해야 하는 것은 알고 있나요? 칼을 사용하다가 다시 가져오시면 칼날도 갈아드리고 손잡이도 바꿔드려요. 미국으로 가져가신다고요? 필요하면 언제든지 다시 가지고 오세요."

현대에는 칼이 조리 준비 과정이나 음식의 불필요한 부분을 잘라내는 데 사용된다. 칼로 잘 정리된 음식을 우리는 다른 식사용 도구를 사용해 입속으로 가져간다. 하지만 칼이 늘 이런 용도로 사용됐던 것은 아니다. 칼이 음식을 입속으로 넣어줬던 적도 있었다. 18세기 잉글랜드에서는 신선한 콩을 먹을 때 칼을 사용하는 것이 유행이었다. 그전까지는 콩을 말리거나 수프로 만들었기 때문에 숟가락으로 먹는 것이 보통이었다. 포크는 일반적으로 두 갈래로 만들어져 콩을 집어 드는 데 사용할 수 없었다.[3] 콩을 먹기

다른 방식으로 먹기

위해 사용하던 칼은 끝부분이 둥글어서 콩들이 안전하게 입속으로 굴러 들어갔다. 하지만 네 갈래 포크가 나타난 후 칼을 사용해 음식을 입에 넣는 모습이 야만적이라는 인식이 퍼지기 시작했다. 의아할 수도 있지만 신선한 콩을 먹는 데 숟가락을 사용하는 방법은 적절하지 않다고 여겨졌다.

모든 음식 관련 도구는 농경, 요리, 식사와 관련된 거대한 체계를 구성하는 한 요소다. 음식과 관련된 거대한 체계는 작물이 자라는 순간부터 식탁 위의 식사 매너까지 모든 것을 포함한다. 음식 관련 도구의 디자인, 제조 과정, 활용 등을 관찰함으로써 그 거대한 체계를 더 잘 이해할 수 있다. 예를 들어, 스테이크를 먹을 때는 포크와 칼, 푸푸를 먹을 때는 숟가락과 손, 작은 조각 음식을 먹을 때는 젓가락이 필요하다. 음식을 먹을 때 포크와 칼을 사용하는 식문화에서는 사람들이 선호하는 고기 크기, 식사하는 사람이 원하는 고기 자르는 방식에 대한 가정도 포함돼 있다. 푸푸를 먹는 지역의 식문화는 탄수화물, 그 외 영양소, 손에서 입으로 향하는 음식에 대한 개념이 또 다르다. 젓가락을 사용하는 세계에서는 칼이 모든 식재료를 작은 조각으로 자른다. 중국 식칼과 웍에서 봤듯이 그렇게 조각난 재료들은 조리법에도 영향을 미쳤다. 작은 조각의 식재료들은 아주 빨리 익기 때문에 연료를 아끼는데도 효과가 있다. 가장 고급스러운 옻칠 젓가락도 배려, 절약, 발명의 과정을 거쳐 탄생한 결과물이다.

음식을 섭취하는 행동은 신체 외부에서 내부로의 여행을 가능하게 한다. 아주 짧지만 섬세한 과정을 거치는 여행이다. 우리가 음식을 먹는 방식들은 음식이 입을 너머 우리 개인적 공간으로 들어오게 하는 것이지만, 각각의 문화는 그 과정을 서로 다른 방식으로 상상하고 해석한다. 식사 예절은 외부와 내부의 경계선 사이에서 발전했다. 영양소를 섭취한다는 관점에서 식사 의식, 특히 다른 사람과 함께하는 자리에서의 식사 예절이 불필요하게 복잡해 보인다고 느껴질 수도 있다. 그런 생각의 차이는 우리 입과 외부 세상 사이를 얼마큼 민감하게 받아들이느냐의 차이에서 오는 것일 것이다.[4] 음식을 먹는다는 것은 우리 의식의 한계 안에서 일어나는 행위다. 음식이 입을 통해 우리 몸속으로 들어가고 나면 우리 몸의 일부가 된다. 그러니 이 연구에서 음식만 순수하게 다룬다는 것은 음식을 모든 상황으로부터 완전히 분리시킨다는 것을 의미한다. 그런 사고방식은 산업화 시대의 공장에서 만들어져 포장지로 꽁꽁 싸여 있는 음식을 '사람이 접촉한 적 없다'고 자랑처럼 홍보하는 것과 같은 맥락이다.

제일 처음에는 모든 과정이 우리 손을 거쳤을 것이다. 손은 고대에서부터 우리가 음식 섭취에 최초로 사용된 도구는 바로 우리 손이었고, 이 손은 지금도 가장 널리 쓰이는 도구로 남아 있다. 손의 전통은 청결의 전통이기도 했다. 고고학자들은 고대 이집트, 그리스, 로마, 유대인 공동체에서 사용하던 손 씻는 세면대를 발

다른 방식으로 먹기

견했다. 현대의 피타브레드 샌드위치나 도넛도 종이에 싸서 포장되는 것을 보면 음식과 불결할 수도 있는 손가락 사이에 구분을 지을 필요가 있다고 느낀 듯하다. 식생활에서 오른손과 왼손을 구분하는 문화도 있다. 인도에서는 오른손은 음식을 먹을 때, 왼손은 화장실에서 사용하는 손으로 엄격히 구분한다. (흥미롭게도 화장실을 '손을 씻는 장소'라는 의미를 지닌 단어로 완곡하게 표현하는 사회가 많다. 예를 들어 일본에서는 화장실을 '손 씻는 곳'이라는 의미의 '테아라이'라고 부르고, 미국에서는 씻는 방이라는 의미의 '배스룸'이라고 부른다.) 인도에서 가장 기본적인 식사 도구로 쓰이는 손은 활용도가 아주 높다. 밥, 달, 고기, 채소를 소량씩 집을 수도 있고, 난(그 자체로 임시 식사 도구라고 볼 수 있다)을 사용해 피클 몇 조각을 떠먹을 수도 있다. 빵이나 난처럼 다른 음식을 떠먹는 용도로 활용할 수 있는 음식은 '깨끗한 손'과 '지저분하게 묻어나는 음식' 사이에서 중재 역할을 하는 동시에 탄수화물이 함유된 주식과 맛 좋은 반찬을 연결해 주는 매개체 역할도 한다.

하지만 서양 식사 에티켓에서는 손을 사용하는 것이 용납되지 않는다. 서유럽 역사에서는 엄지손가락과 검지, 중지 손가락만 음식을 입으로 전달하는 데 사용했다. 문명과 야만의 차이는 손가락 두 개로 결정됐다고 볼 수 있다. 초서는『캔터베리 이야기』에서 손으로 음식을 먹는 수녀원장을 다음과 같이 묘사했다.

고기 먹는 식사 예절을 잘 배우신 분이었다.

입에서 음식이 떨어지는 법도 없었다.

소스에 손가락을 깊숙이 찔러 넣지도 않았다.

음식을 깔끔하게 집을 줄 알았고

조그만 조각도 가슴에 떨어뜨리지 않았다.

예의를 지키기 위해 열과 성을 다했다.

식사 중에도 윗입술을 아주 깨끗이 닦은 덕분에

그녀가 음료를 마신 컵에서는

기름 자국의 흔적도 찾아볼 수 없었다.

그녀는 조용히 고기를 향해 손을 뻗었다.

초서가 수녀원장의 우아함을 풍자적으로 강조한 덕분에 14세기 선술집 손님들의 식탁 예절이 얼마나 거칠었을지 상상해 볼 수 있다. 냅킨은 청결함과 예의범절을 위한 도구였기에 초서의 이야기 속 수녀원장도 입술을 닦는 데 사용했다. 특정 문화에서 꼭 지켜야 할 사회적 행동인 매너는 청결, 환대, 소속감에 기반해 만들어진 규칙들이다. 사회적 의미가 그 안에 내포되어 있기 때문에 훌륭한 매너는 사회질서를 준수한다는 것을 보여준다. 매너를 지키는 일은 같은 사회 구성원들에게 우리가 좋은 의도를 지니고 있으며 공통의 가치를 공유하고 있음을 확인시켜 주는 공적인 퍼포먼스라고 볼 수 있다. 나아가 매너는 도덕적으로 해석될

다른 방식으로 먹기

수도 있기 때문에 나쁜 매너는 심각한 죄악으로, 좋은 매너는 그 사람에 대한 긍정적인 특징으로 받아들여질 수 있다.[6]

식사 예절이 특히 더 세심하고 다른 사람의 시선이 중요한 일본에서는 냅킨을 사용하지 않는다. 식사 전에 몸을 깨끗이 할 수 있는 차갑거나 뜨거운 물수건을 받고, 식사 중 테이블에 물수건이 계속 올라와 있더라도 이 물수건을 냅킨처럼 사용하지는 않는다. 서양 국가를 방문하는 일본인들은 천을 손가락이나 입으로 더럽히는 행위가 역겹게 느껴진다고 한다. 반면에 일본인들이 식사 후 공공장소에서 이쑤시개를 사용하는 행위가 서양인들에게는 불편하게 느껴질 수 있다.

한편 냅킨은 식사 테이블 위에서 예술적인 장식 역할을 하기도 한다. 만찬이나 연회 자리에서 냅킨을 아름답게 접는 방법만 다룬 전문 서적들도 있을 정도다. 예술 작품처럼 테이블을 장식하던 리넨 조각은 식사가 시작됨과 동시에 무릎 위에 펼쳐져 소스로 얼룩지게 되지만 말이다.

손은 가장 순수한 음식의 성지에서도 널리 쓰인다. 유명한 스타 요리사가 주방에서 요리하는 모습을 관찰하다 보면 손을 쓰는 장면을 많이 보게 될 것이다. 물론 우리는 요리사가 완성한 요리는 식탁 위에 정확한 순서로 펼쳐놓은 포크, 칼, 숟가락을 차례대로 사용하며 먹겠지만 말이다. 조리 과정 중 음식을 직접 느껴보는 일은 필수다. 손가락으로 갈비를 살짝 눌러 어느 정도 익었는지 확인해야 할 때도 있다. 음식의 온도, 질감, 탄력성을 확인할 때 요리사의 손만큼 훌륭한 도구는 없다. 다른 사람들은 적절한 도구로 음식을 만져야 하지만 요리사만은 요리사의 작업장인 주방에서 음식을 직접 손으로 만질 수 있도록 허락받았다. 우리가 속한 문화에서 정한 음식 관련 규범들은 아이러니와 모순으로 가득하다. 깨끗하고 순수한 음식을 입속으로 넣기 위해 다양한 도구를 사용하지만, 결국 우리는 우리의 모든 감각을 총동원해 음식을 경험한다. 그리고 닭다리나 버터와 소금으로 간을 한 무를 먹을 때 정도는 손가락을 좀 써도 된다.

다른 방식으로 먹기

맺음말

자연사와 인간의 역사는 접시 위에서 만난다. 다르게 표현해 보면, 음식 한 접시가 서로 다른 시간을 하나로 아우른다. 콩과 쌀이 조리되는 시간과 농부가 작물을 수확하고 가공하기까지 걸린 시간은 모두 다르지만 하나의 음식 접시 위에서 다 같이 합쳐진다. 접시 위에는 더 심오하고 느린 식물 종의 역사도 올라가 있다. 종의 역사는 인간이 식물을 재배하고 품종을 개량하고 세계 각지로 이동시킨 모든 일을 포함한다. 그 느린 시간과는 대조적으로 아주 짧은 시간에 걸쳐 발생한 인간 문화의 변화도 생각해 볼 수 있다. 남아시아의 달에서부터 미국 남부의 호핑 존까지, 다양한 지역 공동체에서는 수 세대에 걸쳐 서로 다른 방식으로 쌀과 콩을 조리해 왔다. 한 세대가 다 지나가기도 전에 여러 음식이 섞여서 새로운 맛을 만들어 내기도 하고 다음 세대를 향한 희망을 남기기도 한다.

우리는 이 책을 인류의 다양한 식생활에 대한 카탈로그가 아니라 음식 연구에 활용할 수 있는 도구라고 생각한다. 식생활의 변화나 음식 문화의 중요성을 모두 아우르는 포괄적인 이론은 이 책에서 찾아볼 수 없다. 모든 음식을 설명하는 이론 같은 것은 존재하지 않는다. 생물학, 성별, 지리학, 경제학, 계급 갈등, 영양학,

다른 방식으로 먹기

기술, 상징주의 등 그 어느 분야나 이론도 혼자서는 전체를 설명해 내지 못한다. 하지만 이 영역들 하나하나가 모두 음식을 연구하는 데 필요하다. 우리는 거대한 이론보다는 당장 직면한 문제에 대한 적절한 설명을 찾기 위해 노력했다. 도구가 작업을 수행하는 데 적합하듯, 설명을 제공하는 기본 원리들도 현재 문제를 해결하기에는 충분하다. 거대한 이론을 멀리함과 동시에 역사가 과거에서 예측 가능한 미래로 이어지는 흐름이라는 생각도 멀리했다. 음식의 역사를 연구하는 것은 과거의 사건들을 통해 어떤 규칙을 추론하고 미래의 음식은 어떤 모습일지 예측하기 위한 증거물을 수집하는 과정이 아니다. 북아메리카 사람들이 1980년대에 초밥을 받아들인 것을 보고 많은 사람이 놀랐다. 하지만 이 현상이 앞으로도 새로운 종류의 단백질을 모든 사람이 흔쾌히 받아들일 것이라는 예측으로 이어질 수는 없다. 실험실에서 '배양된' 고기는 미래 사람들에게 또 다른 반응을 불러올 것이다.[1] 물론 그럼에도 음식의 미래는 우리의 주 관심사다.

음식은 늘 미래 지향적이었다. 공동체는 앞으로의 식량 확보를 위해 계획을 세워야 한다. 겨울을 대비해 식량을 비축하기도 하고, 인구 변화를 예측해 농업 정책을 수립하기도 해야 한다.[2] 이 책의 집필이 끝나가는 지금, 전 세계에 영향을 미치고 있는 기후 변화와 자원 집약적 식생활 등의 위기 때문에 음식의 미래가 위태로워 보인다. 가축 사육에 의존할 수밖에 없는 육식 위주의 서

구식 식단이 전 세계로 퍼져나가고 있고, 세계 인구는 급격한 증가세를 이어가고 있다. 농경에 활용할 수 있는 토지와 물은 줄어들고 있으며 이번 세기가 지나가는 동안에는 상황이 나아질 것 같지 않다. 지구상에서 지하수를 품고 있는 대수층의 감소를 추적하는 과학자들은 우려를 표하고 있다. 지하수가 보충되는 속도보다 농작물에 물을 대기 위해 지하수를 소비하는 속도가 훨씬 빠르기 때문이다. 농업은 전 세계적으로 가장 많은 물을 소모하는 산업이다.[3] 이런 총체적인 위협 속에 위기를 맞은 작물들도 있다. 많은 이들의 사랑을 받고 있는 바나나를 우리는 이제 곧 포기해야 할지도 모른다. 우리가 아끼는 커피도 언젠가 사라질 수 있다. 산업형 농업이 환경에 더 심각한 영향을 미치기 전에 우리가 먼저 식생활을 바꿔야 할 수도 있다. 산업형 농업 중에서도 선진국의 고기 가격 인하에 큰 공을 세운 육류 생산 분야는 환경 파괴의 주범이다. 고기를 대량생산하는 일은 쉽지 않기 때문에 그로 인해 발생한 환경적 결과를 우리 모두가 감당해야 한다.[4]

우리에게 필요한 것은 새로운 기술일까, 아니면 신농업주의일까? 미래의 먹거리에 관한 논쟁은 이 두 선택 사이에서 삐그덕거리곤 한다. 18세기 후반과 특히 20세기 중반에서 21세기 초반 사이에 새로운 농업 기술과 도구가 풍요로운 미래를 보장할 수 있다고 주장하는 사람들이 나왔다. 반면에 산업형 농업, 도시의 급성장, 급격한 인구 증가 등 현대 기술이 해결하려고 하는 문제들

다른 방식으로 먹기

이 모두 현대 기술 때문에 발생한 문제라고 주장하는 사람들도 있다. 그들이 제시하는 해결 방법은 새로운 기술 발전이 아니라 다시 소규모 농업으로 돌아가는 것이다.

레이철 로던Rachel Laudan은 2001년 처음 발표된 '요리 현대화를 위한 청원'에서 깊이 있는 논리로 산업화된 식량 생산을 옹호했다.5 맥도날드와 다른 패스트푸드 매장을 비난하기는 쉽다. 하지만 쉬운 비난 대상 때문에 지난 150여 년간 산업화된 식량 생산으로 얻은 이점들이 모두 가려져 버렸다. 지금 우리는 그 어느 때보다 안전하고 풍족하게 음식을 구할 수 있다. 세계화된 농업은 그 어느 때보다 많은 사람을 먹여 살리고 있다. '음식 러다이트'들이 퍼뜨리는 이야기에는 잘못된 점이 많다. 토종, 자연산, 유기농 식품을 소중히 하는 습관이나 부엌에서 힘들게 음식을 준비하는 시간과 노력을 가치 있게 여기는 관습은 모두 특권에서 탄생한 새로운 관점들이다. 음식의 산업화 이전에는 수확량이 충분하지 않으면 식량 부족에 시달려야 했다. 수입 식품을 구할 수 있을 정도로 부자가 아닌 이상 음식을 구하는 데 지리적 제한이 크게 작용했다. 그리고 저장한 식량에 들끓는 바구미로 고생할 수도 있었다. 가공하지 않은 자연산 식품은 부패 속도가 빠르다. 로던에 따르면 고대 그리스인들에게 "행복은 신선한 과일이 가득한 푸르른 에덴동산이 아니라 가공된 식량이 안전하게 보존되고 있는 창고에서 찾을 수 있는 것이었다".6 음식을 논하는 데 너무 흑백논리로 접근하지 말고, "선입견 없이 가공식품보다 자연산이 더 적합한 상황은 언제인지, 보존 처리된 식품보다 신선한 식품이 더 나은 때는 언제인지 사례별로 이야기해 볼 필요가 있다"라고 로던은 덧붙였다.[7]

로던이 모든 비판에 맞서서 산업형 농업을 지지하려던 것은 아니다. 산업형 농업에 비판받아 마땅한 부분도 있다는 점을 인정했다. 산업형 농업이 자연환경에 위협적인 것은 사실이기 때문이다. 환경오염을 일으킬 뿐 아니라 생물의 다양성을 무시한 재배 관행으로 여러 생물을 위험에 빠뜨리기도 한다. 거대한 기업식 농업은 대규모 생산과 가공에 적합한 식물 품종을 선호한다.[8] 하지만 종의 다양성이 지켜져야 질병 등의 위협에 대처할 수 있고, 기후 변화 등으로 환경이 바뀌어도 적응할 수 있다. 예를 들어, 바나나 산업은 자연적인 방식이 아닌 잘린 뿌리줄기로 번식하는 캐번디시 품종에 과하게 의존하고 있다. 대부분 바나나 농장에서 사용하고 있는 이 번식 방법 때문에 캐번디시 품종은 모두 근본적으로 복제 식물이라 볼 수 있으며 유전적 다양성이 거의 없다 보니 질병에 걸려도 대응할 방법이 없다. 바나나 농장에서 다른 번식 방법으로 품종 개량을 추진하지 않는다면 캐번디시 바나나는 언젠가 모두 사라지고 바나나 산업도 무너질 것이다. 보통의 기업이라면 문제를 인식하는 순간부터 해결 방법을 찾기 위해 노력하겠지만, 바나나 산업의 규모가 너무 크다 보니 산업의 전체

　　　　　　　　　　　　다른 방식으로 먹기

방향을 한 번에 바꾸는 일이 현재로서는 쉽지 않다.

기업식 농업이 처한 상황은 아이러니로 가득 차 있다. 기업들이 밀을 곱게 갈아 밀가루로 가공해 준 덕분에 사람들은 직접 빵을 구우며 즐길 수 있는 여유를 가질 수 있게 됐다. 현대인들은 선조들이 음식을 먹기 위해 거쳐야 했던 고된 과정을 겪을 필요가 없게 되었다. 산업화의 이점은 분명 기억해야 한다. 하지만 식량 시스템의 안정성, 자연환경, 우리가 의존하고 있는 생물들의 유전적 다양성에 관련된 문제들도 간과해서는 안 된다. 현대화된 산업과 그 규모의 효과를 전적으로 신뢰하거나, 또는 현대화 자체를 거부하는 극단적인 자세들은 이데올로기에 불과하며 우리가 마주하고 있는 문제를 해결하는 데 아무런 도움이 되지 않는다.

현대에 산업화된 식량 시스템의 취약성 때문에 음식 역사와 음식 인류학이 더욱 중요한 자산으로 다가온다. 음식 역사와 인류학이 미래를 예측하기 위한 학문은 아니다. 하지만 과거와 현재의 가능성을 기록으로 남기고 앞으로 다가올 변화에 어떻게 대응하고 적응할 수 있을지에 대한 단서를 제공한다. 현재 우리가 음식을 먹는 방식과 우리가 먹는 동식물 모두 주어진 환경에 적응하는 과정에서 시작된 것이다. 멕시코 오악사카주의 메뚜기 튀김 요리인 채플린, 태국의 물장군 요리인 맹다는 전 세계의 다양한 단백질 공급원을 상기시켜 주는 동시에 식용 생물의 범위가 다양하고 변화 가능하다는 점도 보여준다. 음식 접시에 올라올 가치가 없는 내장은 어느 부위라고 생각하는가? 이 질문에 대한 답은 자신이 속한 지역의 음식, 가족 문화, 공동체의 사회적 기준에 따라 모두 다를 것이다. '만두'라는 단어가 무엇을 의미하는가? 다른 재료와 함께 쪄낸 반죽인가, 아니면 풍미 가득한 채소와 고기를 얇은 피로 감싼 음식인가? 푹신한 음식인가, 쫄깃한 음식인가? 식량을 공급하는 전략, 굽고 끓이는 방식, 발효시키고 절이는 방법은 모두 우리가 전수받은 지혜와 기술에 기반해 발전했다. 이 모든 행위는 우리의 문화와 사회를 반영하는 지도이며 거대한 요리 문화의 한 부분을 차지하는 작은 요소들이다. 칼이 하는 단순한 일을 생각해 보라. 칼은 재료를 자른다. 칼은 모두와 함께 나누기 위해 재료를 자른다.

다른 방식으로 먹기

감사의 글

주방에서 요리하고 있는 많은 이들에게 감사한다. 음식 인류학, 음식 역사, 음식 연구 전반에 걸쳐 활동하고 있는 동료와 친구들(리베카 알시드Rebecca Alssid, 엘리자베스 안도Elizabeth Andoh, 고 메리 뷰드리Mary Beaudry, 워런 벨라스코Warren Belasco, 카타르지나 츠비에르트카Katarzyna Cwiertka, 조애나 데이비슨Joanna Davidson, 대러 골드스타인Darra Goldstein, 라피 그로스글릭Rafi Grosglik, 바버라 하버Barbara Haber, 우르술라 하인첼만Ursula Heinzelmann, 레이철 로던Rachel Laudan, 질 노먼Jill Norman, 헤더 팩슨Heather Paxson, 스티븐 세핀Stephen Shapin, 비 윌슨Bee Wilson)에게 냄비와 팬에 숟가락을 두드리며 감사를 전한다. 또한 코르키Corky(일명 메리)의 멘토였던 줄리아 차일드Julia Child와 늘 옆에서 도움을 준 엘리자베스 데이비드Elizabeth David에게도 감사의 뜻을 표한다.

애덤 심하Adam Simha는 우리에게 칼 만드는 법을 가르쳐주었다. 조시 버슨Josh Berson은 함께 저녁 식사를 하며 책 제목을 정하는 데 도움을 주고, 초안도 읽어주었다. 카를로스 노레냐Carlos Noreña와 토머스 데이비드 두보이Thomas David DuBois는 고대 제국에 관한 장을 읽고 전문적인 조언을 해주었다. 폴 코스민Paul Kosmin은 로마와 페르시아와 관련해 귀중한 조언을 해주었으며, 제러미아 디트마르Jeremiah Dittmar는 산업혁명에 관한 장의 초안을 읽어주었다. 익명의 독자들에게도 감사드린다. 웨슬리언 여름학교에서 우리의 작업을 교과서로 활용해 준 학생들에게도 감사의 뜻을 전하고 싶다.

여러 해 동안 인내심을 가지고 이 책에 관해 함께 이야기하며 의견을 나눠준 거스 란카토레Gus Rancatore, 샤넌 서플Shannon Supple, 루이스 워개프트Lewis Wurgaft, 캐럴 콜셀Carole Colsell에게도 감사를 표한다.

캘리포니아 대학교 출판사의 유능하고 사려 깊은 편집자 케이트 마셜Kate Marshall과 함께 일할 수 있던 것은 아주 큰 행운이었다. 채드 애튼버러Chad Attenborough, 캐서린 오스본Catherine Osborne, 프란시스코 레인킹Francisco Reinking, 알렉스 다네Alex Dahne, 케빈 바렛 케인Kevin Barrett Kane, 라몬 스미스Ramón Smith를 비롯한 캘리포니아 대학교 출판사 팀 전체에게 감사를 전한다. 과거 캘리포니아 대학교 출판사 프로젝트에서 크로키의 편집자이자 음식을 학문적으로 연구하는 데 큰 영감을 준 실라 레빈Sheila Levine도 잊을 수 없다. 샤넌 서플은 삽화를 그려주었다.

이 책은 거스 란카토레에게 감사와 사랑을 담아 바친다.

마지막으로 우리 서로에게도 감사를 표한다. 부모와 자식이 한 프로젝트에서 공동 연구를 이어나가고, 다른 해석을 두고 논쟁하고, 서로의 글을 피드백해 주는 일이 결코 쉽지만은 않았다. 이번 프로젝트를 통해 서로 상처주는 일 없이 삶의 활력을 되찾았음에 감사한다. 또한 서로에게서 많은 것을 배울 수 있어서 좋았다.

주

머리말

1. Egbert J. Bakker, The Meaning of Meat and the Structure of the Odyssey (Cambridge, UK: Cambridge University Press, 2013) 참고.
2. John Berger, Ways of Seeing (London: BBC, 1972).
3. 부엌에서 하는 일 중 하나인 설거지와 관련해서는 Peter Miller, How to Wash the Dishes (New York: Penguin Random House, 2020) 참고.

1장

1. Charles Darwin, The Descent of Man, and Selection in Relation to Sex (London: Penguin Books, 2004 [1871]), chapter 5.
2. 선사시대 불의 사용과 인류 진화의 관계에 관련된 학설 중 하나로 Richard Wrangham, Catching Fire: How Cooking Made Us Human (New York: Basic Books, 2010)를 참고할 수 있음. 반대되는 학설은 Alianda M. Cornélio, et al., "Human Brain Expansion during Evolution Is Independent of Fire Control and Cooking," Frontiers in Neuroscience 10 (2016): 167 참고.
3. Michael Pollan, The Botany of Desire: A Plant's-eye View of the World (New York: Random House, 2001) 예시로 참고.
4. 농경에서 유래한 종교 의식과 관련한 연구는 George Frazier, The Golden Bough: A Study in Magic and Religion (London: Palgrave, 2016) 참고.
5. Claude Lévi-Strauss, The Raw and the Cooked: Mythologiques Volume I, trans. John and Doreen Weightman (New York: Harper & Row, 1969).
6. 구조주의와 관련해서는 Terence Hawkes, Structuralism and Semiotics (London: Routledge, 1977) 참고.
7. Fiona Marshall and Elisabeth Hildebrand, "Cattle Before Crops: The Beginnings of Food Production in Africa," Journal of World Prehistory 16, no. 2 (June 2002): 99-143 참고.
8. Stanley Brandes, "Maize as a Cultural Mystery," Ethnology 31 (1992): 331-36 참고.

9. James C. Scott, Against the Grain: A Deep History of the Earliest States (New Haven: Yale University Press, 2017). 제임스 스콧의 주장에 대한 비판은 Jedediah BrittonPurdy, "Paleo Politics," The New Republic, November 1, 2017과 Samuel Moyn, "Barbarian Virtues," The Nation, October 5, 2017 참고.

2장

1. 배급 제도를 국가적 강제와 국가적 혜택 사이에서 살펴보기 위해서는 Alexander H. Joffe, "Alcohol and Social Complexity in Ancient Western Asia," Current Anthropology 46, no. 2 (April 1998): 275-303 참고.

2. Fernand Braudel, "History and the Social Sciences: The Longue Durée," trans. Immanuel Wallerstein, in Review (Fernand Braudel Center) 32, no. 2, Commemorating the Longue Durée (2009): 171-203, 179.

3. Oddone Longo, "The Food of Others," in Food: A Culinary History, ed. Jean-Louis Flandrin and Massimo Montanari (New York: Columbia University Press, 1999), 156.

4. Pierre Briant, From Cyrus to Alexander: A History of the Persian Empire, trans. Peter T. Daniels (Winona Lake, IN: Eisenbrauns, 2002) 참고.

5. János Harmatta, "Three Iranian Words for 'Bread,'" Acta Orientalia Academiae Scientiarum Hungaricae 3, no. 3 (1953): 245-83 참고.

6. 페르시아 만찬의 전반적인 모습을 알아보기 위해서는 Kaori O'Connor, The NeverEnding Feast: The Anthropology and Archaeology of Feasting (London: Bloomsbury, 2015), chapter 3 참고.

7. 터키시 딜라이트의 페르시아 기원과 견과류 가루를 사용하여 소스를 걸쭉하게 만드는 기술 관련해서는 Reay Tannahill, Food in History (New York: Stein and Day, 1973), 175 참고.

8. 예시로 Briant, From Cyrus to Alexander 참고.

9. Rachel Laudan, Cuisine and Empire: Cooking in World History (Berkeley: University of California Press, 2013), 64 참고.

10. Laudan, Cuisine and Empire, 70-71.

11. 로마 시대 지중해 지역 켈트족의 식생활은 Benjamin Peter Luley, "Cooking, Class, and Colonial Transformations in Roman Mediterranean France," American Journal of Archaeology 118, no. 1 (January 2014): 33-60과 Michael Dietler, Archaeologies of Colonialism: Consumption, Entanglement, and Violence in Ancient Mediterranean France (Berkeley: University of California Press, 2010) 참고.

12. J. J. Tierney, "The Celtic Ethnography of Posidonius," Proceedings of the Royal Irish Academy. Section C: Archaeology, Celtic Studies, History, Linguistics, Literature 60 (1959): 189-275, 247 참고.

13. 로마의 배급 제도는 Tannahill, Food in History, 85-87 참고.

14. 이와 비슷한 현상은 일본 음식에서도 찾을 수 있다. 오늘날 일본 초밥의 전신은 후나 즈시다. 후나즈시는 생선을 소금에 겹겹이 쌓아 최대 4년 동안 발효시킨다. 이 과정에서 생선의 형태는 유지되지만 뼈와 내장이 부드러워진다. 후나즈시는 교토 근처 비와호 연안에서 별미로 생산되고 있으며, 초밥이 아주 신선한 생선으로만 만들어져야 한다는 편견을 버리게 한다.

15. Laudan, Cuisine and Empire, 81 참고.

16. Pliny the Elder, Natural History Volume III, Book 8-11, trans. H. Rackham, Loeb Classical Library 353 (Cambridge, MA: Harvard University Press, 1940), 146-47.

17. Tony King, "Diet in the Roman World: A Regional Inter-site Comparison of the Mammal Bones," Journal of Roman Archaeology 12 (1999): 168-202 참고.

18. Sally Grainger, "The Myth of Apicius," Gastronomica 7, no. 2 (Spring 2007): 71-77 참고.

19. Cicero, De officiis 1.150 참고.

20. Robert Hughes, Rome (New York: A. Knopf, 2011), 7에서 인용.

21. 역사 속에 등장하는 식용 앵무새는 Bruce Boehrer, "The Parrot Eaters: Psittacophagy in the Renaissance and Beyond," Gastronomica 4, no. 3 (Summer 2004): 46-59 참고.

22. Lin Yutang, "The Chinese Cuisine," in My Country and My People (New York: Reynal & Hitchcock, 1935) 참고.

23. Laudan, Cuisine and Empire, 92 참고.

24. K. C. Chang, "Introduction," in Food in Chinese Culture: Anthropological and Historical Perspectives, ed. K. C. Chang (New Haven: Yale University Press, 1977), 11.

25. Walter Scheidel, "From the 'Great Convergence' to the 'First Great Divergence': Roman and Qin-Han State Formation and Its Aftermath," Princeton/Stanford Working Papers in Classics, 2007 참고.

26. 중국의 기장과 쌀 경작은 Kenneth Kiple, A Moveable Feast: Ten Millennia of Food Globalization (Cambridge, UK: Cambridge University Press, 2007): 41-42 참고.

27. Kiple, A Moveable Feast, 43.

28. Ying-shih Yü, "Food in Chinese Culture: The Han Period (206 B.C.E.-220 C.E.)," in Ying-shih Yü with Josephine Chiu-Duke and Michael S. Duke, Chinese History and Culture: Sixth Century B.C.E. to Seventeenth Century (New York: Columbia

University Press, 2016) 참고.

29. E. N. Anderson, The Food of China (New Haven: Yale University Press, 1988), 7 참고.

30. Anderson, The Food of China, 44.

31. Anderson, The Food of China, 31.

32. 장자가 쓴 시를 Derek Lin이 영어로 번역한 버전은 http://dereklin.com and https://taoism.net/carving-up-an-ox 에서 찾을 수 있음.

33. David R. Knechtges, "A Literary Feast: Food in Early Chinese Literature," Journal of the American Oriental Society 106, no. 1 (January-March, 1986): 49-63, 52 참고.

34. Emily S. Wu, "Chinese Ancestral Worship: Food to Sustain, Transform, and Heal the Dead and the Living," in Dying to Eat: Cross-Cultural Perspectives on Food, Death, and the Afterlife, ed. Candi K. Cann (Lexington: University Press of Kentucky, 2018) 참고.

35. Anderson, The Food of China, 11 참고.

36. Anderson, The Food of China, 15.

에피소드 3

1. The Phnom Penh Post, January 23, 2022.

3장

3장 서두 인용문: Larry D. Benson, ed., The Riverside Chaucer (Oxford: Oxford University Press, 2008), lines 379-84 참고. 현대 영어로는 다음과 같이 번역됐다. "A Cook they had with them for the occasion//To boil the chickens with the marrow-bones/ And tart flavoring, and spice./Well could he appreciate a draught of London ale./ He could roast, and boil, and broil, and fry/Make stew, and well bake a pie."

1. 초서의 글에 계속 등장하는 음식과 관련된 주제는 Jayne Elisabeth Archer, Richard Marggraf Turley, and Howard Thomas, "'Soper at Oure Aller Cost': The Politics of Food Supply in the Canterbury Tales," The Chaucer Review 50, no. 1-2 (2015): 1-29 참고. 또한 Shayne Aaron Legassie, "The Pilgrimage Road in Late Medieval English Literature," in Roadworks: Medieval Britain, Medieval Roads, ed. Valerie Allen and Ruth Evans (Manchester: Manchester University Press, 2015) 참고.

2. John Keay, The Spice Route: A History (Berkeley: University of California Press, 2006), 4 참고.

3. Fred C. Robinson, "Medieval, the Middle Ages," Speculum 59, no. 4 (October

1984): 745-56 참고; '암흑시대'와 관련해서는 Theodore E. Mommsen, "Petrarch's Conception of the 'Dark Ages,'" Speculum 17, no. 2 (April 1942): 226-42 참고. 각 시대의 경계를 언제로 해야 할지에 관해서는 늘 의견이 분분하다.

4. Massimo Montanari, Medieval Tastes: Food, Cooking, and the Table (New York: Columbia University Press, 2015), chapter 15, "The Pilgrim's Food." 참고

5. 크리스트교가 음식에 끼친 영향에 관해서는 Rachel Laudan, "Christian Cuisines," in Cuisine and Empire, 특히 168-69 참고.

6. Caroline Walker Bynum, Holy Feast and Holy Fast: The Religious Significance of Food to Medieval Women (Berkeley: University of California Press, 1988), 38 참고.

7. St. Augustine, Sermon 272, "On the Nature of the Sacrament of the Eucharist."

8. Phyllis Pray Bober, Art, Culture & Cuisine: Ancient and Medieval Gastronomy (Chicago: University of Chicago Press, 1999), 253 참고.

9. Léo Moulin, "La bière, une invention médiévale," in Manger et boire au Moyen Age: Actes du colloque de Nice, ed. Denis Menjot (Paris: Les Belles Lettres, 1984) 참고.

10. William Bostwick, The Brewer's Tale: A History of the World According to Beer (New York: W. W. Norton, 2015) 참고.

11. 순례길에 세워진 여관, 선술집, 맥줏집과 관련된 내용은 Justin Colson, "A Portrait of a Late Medieval London pub: The Star Inn, Bridge Street," in Medieval Londoners: Essays to Mark the Eightieth Birthday of Caroline M. Barron, ed. Elizabeth A. New and Christian Steer (Chicago: University of Chicago Press, 2019) 참고.

12. Katherine L. French, "Gender and Changing Foodways in England's Latemedieval Bourgeois Households," Clio: Women, Gender, History 40 (2014): 42-62 참고.

13. Martha Carlin, "'What say you to a piece of beef and mustard?': The Evolution of Public Dining in Medieval and Tudor London," Huntington Library Quarterly 71, no. 1 (March 2008): 199-217 참고.

14. Barbara A. Hanawalt, "The Host, the Law, and the Ambiguous Space of Medieval London Taverns," in Medieval Crime and Social Control, ed. Barbara A. Hanawalt and David Wallace (Minneapolis: University of Minnesota Press, 1998) 참고.

15. George Dameron, "Feeding the Medieval Italian City-State," Speculum 92, no. 4 (October 2017): 976-1019 참고.

16. Herman Pleijj, Dreaming of Cockaigne: Medieval Fantasies of the Perfect Life, trans. Diane Webb (New York: Columbia University Press, 2003) 참고.

17. Kathy L. Pearson, "Nutrition and the Early-Medieval," Speculum 72, no. 1 (January 1997): 1-32 참고.

18. Rachel Laudan, "The Birth of the Modern Diet," Scientific American (August 2000):

11-16 참고.

19. Bober, Art, Culture & Cuisine, 261 참고.

20. 잉글랜드의 농경에 초점을 둔 연구는 Bruce M. S. Campbell and Mark Overton, "A New Perspective on Medieval and Early Modern Agriculture: Six Centuries of Norfolk Farming c. 1250-c. 1850," Past & Present 141 (November 1993): 38-105 참고.

21. Christopher Bonfield, "The First Instrument of Medicine: Diet and Regimens of Health in Late Medieval England," in A Verray Parfit Praktisour: Essays Presented to Carole Rawcliffe, ed. Linda Clark and Elizabeth Danbury (Woodbridge, UK: Boydell & Brewer, 2017) 참고.

22. Laudan, Cuisine & Empire, 176, and Wolfgang Schivelbusch, Tastes of Paradise: A Social History of Spices, Stimulants, and Intoxicants, trans. David Jacobson (New York: Vintage, 1992) 참고.

23. 메이스는 육두구 열매 씨앗 껍질을 말린 것으로 향신료와 약으로 쓰인다. 육두구와 메이스를 감싸고 있는 과육은 잼으로 만들어 먹기도 한다.

24. 제프리 초서, 『캔터베리 이야기』의 '토파스 경 이야기' 참고.

25. Clifford A. Wright, "The Medieval Spice Trade and the Diffusion of the Chile," Gastronomica 7, no. 2 (Spring 2007): 35-43 참고.

26. Keay, The Spice Route, 9 참고.

27. Giles Milton, Nathaniel's Nutmeg (New York: Farrar, Straus and Giroux, 1999).

28. Jack Turner, Spice: the History of a Temptation (New York: Knopf, 2008), 39에서 인용.

29. Paul Freedman, ed., Food: The History of Taste (London: Thames and Hudson, 2007), 246.

30. Keay, The Spice Route, 139 참고.

31. Henri Pirenne, Economic and Social History of Medieval Europe, trans. I. E. Clegg (New York: Harvest/Harcourt Brace & World, 1966), 141 참고.

32. Schivelbusch, Tastes of Paradise 참고.

4장

1. Alfred Crosby, The Columbian Exchange (New York: Greenwood Press, 1972).

2. Charles C. Mann, 1491: New Revelations of the Americas Before Columbus (New York: Knopf, 2005).

3. 원주민들의 농경과 토지 활용 관련 내용은 Mann, 1491과 David L. Lentz, ed., Imperfect Balance: Landscape Transformations in the PreColumbian Americas

다른 방식으로 먹기

(New York: Columbia University Press, 2000); Robert A. Dull, "Evidence for Forest Clearance, Agriculture, and Human-Induced Erosion in Precolumbian El Salvador," Annals of the Association of American Geographers 97, no. 1 (March, 2007): 127-41 참고. 이 맥락에서 고생물 식물학의 복잡성과 관련된 내용은 Christopher T. Morehart and Shanti Morell-Hart, "Beyond the Ecofact: Toward a Social Paleoethnobotany in Mesoamerica," Journal of Archaeological Method and Theory 22, no. 2 (June 2015): 483-511 참고.

4. 여기서는 편의를 위해 아즈텍이라는 현대 용어를 사용했다. 아즈텍 사람들은 본인의 출신지를 기준으로 자신들을 '멕시카' 또는 '틀라텔로코' 등으로 불렀다.

5. Mann, 1491, 18.

6. John Gerard, Gerard's Herball (Boston: Houghton Mifflin, 1969 [1597]), 276.

7. William H. McNeill, "How the Potato Changed the World's History," Social Research 66, no. 1 (Spring 1999): 67-83는 유럽을 중심으로 세계사에서 감자가 끼친 영향을 다루고 있다.

8. Crosby, The Columbian Exchange, 182.

9. Mann, 1491, 254 참고.

10. Joanna Davidson, Sacred Rice: An Ethnography of Identity, Environment and Development in Rural West Africa (Oxford: Oxford University Press, 2016), 18 ff.

11. Davidson, Sacred Rice.

12. Davidson, Sacred Rice, chapter 1, especially p. 4.

13. Judith A. Carney, Black Rice (Cambridge, MA: Harvard University Press, 2001) 참고.

14. Michael Twitty, Rice (Chapel Hill: University of North Carolina Press, 2021), 3.

15. Jessica B. Harris, "Out of Africa: Musings on Culinary Connections to the Motherland," in Black Food: Stories, Art and Recipes from Across the African Diaspora, ed. Bryant Terry (New York: Ten Speed Press, 2021), 27.

16. Harris, "Out of Africa," 28.

5장

1. Maxine Berg, "Consumption in Eighteenth and Early Nineteenthcentury Britain," in The Cambridge Economic History of Modern Britain, Volume 1, Industrialization, ed. Roderick Floud and Paul Johnson (Cambridge, UK: Cambridge University Press, 2004), 365 참고.

2. Gregson Davis, "Jane Austen's Mansfield Park: The Antigua Connection," in Antigua Conference Papers (University of California at Davis, 2004), https://www.

open.uwi.edu/sites/default/files/bnccde/antigua/conference/papers/davis.html 참고.

3. Sidney Mintz, Sweetness and Power: The Place of Sugar in Modern History (New York: Viking Penguin, 1985), 101 참고.

4. Mintz, Sweetness and Power, 185.

5. Mintz, Sweetness and Power, 174.

6. Mark Pendergrast, Uncommon Grounds: The History of Coffee and How it Transformed the World (New York: Basic Books, 1999), 8 참고.

7. Jürgen Habermas, The Structural Transformation of the Public Sphere: An Inquiry into a Category of Bourgeois Society, trans. Thomas Burger (Cambridge, MA: MIT Press, 1989) 참고.

8. Merry I. White, Coffee Life in Japan (Berkeley: University of California Press, 2012) 참고.

9. White, Coffee Life in Japan, 73-74.

에피소드 6

1. Theodor W. Adorno, The Jargon of Authenticity, trans. Knut Tarnowski and Frederic Will (London: Routledge and Kegan Paul, 1973).

6장

1. Isabella Beeton, Mrs. Beeton's Book of Household Management (London: S. O. Beeton Publishing, 1861), 169.

2. William Makepeace Thackeray, Vanity Fair (New York: Vintage Books, 1950 [1848]), 21-22.

3. 1841년 존 윌리엄스가 남태평양에서 임무 수행 중 한 말 인용. Lizzie Collingham, The Hungry Empire (London: The Bodley Head, 2017), 189.

4. Collingham, The Hungry Empire, 193.

5. Simon Schama, The Embarrassment of Riches (New York: Alfred Knopf, 1987).

6. Bernard Germain de Lacepede, cited in Laudan, Cuisine and Empire, 228.

7. Van Voi Tran, "How 'Natives' Ate at Colonial Exhibitions in 1889, 1900, and 1931," French Cultural Studies 26, no. 2 (2015): 163-75.

8. Sylvie Durmelat, "Introduction: Colonial Culinary Encounters and Imperial Leftovers," French Cultural Studies 26, no. 2 (2015): 119에서 다음과 관련하여 다루고 있음: Rebecca Spang, The Invention of the Restaurant: Paris and Modern

Gastronomic Culture (Cambridge, MA: Harvard University Press, 2000).

9. Angela Giovanangeli, "'Merguez Capitale': The Merguez Sausage as a Discursive Construction of Cosmopolitan Branding, Colonial Memory and Local Flavour in Marseille," French Cultural Studies 26, no. 2 (2015): 231–43.

7장

7장 서두 인용문: Arthur Young, The Farmer's Tour Through the East of England (1771), in D. B. Horn and Mary Ransome, eds., English Historical Documents, Vol. X, 1714–1783 (Oxford: Oxford University Press, 1969): 440–43.

1. Robert Allen, Enclosure and the Yeoman (Oxford: Clarendon Press, 1992).
2. Allen, Enclosure and the Yeoman, 1.
3. 18세기 레스토랑의 기원에 관해서는 Jean-Robert Pitte, "The Rise of the Restaurant," in Flandrin and Montanari, Food, and Spang, The Invention of the Restaurant 참고.
4. 식량 공급에 대한 불만으로 일어난 폭동들에 관해서는 E. P. Thompson, "The Moral Economy of the English Crowd in the 18th Century," Past & Present 50 (February 1971): 76–136 참고.
5. T. S. Ashton, The Industrial Revolution (Oxford: Oxford University Press, 1954), 161.
6. Flandrin and Montanari, Food, 351.
7. Steven Kaplan, The Bakers of Paris and the Bread Question: 1700–1775 (Durham, NC: Duke University Press, 1996).
8. David Clark, Urban Geography (London: Croom Helm, 1982).
9. Laudan, "The Birth of the Modern Diet."
10. Philip Hyman and Mary Human, "Printing the Kitchen: French Cookbooks, 1480–1800," in Flandrin and Montanari, Food, 394–401.
11. 대부분 다음 책에서 인용한 것임: G. J. Leigh's comprehensive The World's Greatest Fix: A History of Nitrogen and Agriculture (Oxford: Oxford University Press, 2004).
12. Leigh, The World's Greatest Fix, 10–22.
13. William Croakes, The Wheat Problem: Based on Remarks Made in the Presidential Address to the British Association at Bristol in 1898, Revised, with an Answer to Various Critics (London: J. Murray, 1898).

8장

1. 효모 등의 미생물을 비롯하여 미생물을 이용한 공장 생산과 장인의 음식 제조의 관계와 관련해서는 Heather Paxson, The Life of Cheese: Crafting Food and Value in America (Berkeley: University of California Press, 2012) 참고.

2. Reyner Banham, "The Crisp at the Crossroads," New Society, July 9, 1970), 77.

3. 패스트푸드와 관련한 내용은 Eric Schlosser's Fast Food Nation: The Dark Side of the AllAmerican Meal (New York: Houghton Mifflin, 2001) 참고.

4. Michael Pollan, In Defense of Food: An Eater's Manifesto (New York: Penguin 2008).

5. Emiko Ohnuki-Tierney, "McDonald's in Japan: Changing Manners and Etiquette," in Golden Arches East: McDonald's in East Asia, ed. James Watson, 2nd ed. (Stanford, CA: Stanford University Press, 2006), 161-82 참고.

6. 슬로푸드의 사명은 www.slowfood.org 참고.

7. Nicola Twilley, "The Coldscape," in Cabinet 47 (Fall 2012): 78-87 참고.

8. Joe Strummer and the Mescaleros, "Bhindi Bhagee," Global a Go-Go (2001).

9. Stuart Hall, "The Local and the Global: Globalization and Ethnicity," in Culture, Globalization and the World-System: Contemporary Conditions for the Representation of Identity, ed. Anthony D. King (Minneapolis: University of Minnesota Press, 1997), 19-40.

10. Arjun Appadurai, "How to Make a National Cuisine: Cookbooks in Contemporary India," Comparative Studies in Society and History 30, no. 1 (January 1988): 3-24.

11. Jeffrey Pilcher, "Tamales or Timbales: Cuisine and the Formation of Mexican National Identity, 1821-1911," The Americas 53, no. 2 (Oct. 1996): 193-216.

12. Jeffrey T. Schnapp, "The Romance of Caffeine and Aluminum," Critical Inquiry 28, no. 1 (Autumn 2001): 244-69 참고.

13. 하와이에서 '외부와의 접촉 이전'이라 함은 1778년 제임스 쿡James Cook 선장이 하와이에 상륙하기 이전을 의미한다. 쿡 선장이 하와이에 상륙한 이후로는 서양의 영향이 하와이 문화 깊숙이 침투하였으며, 하와이 원주민들의 식단과 건강이 점점 나빠졌다.

9장

1. Nozaki Hiromitsu, Japanese Kitchen Knives: Essential Techniques and Recipes (Tokyo: Kodansha International, 2009): 14-15.

2. Bee Wilson, Consider the Fork: A History of How We Cook and Eat (New York:

다른 방식으로 먹기

Basic Books, 2012).

3. Margaret Visser, The Rituals of Dinner: The Origins, Evolution, Eccentricities, and Meaning of Table Manners (New York: Penguin, 1991) 참고.

4. Mary Douglas, Purity and Danger: An Analysis of Concepts of Purity and Taboo (London: Routledge, 1984)와 Stephen Bigger, "Victor Turner, Liminality and Cultural Performance," Journal of Beliefs and Values 30, no. 2, 2009: 209-12 참고.

5. "At meat her manners were well taught withal/No morsel from her lips did she let fall/Nor dipped her fingers in the sauce too deep/But she could carry a morsel up and keep/The smallest drop from falling on her breast./For courtliness she had a special zest./And she would wipe her upper lip so clean/That not a trace of grease was to be seen/Upon the cup when she had drunk; to eat/She reached a hand sedately for the meat" (제프리 초서, 『캔터베리 이야기』의 '수녀원장의 이야기')

6. 매너와 도덕성의 관계에 관해서는 Visser, The Rituals of Dinner 참고.

맺음말

1. Benjamin Aldes Wurgaft, Meat Planet: Artificial Flesh and the Future of Food (Oakland: University of California Press, 2019) 참고.

2. Warren Belasco, Meals to Come: A History of the Future of Food (Berkeley: University of California Press, 2006) 참고. 인류가 음식의 미래를 예측하고 상상해 온 역사를 다룬 연구 중 유일한 책 분량의 결과물이다.

3. 전체적인 개요를 확인하기 위해서는 Jay Famiglietti, "A Map of the Future of Water," for the Pew Charitable Trusts: https://www.pewtrusts.org/en/trend/archive/spring-2019/a-map-of-the-future-of-water 참고. 2050년 물 부족 가능성에 관한 최근 연구 사례는 X. Liu, et al., " Global Agricultural Water Scarcity Assessment Incorporating Blue and Green Water Availability under Future Climate Change," Earth's Future 10(2022), e2021EF002567, https://doi.org/10.1029/2021EF002567 참고. 과학 저널리스트 에리카 가이스Erica Gies는 그녀의 저서에서 물과 인프라의 관계를 물의 미래를 중심으로 정리했다: Water Always Wins: Thriving in an Age of Drought and Deluge (Chicago: University of Chicago Press, 2022).

4. 대부분 연구는 산업화된 육류 생산과 관련된 문제를 다루고 있다. 그중 가장 획기적인 연구 사례 두 개는 Francis Moore Lappé, Diet for a Small Planet (New York: Ballantine, 1971)과 Orville Schell, Modern Meat (New York: Vintage, 1985) 이다. 2006년 국제연합식량농업기구(FAO)에서 발간한 보고서 '가축의 그림자Livestock's Long

Shadow'는 축산 산업이 기후 변화에 끼치는 영향을 중심으로 축산 산업과 환경이 직면한 문제를 심각하게 다루었다. 원래 연구에서는 연간 인위적으로 배출되는 온실가스 중 축산 산업이 차지하는 비율이 18퍼센트라고 추측했지만, FAO가 이후 진행한 연구에서는 14.5퍼센트라고 발표했다.

5. Rachel Laudan, "A Plea for Culinary Modernism: Why We Should Love New, Fast, Processed Food," Gastronomica 1, no. 1. (2001): 36-44.

6. Laudan, "Plea," 38.

7. Laudan, "Plea," 43.

8. Dan Saladino, Eating to Extinction: The World's Rarest Foods and Why We Need to Save .

다른 방식으로 먹기

참고문헌

dorno, Theodor W. The Jargon of Authenticity. Translated by Knut Tarnowski and Frederic Will. London: Routledge & Kegan Paul, 1973.

Allen, Robert. Enclosure and the Yeoman. Oxford: Clarendon Press, 1992. Anderson, E. N. The Food of China. New Haven: Yale University Press, 1988. Appadurai, Arjun. "How to Make a National Cuisine: Cookbooks in Contemporary India." Comparative Studies in Society and History 30, no. 1 (January 1988): 3-24.

Archer, Jayne Elisabeth, Richard Marggraf Turley, and Howard Thomas. "'Soper at Oure Aller Cost': The Politics of Food Supply in the Canterbury Tales." The Chaucer Review 50, no. 1-2 (2015): 1-29.

Bakker, Egbert J. The Meaning of Meat and the Structure of the Odyssey. Cam- bridge, UK: Cambridge University Press, 2013.

Banham, Reyner. "The Crisp at the Crossroads." New Society, July 9, 1970. Beeton, Isabella. Mrs. Beeton's Book of Household Management. London: S. O. Beeton Publishing, 1861.

Belasco, Warren. Meals to Come: A History of the Future of Food. Berkeley: University of California Press, 2006.

Benson, Larry D., ed. The Riverside Chaucer. Oxford: Oxford University Press, 2008. Berg, Maxine. "Consumption in Eighteenth and Early Nineteenth-century Britain." In The Cambridge Economic History of Modern Britain, Volume 1, Industrialization, edited by Roderick Floud and Paul Johnson, 357-86. Cambridge, UK: Cambridge University Press, 2004.

Berger, John. Ways of Seeing. London: BBC, 1972.

Bigger, Stephen. "Victor Turner, Liminality and Cultural Performance." Journal of Beliefs and Values 30, no. 2 (2009): 209-12.

Bober, Phyllis Pray. Art, Culture & Cuisine: Ancient and Medieval Gastronomy. Chicago: University of Chicago Press, 1999.

Boehrer, Bruce. "The Parrot Eaters: Psittacophagy in the Renaissance and Beyond." Gastronomica 4, no. 3 (Summer 2004): 46-59.

Bonfield, Christopher. "The First Instrument of Medicine: Diet and Regimens of Health in Late Medieval England." In A Verray Parfit Praktisour: Essays Presented to Carole Rawcliffe, edited by Linda Clark and Elizabeth Danbury, 99-120. Woodbridge, UK: Boydell & Brewer, 2017.

Bostwick, William. The Brewer's Tale: A History of the World According to Beer. New York: W. W. Norton, 2015.

Brandes, Stanley. "Maize as a Cultural Mystery." Ethnology 31 (1992): 331–36. Braudel, Fernand. "History and the Social Sciences: The Longue Durée."

Translated by Immanuel Wallerstein. Review (Fernand Braudel Center) 32, no. 2, Commemorating the Longue Durée (2009): 171–203.

Briant, Pierre. From Cyrus to Alexander: A History of the Persian Empire. Translated by Peter T. Daniels. Winona Lake, IN: Eisenbrauns, 2002.

Britton-Purdy, Jedediah. "Paleo Politics." The New Republic, November 1, 2017. https://newrepublic.com/article/145444/paleo-politics-what-made- prehistoric-hunter-gatherers-give-freedom-civilization.

Bynum, Caroline Walker. Holy Feast and Holy Fast: The Religious Significance of Food to Medieval Women. Berkeley: University of California Press, 1988.

Campbell, Bruce M. S., and Mark Overton. "A New Perspective on Medieval and Early Modern Agriculture: Six Centuries of Norfolk Farming c. 1250–c. 1850." Past & Present 141 (November 1993): 38–105.

Carlin, Martha. "'What say you to a piece of beef and mustard?': The Evolution of Public Dining in Medieval and Tudor London." Huntington Library Quarterly 71, no. 1 (March 2008): 199–217.

Carney, Judith A. Black Rice: The African Origins of Rice Cultivation in the Americas. Cambridge, MA: Harvard University Press, 2001.

Chang, K. C., ed. Food in Chinese Culture: Anthropological and Historical Perspectives. New Haven: Yale University Press, 1977.

Clark, David. Urban Geography. London: Croom Helm, 1982.

Collingham, Lizzie. Curry: A Tale of Cooks and Conquerors. New York: Vintage Press, 2005.

The Hungry Empire. London: The Bodley Head, 2017.

Colson, Justin. "A Portrait of a Late Medieval London pub: The Star Inn, Bridge Street." In Medieval Londoners: Essays to Mark the Eightieth Birthday of Caroline M. Barron, edited by Elizabeth A. New and Christian Steer, 37–54. Chicago: University of Chicago Press, 2019.

Cornélio, Alianda M., et al. "Human Brain Expansion during Evolution Is Independent of Fire Control and Cooking." Frontiers in Neuroscience 10 (2016).

Crosby, Alfred. The Columbian Exchange. New York: Greenwood Press, 1972. Dameron, George. "Feeding the Medieval Italian City-State." Speculum 92, no. 4 (October 2017): 976–1019.

Darwin, Charles. The Descent of Man, and Selection in Relation to Sex. London: Penguin

다른 방식으로 먹기

Books, 2004.

Davidson, Joanna. Sacred Rice: An Ethnography of Identity, Environment and Development in Rural West Africa. Oxford: Oxford University Press, 2016.

Davis, Gregson. "Jane Austen's Mansfield Park: The Antigua Connection." In Antigua Conference Papers. Davis: University of California at Davis, 2004. https://www.open. uwi.edu/sites/default/files/bnccde/antigua/conference /papers/davis.html.

Dietler, Michael. Archaeologies of Colonialism: Consumption, Entanglement, and Violence in Ancient Mediterranean France. Berkeley: University of California Press, 2010.

Douglas, Mary. Purity and Danger. London: Routledge, 1984.

Dull, Robert A. "Evidence for Forest Clearance, Agriculture, and Human- Induced Erosion in Precolumbian El Salvador." Annals of the Association of American Geographers 97, no. 1 (March, 2007): 127–41.

Durmelat, Sylvie. "Introduction: Colonial Culinary Encounters and Imperial Leftovers." French Cultural Studies 26, no. 2 (2015): 115–29.

Flandrin, Jean-Louis, and Massimo Montanari, eds. Food: A Culinary History. New York: Columbia University Press, 1999.

Frazier, George. The Golden Bough: A Study in Magic and Religion. London: Palgrave, 2016.

Freedman, Paul, ed. Food: The History of Taste. London: Thames and Hudson, 2007.

French, Katherine L. "Gender and Changing Foodways in England's Late-medieval Bourgeois Households." Clio: Women, Gender, History 40 (2014): 42–62.

Gerard, John. Gerard's Herball. Boston: Houghton Mifflin, 1969 [1597].

Gies, Erica. Water Always Wins: Thriving in an Age of Drought and Deluge. Chicago: University of Chicago Press, 2022.

Giovanangeli, Angela. "'Merguez Capitale': The Merguez Sausage as a Discursive Construction of Cosmopolitan Branding, Colonial Memory and Local Flavour in Marseille." French Cultural Studies 26, no. 2 (2015): 231–43.

Sally. "The Myth of Apicius." Gastronomica 7, no. 2 (Spring 2007): 71–77.

Habermas, Jürgen. The Structural Transformation of the Public Sphere: An Inquiry into a Category of Bourgeois Society. Translated by Thomas Burger. Cam- bridge, MA: MIT Press, 1989.

Hall, Stuart. "The Local and the Global: Globalization and Ethnicity." In Culture, Globalization and the World-System: Contemporary Conditions for the Representation of Identity, edited by Anthony D. King, 19–40. Minneapolis: University of Minnesota Press, 1997.

Hanawalt, Barbara A. "The Host, the Law, and the Ambiguous Space of Medieval

London Taverns." In Medieval Crime and Social Control, edited by Barbara A. Hanawalt and David Wallace, 204-23. Minneapolis: University of Minnesota Press, 1998.

Harmatta, János. "Three Iranian Words for "Bread."" Acta Orientalia Academiae Scientiarum Hungaricae 3, no. 3 (1953): 245-83.

Harris, Jessica B. "Out of Africa: Musings on Culinary Connections to the Motherland." In Black Food: Stories, Art and Recipes from Across the African Diaspora, edited by Bryant Terry. New York: Ten Speed Press, 2021.

Hawkes, Terence. Structuralism and Semiotics. London: Routledge, 1977. Horn, D. B., and Mary Ransome, eds. English Historical Documents, Vol. X,

1714-1783. Oxford: Oxford University Press, 1969.

Hughes, Robert. Rome. New York: A. Knopf, 2011.

Hyman, Philip, and Mary Human. "Printing the Kitchen: French Cookbooks, 1480-1800." In Flandrin and Montanari, Food, 394-401.

Joffe, Alexander H. "Alcohol and Social Complexity in Ancient Western Asia." Current Anthropology 46, no. 2 (April 1998): 275-303.

Kaplan, Steven. The Bakers of Paris and the Bread Question: 1700-1775. Durham, NC: Duke University Press, 1996.

Keay, John. The Spice Route: A History. Berkeley: University of California Press, 2006.

King, Tony. "Diet in the Roman World: A Regional Inter-site Comparison of the Mammal Bones." Journal of Roman Archaeology 12 (1999): 168-202.

Kiple, Kenneth. A Moveable Feast: Ten Millennia of Food Globalization. Cam- bridge, UK: Cambridge University Press, 2007.

Knechtges, David R. "A Literary Feast: Food in Early Chinese Literature." Journal of the American Oriental Society 106, no. 1 (January-March 1986): 49-63.

Lappé, Francis Moore. Diet for a Small Planet. New York: Ballantine, 1971.

Grainger, Sally. "The Myth of Apicius." Gastronomica 7, no. 2 (Spring 2007): 71-77.

Habermas, Jürgen. The Structural Transformation of the Public Sphere: An Inquiry into a Category of Bourgeois Society. Translated by Thomas Burger. Cam- bridge, MA: MIT Press, 1989.

Hall, Stuart. "The Local and the Global: Globalization and Ethnicity." In Culture, Globalization and the World-System: Contemporary Conditions for the Representation of Identity, edited by Anthony D. King, 19-40. Minneapolis: University of Minnesota Press, 1997.

Hanawalt, Barbara A. "The Host, the Law, and the Ambiguous Space of Medieval London Taverns." In Medieval Crime and Social Control, edited by Barbara A. Hanawalt and David Wallace, 204-23. Minneapolis: University of Minnesota Press,

1998.

Harmatta, János. "Three Iranian Words for "Bread."" Acta Orientalia Academiae Scientiarum Hungaricae 3, no. 3 (1953): 245-83.

Harris, Jessica B. "Out of Africa: Musings on Culinary Connections to the Motherland." In Black Food: Stories, Art and Recipes from Across the African Diaspora, edited by Bryant Terry. New York: Ten Speed Press, 2021.

Hawkes, Terence. Structuralism and Semiotics. London: Routledge, 1977. Horn, D. B., and Mary Ransome, eds. English Historical Documents, Vol. X, 1714-1783. Oxford: Oxford University Press, 1969.

Hughes, Robert. Rome. New York: A. Knopf, 2011.

Hyman, Philip, and Mary Human. "Printing the Kitchen: French Cookbooks, 1480-1800." In Flandrin and Montanari, Food, 394-401.

Joffe, Alexander H. "Alcohol and Social Complexity in Ancient Western Asia." Current Anthropology 46, no. 2 (April 1998): 275-303.

Kaplan, Steven. The Bakers of Paris and the Bread Question: 1700-1775. Durham, NC: Duke University Press, 1996.

Keay, John. The Spice Route: A History. Berkeley: University of California Press, 2006.

King, Tony. "Diet in the Roman World: A Regional Inter-site Comparison of the Mammal Bones." Journal of Roman Archaeology 12 (1999): 168-202.

Kiple, Kenneth. A Moveable Feast: Ten Millennia of Food Globalization. Cam- bridge, UK: Cambridge University Press, 2007.

Knechtges, David R. "A Literary Feast: Food in Early Chinese Literature." Journal of the American Oriental Society 106, no. 1 (January-March 1986): 49-63.

Lappé, Francis Moore. Diet for a Small Planet. New York: Ballantine, 1971.

Laudan, Rachel. "The Birth of the Modern Diet." Scientific American (August 2000): 11-16.

"A Plea for Modernist Cuisine: Why We Should Love New, Fast, Processed Food." Gastronomica 1, no. 1 (2001): 36-44.

Cuisine and Empire: Cooking in World History. Berkeley: University of California Press, 2013.

Legassie, Shayne Aaron. "The Pilgrimage Road in Late Medieval English Literature." In Roadworks: Medieval Britain, Medieval Roads, edited by Valerie Allen and Ruth Evans, eds., 198-219. Manchester: Manchester University Press, 2015.

Leigh, G. J. The World's Greatest Fix: A History of Nitrogen and Agriculture. Oxford: Oxford University Press, 2004.

Lentz, David L., ed. Imperfect Balance: Landscape Transformations in the Pre-Columbian Americas. New York: Columbia University Press, 2000. Lévi-Strauss,

Claude. The Raw and the Cooked: Mythologiques Volume I.

Translated by John and Doreen Weightman. New York: Harper & Row, 1969. Lin Yutang. "The Chinese Cuisine." In My Country and My People, 317-25. New York: Reynal & Hitchcock, 1935.

Liu, X., et al. "Global Agricultural Water Scarcity Assessment Incorporating Blue and Green Water Availability under Future Climate Change." Earth's Future 10 (2022), e2021EF002567, https://doi.org/10.1029/2021EF002567.

Longo, Oddone. "The Food of Others." In Flandrin and Montanari, Food, 153-93. Luley, Benjamin Peter. "Cooking, Class, and Colonial Transformations in Roman Mediterranean France." American Journal of Archaeology 118, no. 1 (January 2014): 33-60.

Mann, Charles C. 1491: New Revelations of the Americas Before Columbus. New York: Knopf, 2005.

Marshall, Fiona, and Elisabeth Hildebrand. "Cattle Before Crops: The Begin- nings of Food Production in Africa." Journal of World Prehistory 16, no. 2 (June 2002): 99-143.

McNeill, William H. "How the Potato Changed the World's History." Social Research 66, no. 1 (Spring 1999): 67-83.

Miller, Peter. How to Wash the Dishes. New York: Penguin Random House, 2020. Milton, Giles. Nathaniel's Nutmeg. New York: Farrar, Straus and Giroux, 1999. Mintz, Sidney. Sweetness and Power: The Place of Sugar in Modern History. New York: Viking Penguin, 1985.

Mommsen, Theodore E. "Petrarch's Conception of the 'Dark Ages.'" Speculum 17, no. 2 (April 1942): 226-42.

Montanari, Massimo. Medieval Tastes: Food, Cooking, and the Table. New York: Columbia University Press, 2015.

Morehart, Christopher T., and Shanti Morell-Hart. "Beyond the Ecofact: Toward a Social Paleoethnobotany in Mesoamerica." Journal of Archaeologi- cal Method and Theory 22, no. 2 (June 2015): 483-511.

Moulin, Léo. "La bière, une invention médiévale." In Manger et boire au Moyen Age: Actes du colloque de Nice (15-17 octobre 1982), edited by Denis Menjot, 13-31. Paris: Les Belles Lettres, 1984.

Moyn, Samuel. "Barbarian Virtues." The Nation, October 5, 2017. https://www.thenation.com/article/archive/barbarian-virtues.

Nozaki, Hiromitsu. Japanese Kitchen Knives: Essential Techniques and Recipes. Tokyo: Kodansha International, 2009.

Ohnuki-Tierney, Emiko. "McDonald's in Japan: Changing Manners and Etiquette." In Watson, Golden Arches East, 161-82.

O'Connor, Kaori. The Never-Ending Feast: The Anthropology and Archaeology of

Feasting. London: Bloomsbury, 2015.

Paxson, Heather. The Life of Cheese: Crafting Food and Value in America. Berkeley: University of California Press, 2012.

Pearson, Kathy L. "Nutrition and the Early-Medieval." Speculum 72, no. 1 (January 1997): 1-32.

Pendergrast, Mark. Uncommon Grounds: The History of Coffee and How it Transformed the World. New York: Basic Books, 1999.

Pilcher, Jeffrey. "Tamales or Timbales: Cuisine and the Formation of Mexican National Identity, 1821-1911." The Americas 53, no. 2 (October 1996): 193-216.

Pirenne, Henri. Economic and Social History of Medieval Europe. Translated by I. E. Clegg. New York: Harvest/Harcourt Brace & World, 1966.

Pitte, Jean-Robert. "The Rise of the Restaurant." In Flandrin and Montanari, Food, 471-80.

Pleijj, Herman. Dreaming of Cockaigne: Medieval Fantasies of the Perfect Life. Translated by Diane Webb. New York: Columbia University Press, 2003.

Pliny the Elder. Natural History Volume III, Books 8-11. Translated by H. Rackham. Loeb Classical Library 353. Cambridge, MA: Harvard Univer- sity Press, 1940.

Pollan, Michael. The Botany of Desire: A Plant's-eye View of the World. New York: Random House, 2001.

In Defense of Food: An Eater's Manifesto. New York: Penguin 2008. Robinson, Fred C. "Medieval, the Middle Ages." Speculum 59, no. 4 (October 1984): 745-56.

Saladino, Dan. Eating to Extinction: The World's Rarest Foods and Why We Need to Save Them. New York: Penguin, 2021.

Schama, Simon. The Embarrassment of Riches. New York: Alfred Knopf, 1987. Scheidel, Walter. "From the 'Great Convergence' to the 'First Great Divergence': Roman and Qin-Han State Formation and Its Aftermath." Prince- ton/Stanford Working Papers in Classics, 2007.

Schell, Orville. Modern Meat. New York: Vintage, 1985.

Schivelbusch, Wolfgang. Tastes of Paradise: A Social History of Spices, Stimulants, and Intoxicants. Translated by David Jacobson. New York: Vintage, 1992.

Schlosser, Eric. Fast Food Nation: The Dark Side of the All-American Meal. New York: Houghton Mifflin, 2001.

Schnapp, Jeffrey T. "The Romance of Caffeine and Aluminum." Critical Inquiry 28, no. 1 (Autumn 2001): 244-69.

Scott, James C. Against the Grain: A Deep History of the Earliest States. New Haven: Yale University Press, 2017.

Spang, Rebecca. The Invention of the Restaurant: Paris and Modern Gastronomic Culture. Cambridge, MA: Harvard University Press, 2000.

Tannahill, Reay. Food in History. New York: Stein and Day, 1973.

Thackeray, William Makepeace. Vanity Fair. New York: Vintage Books, 1950 [1848].

Thompson, E. P. "The Moral Economy of the English Crowd in the 18th Century." Past & Present 50 (February 1971): 76–136.

Tierney, J. J. "The Celtic Ethnography of Posidonius." Proceedings of the Royal Irish Academy. Section C: Archaeology, Celtic Studies, History, Linguistics, Literature 60 (1959): 189–275.

Tran, Van Voi. "How 'Natives' Ate at Colonial Exhibitions in 1889, 1900, and 1931." French Cultural Studies 26, no. 2 (2015): 163–75.

Turner, Jack. Spice: the History of a Temptation. New York: Knopf, 2008. Twilley, Nicola. "The Coldscape." Cabinet 47 (Fall 2012): 78–87.

Twitty, Michael. Rice. Chapel Hill: University of North Carolina Press, 2021. Visser, Margaret. The Rituals of Dinner: The Origins, Evolutions, Eccentricities and Meaning of Table Manners. New York: Penguin, 1991.

Watson, James L., ed. Golden Arches East: McDonald's In East Asia. Palo Alto, CA: Stanford University Press, 1997.

White, Merry. Coffee Life in Japan. Berkeley: University of California Press, 2012. Wilson, Bee. Consider the Fork: A History of How We Cook and Eat. New York: Basic Books, 2012.

Wrangham, Richard. Catching Fire: How Cooking Made Us Human. New York: Basic Books, 2010.

Wright, Clifford A. "The Medieval Spice Trade and the Diffusion of the Chile." Gastronomica 7, no. 2 (Spring 2007): 35–43.

Wu, Emily S. "Chinese Ancestral Worship: Food to Sustain, Transform, and Heal the Dead and the Living." In Dying to Eat: Cross-Cultural Perspectives on Food, Death, and the Afterlife, edited by Candi K. Cann, 17–35. Lexington: University Press of Kentucky, 2018.

Wurgaft, Benjamin Aldes. Meat Planet: Artificial Flesh and the Future of Food. Berkeley: University of California Press, 2019.

Yü, Ying-shih. "Food in Chinese Culture: The Han Period (206 B.C.E.-220 C.E.)." In Ying-shih Yü, with Josephine Chiu-Duke and Michael S. Duke, Chinese History and Culture: Sixth Century B.C.E. to Seventeenth Century. New York: Columbia University Press, 2016.

다른 방식으로 먹기
: 익숙한 음식의 낯선 세계를 탐험하는 시간

초판 1쇄 발행 2024년 12월 25일

지은이 메리 I. 화이트, 벤저민 A. 워개프트
옮긴이 천상명
펴낸이 조미현

책임편집 박다정
교정교열 김정현
디자인 디스커버

펴낸곳 현암사
등록 1951년 12월 24일 (제10-126호)
주소 04029 서울시 마포구 동교로12안길 35
전화 02-365-5051 **팩스** 02-313-2729
전자우편 editor@hyeonamsa.com
홈페이지 www.hyeonamsa.com

ISBN 978-89-323-2399-2 (03900)